개정판

사주 알레르기 사전 예방법
REVOLUTION OF SAJU

내 운명을 바꿔 줄

사주혁명

개정판

내 운명을 바꿔 줄 사주혁명

개정판 1쇄 발행 2021년 12월 14일

지은이 최제현
펴낸이 장길수
펴낸곳 지식과감성#
출판등록 제2012-000081호

교정 김민경, 양수진
디자인 윤혜성
편집 윤혜성, 이현
검수 김민경, 윤혜성, 백승은
마케팅 고은빛, 정연우

주소 서울시 금천구 벚꽃로298 대륭포스트타워6차 1212호
전화 070-4651-3730~4
팩스 070-4325-7006
이메일 ksbookup@naver.com
홈페이지 www.knsbookup.com

ISBN 979-11-392-0224-3(03180)
값 20,000원

- 이 책의 판권은 지은이에게 있습니다.
- 이 책 내용의 전부 또는 일부를 재사용하려면 반드시 지은이의 서면 동의를 받아야 합니다.
- 잘못된 책은 구입하신 곳에서 바꾸어 드립니다.

지식과감성#
홈페이지 바로가기

사주혁명
그 아름다운 시작

프롤로그

◇
◇
◇

사주의 알레르기(Allergie)란 합충형해파(合沖刑害破)를 알기 쉽게 표현한 말이다.
이 세상 모든 사주에는 알레르기가 존재한다.
모든 사주에 알레르기가 존재한다는 것은 이 세상 모든 사람에게 알레르기가 있다는 의미이기도 하다.
사주의 알레르기란 삶의 길흉(吉凶)을 나타내며 이를 미리 알고 대비한다면 삶의 방패와 무기가 될 수 있다.
결정된 미래는 존재하지 않으며 자신의 알레르기를 알고 준비하고 대비하는 자만이 삶의 승리자가 될 것이다.
누구나 자신이 태어난 생일만 안다면 자신의 길흉을 미리 알고 대비할 수 있다.
자신에게 특정 음식에 대한 알레르기가 있는 것을 안다면 그는 특정 음식을 모두 먹지 않고 피할 것이다.
하지만 자신의 알레르기를 모르고 대비하지 못한다면 삶은 고통스러워질 수밖에 없다.
삶의 알레르기를 안다는 것은 삶의 고통으로부터 벗어날 수 있는 삶의 혁명이다.

이 책의 7가지 특징

◇
◇ ◇

1. 누구나 자신의 생일만 알면 자신의 길흉을 알고 대비할 수 있게 만든 최초의 사주 책이다.
2. 60갑자(六十甲子) 모든 일주(日柱)의 특성과 알레르기를 해석하였다.
3. 사주의 핵심 원리를 가장 이해하기 쉽게 표현하였다.
4. 《주역》, 《중용》, 《논어》 등의 사서삼경을 통해 사주의 깊이를 더했다.
5. 《적천수》, 《난강망》, 《자평진전》 등을 인용하여 이해를 도왔다.
6. 불필요한 사주의 사족(蛇足)을 모두 제거하였다.
7. 논리와 근거가 있는 과학 사주의 새 지평을 열었다.

차례

프롤로그 4

1. 사주명리의 이해

1) 생생지위역(生生之謂易) 11
2) 균형의 의미 14
3) 음양오행(陰陽五行)의 개념과 역사 16
4) 사주의 원리는 음양오행(陰陽五行)이다 21
5) 사주의 목적은 균형이다 22
6) 사주의 생극(生剋) 원리와 종류 28
7) 사주명리의 목적과 인간상 33

2. 한난조습(寒暖燥濕)

1) 한난(寒暖)이란? 40
2) 조습(燥濕)이란? 41
3) 한난조습(寒暖燥濕)의 이해 42

3. 오행(五行)과 십성(十星)

1) 오행(五行)의 목적   48
2) 오행(五行)과 십성(十星)의 관계   62
3) 십성(十星)의 기본 개념   66
4) 십성(十星)의 사랑 형태   94
5) 실제 통변에서 저지르기 쉬운 실수   100

4. 용신(用神)

1) 용신(用神)의 이해와 원리   107
2) 용신(用神)의 종류와 역할   108
3) 용신(用神)의 알레르기   117
4) 용신(用神)의 오류   119

5. 운(運)의 혁명

1) 운(運)의 체용(體用) 변화   127
2) 고서의 길흉(吉凶) 구분법:《자평진전》   128
3) 결혼운   130
4) 운(運)은 성격에도 영향을 미친다   131
5) 합충(合沖) 변화   133

6. 사주의 알레르기 합충형해파(合沖刑害破)

1) 운명의 알레르기는 운(運)에서 만들어진다　138
2) 사주 알레르기의 의미　143
3) 알레르기의 형태와 종류　144

7. 일주론(日柱論)

1) 갑목(甲木)의 알레르기　148
2) 을목(乙木)의 알레르기　181
3) 병화(丙火)의 알레르기　208
4) 정화(丁火)의 알레르기　230
5) 무토(戊土)의 알레르기　258
6) 기토(己土)의 알레르기　280
7) 경금(庚金)의 알레르기　303
8) 신금(辛金)의 알레르기　325
9) 임수(壬水)의 알레르기　349
10) 계수(癸水)의 알레르기　372
11) 자신의 사주팔자(四柱八字) 만들기　392

에필로그　398

1

사주명리의 이해

1
사주명리의 이해

우리가 사주명리(四柱命理)란 학문을 깊이 있게 알기 위해서는 음양오행(陰陽五行)의 원리와 동양사상(東洋思想)의 공통분모인 중용(中庸)의 이치를 깨달아야 한다.

인류 최고의 유산인 사서삼경을 통해 근원적 실체에 다가갈 수 있다.
사주와 인문, 철학이 연결되면 사주의 학문적 깊이가 생기고 사주가 입체적으로 보이게 된다.
사주는 암기로 해결되는 평면적인 학문이 아니라 체화로 수용되는 입체적인 학문이다.
그러므로 사주와 인문, 철학의 유기적 연결은 매우 중요한 요소로 사주의 과학적이고 논리적인 체계를 완성시켜 주는 역할을 하는 것이다.

사주를 통해 누구나 자신과 자신의 운(運)을 알고 대처한다면 행복한 삶, 가치가 만들어진 삶에 한 걸음 더 다가설 수 있다.

정해진 운명은 없다. 지금 내가 어떤 생각과 행동, 그리고 어떤 선택을 하는지에 따라서 미래가 결정된다.

1) 생생지위역(生生之謂易)

우리 신체의 균형이 무너지면 질병이 찾아오듯이 자연과 만물도 균형이 무너지면 재앙이 발생한다. 즉 인간의 신체와 정신, 운명도 과유불급의 원리가 적용되는 것이다.

자연에 존재하는 모든 만물은 변(變)과 동(動)의 무한(無限)의 조화(調和)와 무한의 육성(育成), 목적이 있는 법칙성을 포함한다.

이것은 역(易)의 본질을 표현하는 항상성(恒常性)이라 한다.

항상성은 자연을 순환시키는 역할을 하고 있다.

과유불급(過猶不及): 정도의 지나침은 모자란 것과 같다는 의미로 '균형'을 나타낸다.

역(易) = 일(日) + 월(月)
역(易)이란 변화와 움직임이다.

즉 한 번은 낮, 한 번은 밤이 무한 반복되는 것이고 이를 일음일양지위도(一陰一陽之謂道)라고 한다.

모든 만물은 음양으로 구성되어 있으며 한 번은 음(陰)이고 한 번은 양(陽)이 되는 법칙성을 가지고 있다.

이것이 추구하는 목적은 '항상성'이고 '항상성'은 '균형'을 향해 끊임없이 변동한다. 이를 사주에서는 음양오행의 생극제화라 한다.

따라서 역(易)의 원리인 '항상성'과 '균형'을 이해하지 못하면 사주명리를 명확하게 알 수 없다.

사주명리에 관한 모든 원리의 근원이 바로 여기에서 나오기 때문이다.

현대 사주명리의 이론 중 대부분을 차지하고 있는 《적천수》에서도 가장 중요한 법칙을 조화(調和)에 두고 있다.

이는 사주명리의 근원이 음양오행에 있음을 의미하는 것이다.

균형과 조화의 이치를 가장 명확하게 설명하고 있는 《중용》은 항상성에 대해 아래와 같이 설명하고 있다.

> 천명지위성(天命之謂性)
>
> 솔성지위도(率性之謂道)
>
> 수도지위교(修道之謂敎)
>
> 도자야 불가 수유리야 가리 비도야
>
> (道者也 不可 須臾離也 可離 非道也)
>
> 《중용(中庸)》 제1장 천명(天命)
>
> 사람이 하늘의 명(命)을 따르는 것을 성(性)이라 하고 성(性)을 따르는 것을 도(道)라 하며 도(道)를 수행하는 것을 교(敎)라 한다.
>
> 도(道)는 잠시도 떠날 수 없다.
>
> 떠날 수 있는 도(道)는 도(道)가 아니다.

사람의 본성은 자연의 모습처럼 모든 인간 안에 자동 내재되어 있는 프로그램 같은 것이다. 때문에 그것을 인위적으로 만들려고 하지 말고 있는 그대로 사용만 하면 된다.

즉 원래 있는 것이기 때문에 인위적으로 만들거나 꾸밀 필요가 없다.
이것을 도가사상(道家思想)에서는 무위자연(無爲自然)이라고 하고, 유가사상(儒家思想)에서는 인의예지신(仁義禮智信)이라고 하며, 불가(佛家)에서는 불성(佛性)이라고 한다.

그런데 그것이 제대로 작동되지 않는 것은 탐욕, 어리석음, 분노 때문이다. 그것을 닦아내면 인간은 무한(無限 infinite)의 도(道)와 가까워지고 자연과 조화롭게 살 수 있다.
여기서 도(道)란 선천적으로 가지고 있는 인간의 본성이다.
그것을 실현할 때 인간은 비로소 진정한 행복에 접근할 수 있다.

유교에선 이를 군자라 하며 불교에선 부처라 한다.
이 모든 것이 의미하는 것은 균형, 조화, 항상성이다.
조화는 균형이고 균형은 음양오행과 생극제화에 의해 생성되고 유지된다.
사주명리는 음양오행의 학문이다.

2) 균형의 의미

중용은 균형의 의미를 지니고 있다.
자신의 마음을 균형 잡는 것을 천성이라 한다.
성(性)이라는 프로그램을 따라 참된 길을 가는 것이 도(道)이다.
그리고 그 도(道)를 수행하는 것을 교(敎)라고 하는 것이다.

어린아이가 차도를 혼자 건너갈 때 염려되는 마음이 성(性)이고 다가가서 손을 잡고 길을 함께 건너는 것은 도(道)이다. 또 오늘 밤 밤새도록 술을 마시고 싶지만 내일 출근을 위해 참는 것은 합리적인 생각이기 전에 천명(天命)을 따르는 것이 된다.

지극히 당연한 원리인 것이 천명이고 성(性)이고 도(道)인 것이다.
이를 불가에서는 불성이라고 한다.
불성은 부처가 우리에게 만들어 준 것이 아니라 하늘이 우리에게 원래부터 심어 놓은 씨앗이고 입력된 프로그램이다.
부처 또한 팔정도(八正道) 등 수행 과정, 즉 교(敎)를 통해 자신 안에 있던 참다운 이치와 원리를 깨닫고 실천한 것뿐이다.

인간은 그런 의미에서 모두 군자와 부처의 본성(本性)을 가지고 있는 것이다. 다만 그것을 욕심과 분노와 어리석음에 의해 사용하지 못하고 있는 것이다. 양심을 따르는 것이 곧 천명(天命)을 따르는 것이고 원래 우리 안에 심어져 있는 씨앗을 자라나게 하는 것이다.

따라서 천명을 따르는 것은 우리를 이롭게 하고 세상을 밝게 만드는 근본이 되는 것이다.

◆ 《중용(中庸)》 23장 치곡(致曲)

其次 致曲 曲能有誠 기차 치곡 곡능유성
誠則形 形則著 성즉형 형즉저
著則明 明則動 저즉명 명즉동
動則變 變則化 동즉변 변즉화
唯天下至誠 爲能化 유천하지성 위능화

작은 일도 무시하지 않고 최선을 다해야 한다.
작은 일에도 최선을 다하면 정성스럽게 된다.
정성스럽게 되면 겉에 배어 나오고
겉에 배어 나오면 겉으로 드러나고
겉으로 드러나면 이내 밝아지고
밝아지면 남을 감동시키고
남을 감동시키면 이내 변하게 되고 변하면 생육된다.
그러니 오직 세상에서 지극히 정성을 다하는 사람만이
나와 세상을 변하게 할 수 있는 것이다.

작은 일도 정성을 다해 최선을 다하다 보면 언젠가는
나 자신을 바꾸고 세상까지 바꾸게 된다는 의미를 담고 있다.

■ 해설

작은 일에도 최선을 다하는 것은 천명(天命)을 따르는 것을 의미하고 최선을 다해 정성스럽게 되는 것은 도(道)를 따르는 것이 된다.
이내 밖으로 드러내는 것을 예(禮)라 하며 예는 교(敎)를 통해 널리 퍼진다.

작은 일에도 천명을 받들고 정성을 다하는 것이 음양오행의 이치이고 사주명리의 목적과도 부합한다.
또한 인생을 균형 있고 조화롭게 만드는 가장 중요한 방법이다.

세상에서 가장 어렵고 가치 있는 일은 나 자신을 고치고 바꾸는 일이다.

3) 음양오행(陰陽五行)의 개념과 역사

음양의 개념이 처음 발생된 것은 약 5천 년 전이다.
복희씨에 의해 8괘가 만들어졌고, 이후 주나라 문왕과 주공에 의해 《역경》이 재탄생하며 64괘로 완성된다.

이를 다시 《역경》에 공자가 주석을 달아 십익(十翼)으로 날개를 단다. 공자의 《주역》 해설서가 완성됨으로써 역(易)의 이치가 널리 확산되는 근거가 마련된 것이다.

공자의 역(易)은 이후 계속 발전하여 유학 경전 속에서 가장 높은 학문적 반열에 오르는 근거가 된다. 《역경》은 64괘를 기본으로 음효(陰爻) 192개, 양효(陽爻) 192개를 완성하고 거기에 문왕의 2괘를 합쳐 64+384+2=450개의 문장으로 구성되어 있다.

공자의 십익(十翼)은 열 개의 날개 이익이라는 의미로 《주역》에 날개를 달아 모든 인류가 《주역》을 통해 행복해지기를 바라는 마음, 즉 인(仁)의 어진 마음이 발휘된 것이다.

역(易)은 항상성이고 항상성(恒常性)은 균형이며, 균형은 조화이고 조화는 음양오행으로 연결된다. 형상으로는 낮과 밤의 변화를 의미하며 음양을 나타내기도 한다.

역(易)은 무엇인가.

역(易)은 세상의 만물의 길을 열어 주고 각자의 역할을 이루게 하며, 온 세상의 도(道)를 망라하게 되는 것이다.

역자 상야(易者 象也)
《주역》은 '코드(code)'이다.
-공자-

길을 열어 주고 각자의 역할을 이루게 해 주는 것이 역(易)의 원리에서 나오며 사주명리에도 접목된다.

◆ 《도덕경(道德經)》 27장

善人者 不善人之師 선인자 불선인지사
不善人者 善人之資 불선인자 선인지자

선한 사람은 선하지 않은 사람의 스승이요,
선하지 않은 사람은 선한 사람의 스승이다

■ 해설
음양(陰陽)은 상호 보완 관계이다.
빛과 어둠은 상호 존재에 의해 가치가 만들어진다.
사람의 배움과 지식도 상대적이어서 상호 보완되어야
완전해질 수 있다는 의미이다.

도가도 비상도 명가명 비상명 (道可道 非常道 名可名 非常名)

도(道)라고 이름 부를 수 있는 것은 이미 그 도(道)가 아니고 이름이라고 하는 것은 이미 그 이름이 아니다.

도(道)는 언어로 한정할 수 없다. 오직 천명(天命)을 수용하고 실행함으로써 얻을 수 있는 것이다.
얻었다 함은 건강하고 행복한 인생을 의미하고 얻지 못했다 함은 병들고 고통스런 인생을 의미한다.

도(道)는 길이란 의미이며 군자가 마땅히 걸어야 하는 목적이자 과정이다. 이를 군자지도(君子之道)라 한다.
길(道)은 이미 정해진 하늘의 명(命)이며 그것을 따르는 것은 사람의 도리이다. 그 도리를 다하기 위해 사람은 늘 수신(修身)해야 하며 천명에 귀 기울여야 하는 것이다.

◎ 보이지 않는다고 없는 것이 아니다

◆《도덕경(道德經)》 14장: 일(一)은 형상 없는 형상

視之不見 名曰夷 시지불견 명왈이
聽之不聞 名曰希 청지불문 명왈희
搏之不得 名曰微 박지불득 명왈미
此三者 不可致詰 차삼자 불가치힐
故混而爲一 고혼이위일
其上不敎 其下不昧 기상불교 기하불매

도(道)라는 것은 보려고 해도 볼 수가 없어서 보이지 않는 것이라고 말한다.
도(道)라는 것은 들으려 해도 들을 수가 없어서 아주 희미하다고 말한다.
도(道)라는 것은 잡으려 해도 잡을 수가 없어서 아주 미미하다고 말한다.
이 세 가지를 합쳐 일(一), 즉 하나라 한다.
도(道)는 하늘에 있어도 밝지 않고 땅속에 있어도 어둡지 않다.

■ 해설
도(道)는 체(體)나 모양이 아닌 기(氣), 즉 에너지라고 할 수 있다.
에너지는 형체가 없지만 한시도 멈추지 않고 어디서든 존재하는
순환의 기운으로 모든 만물을 조절하고 생육하는 근원이다.
사람의 정신이 신체를 움직이고 지배하는 것과 같다.
사주명리도 기(氣)의 학문이다. 에너지의 지배를 받고 있는 것이다.
그 에너지가 바로 음양오행이고 균형이다.

4) 사주의 원리는 음양오행(陰陽五行)이다

인간의 뇌는 반복과 연습을 통해서만 체화가 가능하다.
이는 유년 시절 자전거를 타는 원리와도 같아서, 연습이 반복되다 보면 어느 순간 저절로 자전거를 타게 되고, 그것은 죽을 때까지 사라지지 않는다. 이것을 체화라 한다. 체화(體化)란 의식적 학습을 통해 무의식적 행동과 사고를 만들어 내는 것이다.

사주에서 음양오행은 이해가 아닌 체화를 통해 완성된다.
공자는 50살에 천명을 알았다고 한다.
여기서 천명을 알았다는 것은 천명을 실천할 수 있다는 의미이다. 우리는 천명을 알면서도 외면하고 실천하지 못하는 경우도 많다. 양심보다는 물질적 이익을 추구하고 이성보다는 감정과 분노가 앞서기 때문이다.

그렇다면 천명(天命)이란 무엇일까?
천명은 한마디로 마땅히 따라야 하는 하늘의 명령이다.
천명은 보이지도 들리지도 않는 무형의 기(氣)이기에 항상 맑은 정신으로 깨어 있어야 비로소 들을 수 있다.
마음에 욕심이 많아도, 편견이 많아도, 고집이 강해도 천명은 들리지 않는다.

천명(天命)은 아주 작은 것부터 큰 것까지 수없이 신호를 준다.
배고프면 밥을 먹으라는 천명, 무리하면 휴식하라는 천명부터 이익보다 명예를 따르라는 천명, 남을 돕는 것이 자신을 돕는 것이라는 천명, 양심을 따르라는 천명까지….
천명은 자연과 자연의 일부인 인간에게도 끊임없이 명령을 하달한다.
음양오행은 자연과 인간을 조화롭게 하고 인간이 항상성을 유지할 수 있게 천명으로 메시지를 전달하는 것이다.

5) 사주의 목적은 균형이다

기(氣)란 일종의 에너지로 보이지 않지만 명확히 살아 있는 존재이다. 가장 대표적인 에너지가 '생각'이다.

생각은 보이지 않지만 우리 신체와 행동을 조정한다.
인간에게 '생각'하는 기능이 없다고 가정해 보자.

그렇다면 인간은 그저 움직이는 물체에 불과할 것이다.

자연 세계에는 기(氣)의 흐름이 있고 그 에너지로 만물의 성장과 사멸이 반복되면서 항상성이 유지되는 것이다.

세상에 존재하는 모든 만물은 에너지의 순환과정을 거치고 성장과 사멸을 반복하며 균형을 이룬다. 사주명리의 기본 원리도 바로 그러한 에너지 순환과정이다.

만물은 오감에 의해 형상화되는 것만 존재하는 것은 아니다.
세상은 물질계로만 이루어진 것이 아니기 때문이다.
불교는 이를 '공(空)'이라 하였고 유교는 이를 '역(易)'이라 했다.

공(空)과 역(易)은 기(氣)의 에너지로 같은 의미이다.
공(空)과 역(易)은 있지만 없는 것이고, 없지만 있는 것이 될 수 있다. 태양이 있다고 별이 사라진 것이 아니며, 별이 빛나고 있다고 태양이 존재하지 않는 것도 아니다. 단지 그 상호작용에 의해 바뀌는 현상일 뿐이다. 이를 역(易)이라 하고 공(空)이라 하는 것이다.

공(空)이 곧 색(色)이고, 색(色)이 곧 공(空)이라는 것은 음양(陰陽)처럼 물질계와 비물질계가 깊은 연관 관계에 있음을 의미한다.
또한 물질계와 비물질계는 가합(假合)적 존재이며 상호 보완 관계를 유지하고 있다.

◆ 가합(假合)적 존재: 시(時) + 공(空) = 가합

가합적인 존재란 시(時)+공(空)이 만나 일시적인 인연법에 의해 만들어지는 현상이고 인간을 포함한 모든 만물은 시간과 공간에 의해 생성되는 일시적인 존재이며 인연에 따라 만들어지고 사라지는 반복과 순환을 통해 항상성을 유지하는 것이다.

사주를 물상으로만 보려 하면 절대 다가갈 수 없는 미지의 학문이 된다.
십성(十星)이 음양오행보다 우선 적용되면 사주해석은 전혀 이치에 맞지 않게 된다.
이는 마치 의복에 몸을 맞추려는 행위와도 흡사하다.

예를 들어 십성의 개념으로 보면 정편(正偏)의 개념 중, 정(正)은 좋고 편(偏)은 나쁜 것이 되는데 사주의 바이블 중 하나인 《자평진전》에서도 정편(正偏)의 개념으로 사길신(四吉神), 사흉신(四凶神)을 구분했고 이를 여과 없이 지금까지 적용해 왔다.

과연 그럴까?
이 논리대로라면 병화(丙火)에게 갑목(甲木)보다는 을목(乙木)이 더 좋아야 하고 갑목에게 신금(辛金)보다 경금(庚金)이 더 나쁜 작용을 해야 한다.
이렇게 되면 추동(秋冬) 갑목(甲木)의 가치인 동양지목(棟梁之木)은 영원히 만들 수 없다는 결론이 나온다.

그러나 실제는 병화(丙火)에게 갑목(甲木)이 더 유용하고 해자축(亥子丑)월의 사목(死木)을 동양지목으로 만들기 위해서 갑목에게는 신금(辛金)보다는 경금(庚金)이 필요하다.
음양오행을 우선 적용하지 않을 때 이러한 오류는 수없이 발생한다.

그럼에도 왜 그런 실수를 반복할까?
사주명리의 학문적 기본 원리를 모르기 때문이다.
근원적으로 사주명리는 음양오행에서 온 학문임에도 불구하고 음양오행의 원리를 간과하고 일부 왜곡된 고서만을 근거해 공부하다 보니, 이런 현상이 벌어진 것이다.

사주 고서는 참조하되 그것의 적용은 사주의 기본 원리인 과유불급, 즉 중화(中和) 원리를 우선 적용해야 한다는 것을 잊지 말아야 한다.
음양오행 생극제화는 사주의 헌법이다.
상위법 우선의 원칙에 따라 헌법에 위배되는 모든 법률, 명령, 규칙은 무효라 할 수 있다.

◎ **사주해석의 순위**

구분	적용 순위	비유(사람)
음양오행	헌법	신체, 정신, 무의식
십성 합충형파	법률	의복, 의식
12운성 신살	규칙	장신구

사주 고서의 이론에는 많은 위험이 도사리고 있다.
사주명리가 중국철학사상에서도 주류가 아닌 변방의 학문이었고, 그 역사가 매우 짧아 아직도 검증이 이루어지고 있는 상황인데,《연해자평》이후 《적천수》이론을 지금까지 그대로 가져다 쓰고 있는 것이 현실이다.
사주통변의 핵심인 십성론(十星論)에서 임철초 선생은 관성(官星)이 남자에게 자식이라는 것은 맞지 않다고 주장했다.
유교국가에서 자식이 아버지를 극(剋)한다는 것이 이치에 맞지 않는 것이라 여기는 것이 당연할 수도 있지만 그의 주장에는 치명적인 오류가 있다.

음양오행은 우주 자연의 원리이지 도덕 윤리가 아니다.
음양오행에는 인위적인 감정이나 생각이 없다.
작용과 반작용, 원인과 결과, 순환과 항상성의 원리만 있을 뿐이다.
따라서 사주명리의 논리를 의인화하는 행위는 매우 위험한 발상이라고 할 수 있다.

그래서 남자에게도 여성처럼 자식을 식상(食傷)으로 해석해야 한다는 주장은 음양오행을 이해하지 못해 발생한 맞지 않는 논리가 되는 것이다.
또 하건충 선생은 궁성론(宮星論)에서 남편궁을 일지(日支)가 아닌 월지(月支)로 봐야 한다고 주장하였다.
그 근거는 과거 유교 국가에서 남편의 사회적 위치가 여성보다 높다고 생각했기 때문이다.

그러나 이는 현대에는 전혀 맞지 않는 논리이다.
무릇 학문이란 기본 원리와 논리가 있어야 하고 명확한 기준점이 있어야 한다.
그리고 그것은 음양오행 생극제화이며, 그 원리는 이미 4천 년 넘게 검증되었다.

사주명리는 아직 무르익는 단계의 학문이다.
마침표가 찍히지 않고, 성장하고 있는 학문이란 의미이다.
중국이나 대만, 일본보다 우리나라에서 더 크고 훌륭한 이론이 얼마든지 나올 수 있고 미래 예측 학문의 메카, 사주명리 완성이 우리나라에서 이루어질 가능성이 매우 높다는 생각이 든다.

그 이유는 중국 주자(朱子)의 성리학(性理學)이 우리나라에서 발전, 완성되었던 점을 봐도 쉽게 납득할 수 있을 것이다.
우리나라 국민의 우수성과 사주명리에 대한 높은 관심과 열기도 이를 뒷받침한다.
사주를 공부하는 분들이 해야 할 일은 기존 이론을 무조건 받아들이기보다는 검증하고, 분류하고, 임상하여 실체적인 해석의 표준화를 만드는 일이다. 사주학은 미래를 예측하고 대비할 수 있는 가장 유용한 학문이다.

6) 사주의 생극(生剋) 원리와 종류

사주의 생극의 목적은 항상성 유지이고 생(生)과 극(剋) 각각 4가지로 구분할 수 있다.
생극(生剋)의 종류와 형태에 따라 항상성이 각각의 8가지 중 어디에 해당하는지 살펴야 한다.

◎ 생극(生剋)의 8가지 분류

양(陽)이 양(陽)을 생(生)한다는 것은

물상 상호 간의 조화를 이루는 것이라 할 수 있다.
예를 들면 호랑이에게 적당한 크기의 먹이인 사슴 정도가 필요하게 되는데 양(陽)이 양(陽)을 생(生)하는 것으로 볼 수 있다.
따라서 병(丙)이 갑(甲)을 만나거나 임(壬)이 경(庚)을 만나는 것은 서로 좋은 영향을 주는 것이다.

양(陽)이 음(陰)을 생(生)한다는 것은

물상 상호 간의 조화를 이루지 못한다는 의미이다.
예를 들면 이미 배부른 고양이에게 사슴 한 마리를 더 강제로 먹이는 형상으로 지나친 상생 구조인 것이다.

정화(丁火)가 경금(庚金)없이 갑목(甲木)을 만나면 오히려 불이 꺼지는 목다화식(木多火熄)이 발생하며 을목(乙木)이 임수(壬水)를 만나면 수생목(水生木)이 아닌 부목(浮木)이 되는 원리인 것이다.

음(陰)이 양(陽)을 생(生)한다는 것은

물상 상호 간의 조화를 이루지 못한다는 의미이다.
예를 들면 배고픈 호랑이에게 먹이로 토끼 한 마리를 주는 형상으로 부족 현상이 발생하는 것이다.
병(丙)이 을(乙)을 만나면 화(火)의 항상성이 유지되지 못하며 갑(甲)이 계(癸)를 만나면 안정적인 수생목(水生木)이 되지 못한다.

음(陰)이 음(陰)을 생(生)한다는 것은

물상 상호 간의 조화를 이루는 것이라 할 수 있다.
다만 음(陰)의 특성이 잘 드러나지 않으므로 명확한 효과를 기대하기는 어렵다.
정화(丁火)가 을목(乙木)을 만나면 약하게 목생화(木生火)는 되지만 그 효과가 미미하며, 을목이 계수(癸水)를 만나면 약하게 수생목(水生木)은 되지만 그 효과가 명확히 드러나지는 않는다.

양(陽)이 양(陽)을 극(剋)한다는 것은

정면으로 부딪히는 것으로 효과는 비교적 명확하게 나타나지만 주변 오행에 따라 길흉은 반반이다.
갑목(甲木)이 경금(庚金)을 만났을 때 동양지목이 필요하면 길(吉)이 되고 꽃과 열매 등 생산성을 필요로 하면 흉(凶)으로 나타난다.

양(陽)이 음(陰)을 극(剋)한다는 것은

천간(天干)에서는 음(陰)과 양(陽)이 조화를 이루는 유정지합(有情之合)의 형태로 나타나고 지지(地支)에서는 긴장감을 만드는 극(剋)이나 설렘을 만드는 합(合)의 형태로 나타난다.

음(陰)이 양(陽)을 극(剋)한다는 것은

역부족 현상으로 나타난다. 약한 것이 강한 것을 설기(洩氣)할 수는 있으나 극(剋)할 수는 없는 이치이다.

음(陰)이 음(陰)을 극(剋)한다는 것은

정면으로 부딪혀 그 효과가 명확하게 나타나며 주변 오행에 관계없이 무조건 흉(凶)으로 나타난다. 이를 칠살(七殺)이라고 한다.

구분	생극(生剋)	작용
양(陽) → 양(陽)	생(生)	주로 좋은 작용으로 나타난다.
양(陽) → 음(陰)	생(生)	주로 지나친 작용으로 나타난다.
음(陰) → 양(陽)	생(生)	주로 역부족 현상으로 나타난다.
음(陰) → 음(陰)	생(生)	주로 약한 작용으로 나타난다.
양(陽) → 양(陽)	극(剋)	주로 길흉(吉凶)이 뚜렷하게 나타난다.
양(陽) → 음(陰)	극(剋)	주로 합(合)의 작용으로 나타난다.
음(陰) → 양(陽)	극(剋)	주로 역부족 현상으로 나타난다.
음(陰) → 음(陰)	극(剋)	주로 칠살(七殺) 작용으로 나타난다.

오행(五行)의 생극(生剋)은 8가지만 알면 된다.

사주는 논리가 있는 과학이다.

그냥 외우는 것이 아니라, 원리를 이해하면 훨씬 쉽고 간결해진다.

7) 사주명리의 목적과 인간상

유학에서는 인의예지신(仁義禮智信)을 오상(五常)이라고 하는데, 이는 인간이 실천하고 지녀야 할 마땅한 도리이며 이를 통해 완성하고자 하는 인간상을 군자라 한다.
불교에서 완성하고자 하는 인간상인 부처와 같은 맥락이다.
그렇다면 사주명리에도 완성하고자 하는 인간상이 있을까?
그것은 '행복한 사람'이라고 할 수 있다.

인간은 누구나 자신의 행복을 추구할 권리가 있다.
그리고 행복이 만들어지는 근원은 올바른 선택이다.
사르트르의 명언처럼 인생은 끝없는 '선택'이다.

우리는 살면서 수많은 선택과 마주하게 된다. 이른 아침 출근할 때 입을 옷을 선택하는 것부터 한 남자 혹은 한 여자를 신랑 신부로 맞이하는 중요한 선택까지 그 종류도 다양하다.

그렇다면 이 다양한 선택을 가장 올바르게 할 수 있는 근거는 무엇일까?
물론, 혜안과 지혜를 얻은 군자나 부처가 되면 가장 이상적이겠지만 현실적으로는 거의 불가능할 것이다.
그러므로 우리가 차선책으로 선택할 수 있는 가장 좋은 방법은 '자신의 과유불급'이다.
나 자신의 장·단점, 성향, 특징 등을 정확히 알고 그것에 맞게 선택하는 것이다.

'나를 알고 적을 알면 백전백승'이란 격언처럼, 자신을 알고 난 후 적을 알아차리는 것은 생각보다 훨씬 쉬울 수 있다.

모든 것은 '나'로부터 시작된다. 내가 있으므로 세상도 존재하는 것이다.

비즈니스나 연애에서도 우리가 가장 먼저 해야 하는 일은 상대의 마음이 아니라 내 마음을 먼저 알아채는 것이다.

인생의 목적은 행복이다. 사주의 목적도 올바른 선택을 통한 행복한 삶이다. 그렇지만 대부분의 사람들이 중요한 선택을 할 때, 객관적 정보나 이성에 의해서가 아닌 감성이나 주관적 심리 상태에 의해 오판(잘못된 판단)을 하는 경우가 자주 발생한다.

그것은 우리 마음의 구조 때문이다.

마음이란 물이 담긴 그릇과 같아서 그릇의 모양에 따라 물의 형태가 달라진다.

그러므로 그릇 모양만 보면 담겨진 본질에 대한 왜곡 현상이 발생하게 된다. 그릇은 껍데기이고 물은 본질인데 우리는 늘 껍데기만 보고 판단하고 결정하려고 한다.

이런 일반화의 오류 속에서 살고 있는 마음의 균형을 잡는 가장 좋은 방법은 인문서와 명상이다.

마음이 균형을 이룬 상태에서 선택하는 것은 오류가 없거나 아주 적다.

사주명리는 기(氣)의 학문이다.

기(氣)란 보이지는 않지만 명확하고 강렬하게 존재하는 에너지이다.

목(木)이 떠오르면 목(木)의 목적, 역할, 특성, 질감, 현상 등이 느껴져야 하는 것이다.
사주에서 보이는 것에만 집착하면 일부분만 아는 것이 된다.
늘 보이지 않는 것에 대한 느낌과 이해가 있어야 한다.
사랑에서도 보이는 것만 집착하면 깊이 있는 배려와 이해에는 영원히 다가갈 수 없게 된다.

왜냐하면 사람의 마음도 빙산처럼 보이지 않는 부분이 더 많고, 그릇에 담겨진 물처럼 가려진 경우가 많기 때문이다.
빙산의 수면 아래 부분이나 그릇에 담긴 물과 같이 '사라진 것'이 아니라 '감춰진 것'뿐이다.

사주는 천간(天干)과 지지(地支)로 이루어져 있다. 천간과 지지는 분리해서 보되, 머리와 몸통처럼 서로 연결되어 있음을 간과해서는 안 된다. 천간은 하늘(두뇌=정신)이고 지지는 땅(육체=행동)이기 때문이다.

천간에는 화(火), 지지에는 수(水)가 있는 것이 가장 이상적인 형태라고 할 수 있는데, 하늘에는 마땅히 해와 달이 있고 땅에는 물이 흘러야 하기 때문이다.

공(空) 이야기

1999년작 영화 〈매트릭스(matrix)〉는 인공지능이 인간 사회를 정복하고 인간을 에너지원으로 사용하기 위해 매트릭스라는 가상세계(simulaiton)를 만들어 인간의 모든 생각과 행동을 지배한다는 이야기를 담고 있다.

이 영화를 보는 순간 불교의 가르침 '공(空)'이 떠올랐다.
공(空)이란 없는 것이 아니며 실제 존재하는 것도 존재하지 않는 것도 아닌 매트릭스 같은 개념이다.
우리가 오감(五感)을 통해 인식하는 모든 세계는 매트릭스처럼 실제로 존재하지 않을 수 있다는 의미이다.
우리는 보고, 듣고, 만지고, 맛보고, 냄새를 맡는 등의 행위를 통해 뇌에서 인식한다. 이것은 칸트의 인식론과도 일맥상통하는데 우리가 오감으로 느끼는 세상이 실제는 '존재했지만 존재하지 않는 세계'일 수 있는 것이다.

칸트는 인식이 대상에 근거하는 것이 아니라 대상이 인식에 근거할 수 있다고 보았다. 어떤 대상을 인식하기 위해선 그 대상의 존재보다는 그 대상에 대한 인식자의 인식 방식이 우선된다는 의미이다.
비유하자면 컴퓨터의 프로그램 없이는 데이터를 볼 수 없는 것과 같다.
칸트는 이를 감성(感性)과 오성(悟性), 이성(理性)이라 하였고 부처는 공(空)이라 하였다.

《반야심경》에는
'색불이공 공불이색 색즉시공 공즉시색 수상행식 역부여시
(色不異空 空不異色 色卽是空 空卽是色 受想行識 亦復如是)'란 법구(法句)가 나온다.
눈여겨볼 대목은 '수상행식도 이와 같다'는 것인데, 공(空)은 '없다'가 아닌 시공간
상의 가합(假合)적인 형태로 존재하는 것이다.

수(受)는 대상을 받아들이는 무의식의 반응,
상(想)은 대상을 받아들여 구체화하여 인식하는 단계,
행(行)은 인식된 대상에 근거할 행동을 생각하는 단계,
식(識)은 근거된 대상에 의지를 가지고 실제 행동하는 단계.

비유하자면, 책상 위에 물병이 한 개 있다면
물병을 보고 무의식 상태로 받아들인 상태가 수(受)이고,
다른 물체와 차별화하여 물병이라는 것을 인지한 상태가 상(想)이고,
물병을 어떻게 사용할지 결정하는 단계가 행(行)이고,
결정된 생각을 행동으로 옮기고 마무리한 과정이 식(識)의 단계이다.

우리는 이러한 모든 과정을 인식이라고 한다.
우리는 오감을 통해 이러한 인식의 과정을 거쳐 삶을 만들어 간다.
그런데 영화 〈매트릭스〉와 불교의 공(空)은 그것이 있지만 실제는 존재하지 않는
세계라고 말한다.
분명히 '물병'이 내 눈앞에 있는데 왜 없다고 하는 것일까?
그것은 인식에 의한 차이이다.
인간을 포함한 모든 만물은 시공간 속에서 존재하는 가합적인 존재이다.
인연에 따라 만들어지고 사라지는 존재란 의미이다.

내가 보고 있는 저 물병은 지금은 내 오감에 의해 인식되고 있지만 그것은 시간과 공간 선상에서 잠시 존재하거나, 이미 존재했다가 사라진 대상일 수 있다는 의미이다.

영화 〈매트릭스〉에서 주인공 네오는 가상세계를 깨달은 자이다.
그는 공(空)을 이해하고 그 길을 걷는 부처의 모습으로 표현되고 있다.
깨닫기 위해 가장 먼저 해야 할 일은 나의 오감에 의한 인식과 판단, 근거를 의심해 보는 일이 아닐까?

그렇게 한다면 누구나 네오나 부처가 될 수 있다.

2

한난조습
(寒暖燥濕)

2

한난조습(寒暖燥濕)

1) 한난(寒暖)이란?

> 天道有寒暖 發育萬物 人道得之 不可過也
> 천도유한난 발육만물 인도득지 불가과야
>
> 하늘의 도(道)에는 차가움과 따스함이 있으니
> 만물이 생육된다.
> 사람이 이를 얻어야 하나 지나침은 오히려 해(害)가 된다.
>
> 《적천수(滴天髓)》

천도유한난 발육만물은 음양오행의 순환과정을 통해 만물이 생육되고 우주 만물이 균형을 이룬다는 의미이다.
또한 음양오행의 이치를 따르는 것은 마땅히 사람으로서의 도리인데 이를 군자지도라 하는 것이다.

다만 너무 지나치면 오히려 부작용이 발생할 수 있으니 과유불급을 지키라는 것이다.

우주 만물의 이치가 이진법인 것은 음양(陰陽) 법칙 때문이다.

차가움은 죽음, 따뜻함은 생명, 이 또한 음양 법칙에 기인한 것이다. 그래서 한(寒)은 죽음, 정지, 멈춤 현상이 일어나고 난(暖)은 생명, 발육, 성장 현상이 일어나는 것이다.

빛은 어둠을 만들고 어둠이 빛을 불러오듯이 우주 만물의 기본 원리도 음양 법칙을 벗어나지 못한다.

한난조습(寒暖燥濕)은 역(易)의 원리에 의한 음양 법칙이며 사주명리의 핵심 원리이기도 하다.

2) 조습(燥濕)이란?

> 地道有燥濕 生成品彙 人道得之 不可偏也
> 지도유조습 생성품휘 인도득지 불가편야
>
> 지지(地支)에는 건조함과 축축함이 있으니 각기 다른 성품을 완성시킨다. 사람이 이를 얻으니 치우치지 말아야 한다.
>
> 《적천수(滴天髓)》

조습(燥濕)은 지지(地支)의 작용으로 성품을 만드는 근거라는 의미이다.

실제 지지(地支)의 조습 작용은 성품, 성향에 깊이 관여하는 데 대표적인 병증으로 조(燥)는 조울 증상이 있고 습(濕)은 우울 증상이 있다.
성품, 성향으로 보면 조(燥)는 성미가 급하고 불안정한 반면 습(濕)은 느리고 생동감이 결여되어 부정적이다. 이것을 사회적인 관점으로 사람들 사이에 섞임과 섞이지 못함으로 나누는 것은 맞지 않다. 조습은 중화되었을 때 잘 섞이고 중화되지 못했을 때 잘 섞이지 못하는 것이다.

'지지(地支)의 조습(燥濕)은 개인적인 성향, 성품을 결정한다.'

3) 한난조습(寒暖燥濕)의 이해

사주를 '기후절기학(氣候節氣學)'이라고도 하는데 이는 사주가 절기(節氣)와 밀접한 관련이 있음을 의미한다.
인간의 생활은 농사로 인해 수렵, 어로 등의 유목생활에서 정착생활로 바뀌었다. 인간은 절기를 이용해 농사의 생산성을 높이고 정착생활을 하기 시작했고, 사주는 그 절기를 바탕으로 길흉(吉凶) 판단의 근거를 만들었다.
지지(地支)는 방향성과 계절성을 지녔기 때문에 실제 길흉의 대부분이 지지에서 발생한다.

그렇다면 사주와 한난조습은 어떤 관계가 있는 것일까?
우선 한(寒)은 계절로 보면 겨울, 오행으로는 수(水)이고 춥다는 의미가 있다. 당연히 모든 것이 정지된 상태이며 죽음의 의미를 함께 포함하고 있다.

따라서 한(寒)은 한마디로 정의하면 '정지', '멈춤' 현상이라 할 수 있다. 사주가 한습(寒濕)하면 모든 것에 속도감이 떨어지고 지체 현상이 나타나는 것도 그 때문이다.

난(暖)은 따뜻하다는 뜻으로 계절은 봄을 상징하며 생명이 성장하는 시기라 할 수 있다. 오행으로 보면 목(木)에 해당하며 시작과 성장을 의미한다. 사주가 난(暖)하다는 것은 만물을 생육할 조건이 마련되어 있음을 의미한다.

난(暖)과 조(燥)는 명확히 다르다. 조(燥)는 마르고 뜨겁다는 의미인데 사주에서 습(濕)과 반대되는 작용으로 성격과 건강에 대해 나쁜 영향이 있으며 일의 진행에도 실수가 많다.

그러나 화(火)는 사주에서 가장 중요한 오행이므로 전혀 없다면 더 큰 문제가 될 수 있다. 계절은 여름에 해당하고 급성장으로 인해 자칫 본질이 변형될 수 있다.

조(燥)는 습(濕)과 함께 균형을 이룰 때가 가장 이상적이라고 할 수 있다. 습(濕)은 습기가 가득한 차단된 기운이므로 변질되기도 쉽다.

환기가 잘 되지 않는 곳에 습기가 많으면 곰팡이가 생기듯이 습(濕)은 많은 문제를 만들어 낸다. 계절로는 가을을 나타내며 금(金)이 차단될 때는 지체, 즉 버퍼링 현상이 일어난다.

한난조습은 고정되어 있는 것이 아니라 끊임없이 순환과정을 진행하고 있다. 단편적으로 암기하기보다는 사계절의 특성과 실제 사람에게서 일어나는 현상을 주의 깊게 관찰하는 습관을 들여야 한다.

실존주의 문학의 정수 《이방인》

**실존(생명) 자체가 가치이며 최상의 의미이다.
공(空)과 색(色)은 다르지 않은 소중한 존재이다.**

"인간은 그 무엇으로도 규정할 수 없는 존재이다."
《이방인》은 프랑스 작가 카뮈의 소설이며 1942년 발표되었다.
그는 처녀작인 이 작품으로 세계적인 명성을 얻었다.
평범한 샐러리맨인 뫼르소는 양로원에서 죽은 어머니의 장례를 치른 다음 날 여자친구 마리와 해수욕을 하고 희극영화를 본다.
그리고 밤에는 마리와 정사(情事)를 가진다.
그는 마리에게 "나는 너를 사랑하지 않지만 네가 결혼을 원하면 해 줄 수 있어"라는 기괴한 말을 한다.
그는 어머니의 죽음에서도 슬픔을 전혀 느끼지 못한다.
사람이 마땅히 가져야 할 공감 능력이 없는 것이다.
뫼르소는 해변에서 우연히 친구 레이몽과 다투고 있는 아랍인을 권총으로 쏘아 죽인다. 살인으로 재판에 회부된 그는 왜 죽였느냐는 판사의 질문에 "햇빛 때문에 너무 눈부셔서"라고 대답한다.
참회하지 않는 그의 행동에 분노한 판사는 그에게 사형을 내린다.
그는 자신에게 내려진 판결과 사회가 부조리하다고 생각하지만 조용히 받아들이고 심지어 죽기 전 마지막 의식을 치르기 위해 찾아온 사제(종교인)도 돌려보낸다.

자신은 어디에서도 환영받지 못하는 이방인이라 생각하며 사형집행일을 기다린다. 그는 감옥의 창을 통해 하늘의 별을 바라본다. 그리고 자연은 인간에 대해 무관심하다는 것을 깨닫고 그것이 뫼르소가 스스로의 인생에 대해 무관심한 것과 일치한다고 생각하고 그것에 행복감을 느낀다.
그리고 자신이 처형되는 날엔 많은 군중이 몰려들 것을 기대하며 이 소설은 끝난다.

논리적 일관성이 결여된 뫼르소의 행동은 근원적인 인생의 부조리를 나타낸다.
그의 살인 동기는 무척이나 단순하면서 비논리적이다.
하지만 그냥 지나치기에는 어려울 만큼 설득력이 있고 빠져드는 무언가가 있다.
《이방인》은 비극적인 휴머니즘을 단적으로 보여 주는 작품이며 주인공 뫼르소는 그것을 대표하는 상징적인 인물이다.
이러한 부조리의 세계에 대한 인식이 카뮈에게 있어서는 인간의 유일한 존엄성으로 받아들여진다.

해결될 희망이 없는 부조리에 저항할 수 있는 단 하나의 힘이 인간의 생명뿐이라는 것이다. 실존(實存)만이 유일한 희망이 될 수 있다.

인간은 다른 사물과 달리 규정지을 수 없는 특별한 존재이기 때문에 보여지는 모습으로만 이해해서는 안 되며 각각의 기질 재능 환경 선택 운 등에 의해 변화되는 본질적인 모습을 함께 이해하여야 한다.
그것이 우리가 사주를 공부해야 하는 궁극적인 목적이 아닐까?

3

오행(五行)과 십성(十星)

3

오행(五行)과 십성(十星)

1) 오행(五行)의 목적

◎ 목(木)의 목적과 역할

구분	지향성	내용			
목(木)의 목적	목생화 (木生火) 화(火)의 항상성 유지	목(木)이 화(火)의 항상성을 유지시킨다는 것은 조절이 가능한 화(火)를 의미한다. 조절이 가능한 화(火)는 유용한 화(火)가 되지만 항상성이 유지되지 않는 화(火)는 조절이 불가능한 불안정한 화(火)로, 화재, 산불 등 흉(凶)으로 나타난다.			
		▶ 조절이 가능한 화(火) 가스레인지, 전기, 전자 등 생활 필요 도구			
		▶ 조절이 불가능한 화(火) 화재, 산불, 폭발 등 다룰 수 없는 화(火)			
		조절 가능한 화(火)	목화(木火)	길(吉)	○
		조절 불가능한 화(火)	화화(火火)	흉(凶)	×

목(木)의 역할	• 목(木) ⇒ 화(火) ⇒ 상생(相生) 서로 보완하는 구조이다. • 목(木) ⇒ 토(土) ⇒ 상극(相剋) 서로 제어하는 구조이다. • 목(木) ⇒ 금(金) ⇒ 설(洩) 금(金)의 기운이 약해진다. • 목(木) ⇒ 수(水) ⇒ 생설(生洩) 목수(木水)에게 주고받는 작용이 동시에 일어난다. • 목(木) ⇒ 목(木) ⇒ 생극(生剋) 목목(木木)은 서로 도움이 될 수도 방해가 될 수도 있는 구조이다.

※ 오행의 생극은 상호작용이다.
그래서 상생, 상극이라는 표현에는 서로 주고받는다는 의미가 포함되어 있는 것이다.
목생화(木生火)는 목(木)이 화(火)를 일방적으로 생(生)해 주는 것이 아니며 화(火) 역시 목(木)을 생(生)하는 포괄적인 의미가 있다. 이것이 역(易)의 원리이다.

◆ 목(木)의 속성

목(木)은 상향하려는 수직적인 운동성을 지니고 있다.
을목(乙木)의 경우 횡적인 수평운동을 하는 것 같지만 을목(乙木) 역시 광합성하기 위해서 지주목을 통해 상향하려는 특성을 지니고 있다.

이것을 곡직(曲直)이라 하는데, '휘어지고 위로 펴지다'란 의미를 지니고 있다.

목(木)은 세상에 처음 태어난 아기처럼 강한 생명력을 바탕으로 전진하려는 기운이 매우 강하고 시작, 호기심, 순수함이 나타난다.

목(木)은 수(水)의 생(生)을 받아 화(火)로 가는 에너지로 사용하는 기운이므로, 먼저 수생목(水生木)이 되지 않는 목(木)은 항상성이 유지되지 않아 쉽게 지치고 피로하며 도와주는 사람이나 환경 등이 조성되지 못해 노력에 비해 결과는 만족스럽지 않고 힘들다.

목생화(木生火)가 되지 않는 목(木)은 목적 달성이 어렵고 지향점이 없어서 매사 느리고 지체되는 현상이 발생한다.

즉 목(木)의 성패(成敗)는 수화(水火)에 달려 있다.

◎ 화(火)의 목적과 역할

구분	지향성	내용
화(火)의 목적	화생토 (火生土) 토(土)의 항상성 유지	화(火)가 토(土)의 항상성을 유지시킨다는 것은 조절이 가능한 토(土)를 의미한다. 조절이 가능한 토(土)는 생산성이 있는 유용한 토(土)가 되지만 항상성이 유지되지 않는 토(土)는 조절이 불가능한 불안정한 토(土)로 조열(燥熱)한 토지, 한습(寒濕)한 토지 등으로 생산성이 없거나 낮은 형태이며 흉(凶)으로 나타난다. ▶ 조절이 가능한 토(土) 논, 밭, 옥토 등 작물 재배가 가능한 생산성 있는 토지 ▶ 조절이 불가능한 토(土) 사막토, 자갈토, 동토 등 생산성이 없는 토(土)

		조절 가능한 토(土)	화토(火土) 생산성이 있는 토양	길(吉)	○
		조절 불가능한 토(土)	토토(土土) 토다금매(土多金埋)	흉(凶)	×
화(火)의 역할	• 화(火) ⇒ 토(土) ⇒ 생(生) 화(火)는 토(土)를 도와준다. • 화(火) ⇒ 금(金) ⇒ 극(剋) 화(火)는 금(金)을 통제한다. • 화(火) ⇒ 수(水) ⇒ 설(洩) 화(火)는 수(水)를 약화시킨다. • 화(火) ⇒ 목(木) ⇒ 설(洩) 화(火)는 목(木)을 약화시킨다. • 화(火) ⇒ 화(火) ⇒ 생극(生剋) 화화(火火)는 서로 도움이 될 수도, 방해가 될 수도 있는 구조이다.				

◆ **화(火)의 속성**

화(火)는 속도이고 확산이다. 공부를 하든 연애를 하든 빠르게 흡수하고 전달한다. 그래서 화(火)가 잘 발달한 남자는 사랑을 할 때도 속도감 있게 연애가 진행되고 상대 여자에게도 자신의 마음을 잘 보여 주고 전달할 수 있다. 물론 너무 지나치면 역효과와 부작용도 발생할 수 있는데 화(火)가 빛이 아닌 열(熱)로만 작용할 때 발생한다. 상대는 내 마음을 알지 못하고 나에 대한 확신도 판단도 하지 못한 상태인데 혼자 진도가 너무 빠르게 나간 것이다. '떡 줄 놈은 생각도 안 하는데 김칫국부터 마신다'라는 속담과 일맥상통한다.

급하게 서두르다 보면 실수와 시행착오가 발생하는 것처럼 화(火)는 빛과 열이 균형을 이룰 때가 좋다.
속도감이 있는 것과 급한 것은 전혀 다른 개념이다. 속도감이 있는 것은 제동장치(브레이크)가 있는 자동차로 매끄럽게 질주하는 것이고 조급한 것은 제동장치가 없는 자동차가 폭주하는 것이다. 조절 능력의 차이이다.

우리의 마음은 낮과 밤이 다르고, 그릇에 담긴 물처럼 늘 변화한다. 중요한 것은 사라진 것이 아니라 잠시 드러나지 않는 것, 사라진 것이 아니라 감춰져 있는 것이다. 마음은 늘 음양의 원리처럼 수시로 드러났다 감춰졌다가 반복되는 것일 뿐 내 안에 모두 있는 것이란 의미이다.

그렇다면 화(火)가 없는 사람들은 연애를 하지 말아야 할까? 방법이 있다. 사주에 화(火)가 없는 사람들의 연애법은 우선 운(運)에서 화(火)가 들어올 때까지 기다려야 하며 그것이 빛인지 열인지도 구분해야 한다.
지지(地支)로 들어오는 화(火)는 열(熱)일 가능성이 높고 천간(天干)으로 들어오는 화(火)는 빛일 가능성이 높다. 빛과 열이 동시에 들어올 때 하는 것이 좋지만, 둘 중 한 가지만 들어와도 연애를 시작하는 데는 문제가 없다. 다만 빛과 열을 구분하여 적절한 조절을 하면 되는 것이다.

예를 들어 열화만 들어왔다면 우선 내 마음을 전달하기 전에 내 마음을 먼저 보여 줘서 상대의 마음을 확인한 후 열기를 전달해야 하며, 빛화만 들어온 경우에는 충분히 자신의 마음이 보여지기 때문에 상대가 시그널을 줄 때 전달하면 된다.

사주에서 화(火)는 다른 오행에 큰 영향을 미치며 그중 가장 중요한 역할은 해당 오행을 활성화시키고 확산하는 작용이다. 그래서 화(火)가 발달한 사람은 부부 관계도 잘한다. 성적으로 관계를 맺는 행위가 활성화하고 확산하는 행위이기 때문이다. 화(火)가 섞임으로 에너지가 확산하는 것이다. 화(火)의 기능은 인류의 종족 보존을 유지하는 본질이라 할 수 있다.

◎ 토(土)의 목적과 역할

구분	지향성	내용
토(土)의 목적	토생금 (土生金) 금(金)의 항상성 유지	토(土)가 금(金)의 항상성을 유지시킨다는 것은 조절이 가능한 금(金)을 의미한다. 조절이 가능한 금(金)은 사회적 가치가 있는 유용한 금(金)이 되지만 항상성이 유지되지 않는 금(金)은 스스로 조절이 불가능한 불안정한 금(金)으로, 사회적 가치가 없고 흉폭한 사건사고 등의 흉(凶)의 작용으로 나타난다. ▶ 조절이 가능한 금(金) 저장, 차단 구분 기능이 있는 사회적 가치 실현 ▶ 조절이 불가능한 금(金) 수술, 교통사고, 낙상, 폭행, 상해 등 | 조절 가능한 금(金) | 토금(土金) | 길(吉) | ○ | | 조절 불가능한 금(金) | 금금(金金) | 흉(凶) | × |

토(土)의 역할	• 토(土) ⇒ 금(金) ⇒ 상생(相生) 　서로 보완하는 구조이다. • 토(土) ⇒ 토(土) ⇒ 생극(生剋) 　토(土)는 토(土)를 보완할 수도 제어할 수도 있다. • 토(土) ⇒ 수(水) ⇒ 극(剋) 　토(土)는 수(水)를 통제한다. • 토(土) ⇒ 목(木) ⇒ 설(洩) 　토(土)는 목(木)을 조절한다. • 토(土) ⇒ 화(火) ⇒ 생설(生洩) 　토화(土火)에게 주고받는 작용이 동시에 일어난다.

◆ 토(土)의 속성

토(土)는 저장과 고정, 한정하는 역할과 기능을 지닌 에너지이다.
목화금수(木火金水) 모두를 저장하고 고정, 한정할 수 있다.
목(木)을 만나면 그 뿌리를 통해 양분과 수기(水氣)를 제공하기에 목(木)을 성장시키고, 화(火)를 만나면 화(火)의 확장성(팽창)을 고정시켜 무한대로 뻗어 나가지 못하게 하며, 수(水)를 만나면 미친 듯 날뛰는 수기(水氣)를 지하수로 저장해 흐르게 하고, 금(金)을 만나면 어머니가 아기를 품듯이 생(生)하여 보호하고 성장시킨다.

토(土)가 발달한 사람은 믿음이 있고 사람과 사람 사이에 가교 역할을 잘하며 감정 기복이 거의 없어 평화롭다.
그러나 토(土)가 지나치게 과다하면 인색하고 감정 기복이 심하며 사회생활에서 섞이지 못해 외롭고 고립되기 쉽다.

토(土)가 발달한 사람은 열정이 없어 연애 상대로는 밋밋하지만 결혼생활은 안정감이 있어 좋은 작용을 하는 경우가 많다. 반대로 토(土)가 없는 사람은 안정감이 없고 비현실적인 성향으로 실제 사회생활이나 결혼생활에서 적응하기 힘든 단점이 있다. 지나치게 많으면 게으르고 인색하며 부족하면 불안정하고 현실감이 없는 단점을 드러나게 한다.

◎ 금(金)의 목적과 역할

구분	지향성	내용
금(金)의 목적	금생수 (金生水) 수(水)의 항상성 유지	금(金)이 수(水)의 항상성을 유지시킨다는 것은 조절이 가능한 수(水)를 의미한다. 조절이 가능한 수(水)는 수생목(水生木)으로 사회적인 목적 달성이 가능한 유용한 수(水)가 되지만 항상성이 유지되지 않는 수(水)는 스스로 조절이 불가능한 사나운 수(水)로, 흉폭한 사건사고 등 흉(凶)의 형태로 나타난다. ▶ 조절이 가능한 수(水) 수돗물, 우물, 음용수, 댐, 저수지, 관리되는 수원지 ▶ 조절이 불가능한 수(水) 홍수, 해일, 태풍, 자살, 상해, 수술 등 | 조절 가능한 수(水) | 금수(金水) | 길(吉) | ○ | | 조절 불가능한 금(金) | 금금(金金) | 흉(凶) | × |

금(金)의 역할	• 금(金) ⇒ 수(水) ⇒ 상생(相生) 서로 보완하는 구조이다. • 금(金) ⇒ 목(木) ⇒ 상극(相剋) 서로 통제하는 구조이다. • 금(金) ⇒ 화(火) ⇒ 설(洩) 금(金)은 화(火)를 약화시킨다. • 금(金) ⇒ 토(土) ⇒ 생설(生洩) 금토(金土)에게 주고받는 작용이 동시에 일어난다. • 금(金) ⇒ 금(金) ⇒ 생극(生剋) 금(金)은 금(金)을 보완하기도 통제하기도 한다.

◆ 금(金)의 속성

금(金)이 화(火)를 만나면 가치가 생기고 금(金)이 수(水)를 만나면 생명이 만들어진다. 금(金)이 화수(火水)와 함께 있으면 밤하늘 별빛 같은 사랑에 빠진다. 가장 아름다운 존재가 되는 것이다.
금(金)은 차단, 구분, 분별하는 기능을 지닌 차갑고 냉정한 에너지이지만 씨앗이나 열매처럼 겉으로만 단단해 보일 뿐 속은 여리고 약하다.

그래서 금(金)이 화(火)를 만나면 사랑에 빠진 여인이 되는 것이다. 세상에서 가장 아름다운 여인은 사랑받고 사랑하는 여인이다. 여성에게 사랑은 밤하늘에 빛나는 별빛과 같은 것이다. 자신의 존재 가치를 만들어 주는 가장 위대한 행위이며 목적이다. 사랑이 시작되면 사랑 외의 것들은 모두 사라진다. 여성의 최고의 가치는 사랑이고 사랑은 아름다움의 극치이다. 사랑할 때 여성은 아름다운 음악처럼 가장 완벽해진다.

그러나 금(金)은 자신의 사랑이 받아들여지지 않았을 때는 예리한 칼날이 되어 자신과 타인을 찌른다.

금(金)은 변질되지 않을 것처럼 보이지만 가장 빠르게 형태를 바꿀 수 있는 것이 금(金)의 속성이다.

◎ 수(水)의 목적과 역할

구분	지향성	내용
수(水)의 목적	수생목 (水生木) 목(木)의 항상성 유지	수(水)가 목(木)의 항상성을 유지시킨다는 것은 조절이 가능한 목(木)을 의미한다. 조절이 가능한 목(木)은 생산성이 있는 유용한 목(木)이 되지만, 항상성이 유지되지 않는 목(木)은 스스로 조절이 불가능하여 사회적으로 목적 달성이 어렵고 현실성이 없는 군겁쟁재(群劫爭財), 목다화식(木多火熄) 등 흉(凶)의 형태로 나타난다. ▶ 조절이 가능한 목(木) 봄여름에 꽃과 열매를 맺어 사회적 목적 달성을 실현하는 살아 있는 생목(生木)과 가을 겨울에 동양지목(棟梁之木)으로 경제적 가치를 지닌 사목(死木) ▶ 조절이 불가능한 목(木) 목다화식(木多火熄), 목다금결(木多金缺) 목(木)의 많음으로 발생하는 사건사고 | 조절 가능한 목(木) | 수목(水木) | 길(吉) | ○ | | 조절 불가능한 목(木) | 목목(木木) | 흉(凶) | × |

수(水)의 역할	• 수(水) ⇒ 목(木) ⇒ 상생(相生) 서로 보완하는 구조이다. • 수(水) ⇒ 화(火) ⇒ 상극(相剋) 수(水)는 화(火)를 제어한다. • 수(水) ⇒ 토(土) ⇒ 설(洩) 수(水)는 토(土)를 약화시킨다. • 수(水) ⇒ 금(金) ⇒ 생설(生洩) 수금(水金)에게 주고받는 작용이 동시에 일어난다. • 수(水) ⇒ 수(水) ⇒ 생극(生剋) 수(水)는 수(水)를 도와주기도 하고 제어하기도 한다.

◆ 수(水)의 속성

수(水)는 생명과 죽음을 동시에 담고 있는 응축력이 가장 강력한 기운이다. 죽음은 새 생명을 만들기 위해 거치는 필수 과정이다.
수(水)의 가치는 화(火)에 의해 결정된다. 화(火)가 열로 작용할 때는 수생목(水生木)으로 목(木)을 성장시키고, 화(火)가 빛으로 작용할 때는 어둠 속에서 반짝이는 빛이란 가치를 생성한다.

어둠의 가치는 빛에 의해 만들어지고 빛은 어둠에 의해 가치가 만들어지기 때문이다. 어둠과 빛은 대비되는 상호 보완성을 지니고 있다.
수기(水氣)가 발달한 사람은 지혜롭고 차분하여 실수가 적으나, 수기(水氣)가 지나치면 생각이 많아지고 느려지며 부정적이게 된다.
그래서 수기(水氣)가 강하면 반드시 화목(火木)으로 진정시키는 것이 유용하다.

수기(水氣)가 지나치면 부정적인 생각과 불필요한 후회로 인생을 낭비하게 되므로 연애와 비즈니스 모두 전혀 도움이 되지 않는다.
수다수왕(水多水旺)은 이미 돌이킬 수 없는 것들을 끊임없이 떠오르게 한다.

수(水)는 어머니의 모습처럼 자기 희생이 있다.
이를 수생목(水生木)이라고 하는데, 자신의 삶의 역할과 목적을 오직 목(木)을 키우는 데만 집중하고 최선을 다한다.
실제 수일간(水日干)인 분들은 가족에 대한 희생정신이 강하며 여성의 경우 모성애가 있다.

내 마음의 스판(Spandex), 일체유심조(一切唯心造)

그녀가 대답했다.
"그를 사랑하지만 좋아하진 않는다."

사랑은 행복하지 않아도 할 수 있지만 좋아하는 것은 행복하지 않으면 할 수 없다.
사랑은 그 사람에게 기대가 없어도 할 수 있지만 좋아한다는 것은 그 사람에 대한 기대 없이는 할 수가 없다.
사랑은 자신이 아파도 계속할 수 있지만 좋아하는 것은 아프면 지속할 수 없다.

사랑하지만 좋아하지 않을 수 있다.
좋아하지만 사랑하지 않을 수도 있다.

연애를 시작할 때 갖게 되는 상대에 대한 기대는 사랑이 아니다.
그것은 나를 채워 줄 행복에 대한 기대일 뿐이다.
그래서 언제나 기대는 다시 리셋(reset)되고 우리는 그로 인한 상처를 꽁꽁 싸매고 청춘은 원래 아픈 거라며 어설픈 위로를 시도한다.
원래 아픈 것은 없다.
그 상처는 이미 예정된 결과이다.
기대라는 것은 상처의 원인을 만들어 주기 때문이다.

기대 없이 상대를 좋아하는 연습을 해 보는 것은 어떨까?
나를 채워 줄 상대가 아닌 내가 채워 주는 상대를 사랑하게 되는 순간부터 아름다운 마법은 시작된다.
내 마음을 몰라 주는 그에게도 서운하지 않고, 비 오는 날 우산을 들고 마중 나온 작은 마음에도 세상을 다 가진 듯한 행복감을 느낄 수 있다.

원래 마음은 고탄력 스판처럼 쉽게 늘어나기도 줄어들기도 한다.
반면, 스스로의 이기심으로 마음은 탄성을 상실한 채 불편한 시간을 보내고 있다.

스판덱스(Spandex) 옷은 편안하다.
편안함을 주는 이유는 모양에 따라 탄력적으로 우리 몸에 맞춰 주기 때문이다.
우리 마음은 모두가 스판 기능을 가지고 있다.

사랑도 연애도 스판처럼 한다면 상처 받아 생기는 불편한 시간이 사라질 수 있다.
마음의 스판을 다른 말로 '일체유심조(一切唯心造)'라 명(名)할 수 있을 것이다.

모든 것은 마음먹기에 달려 있다.

2) 오행(五行)과 십성(十星)의 관계

오행이 신체라면 십성은 의복이고
오행이 무의식이라면 십성은 의식이다.
오행이 본성이라면 십성은 인위(人爲)이고
오행이 헌법이라면 십성은 법률이다.

인간은 정신과 육체로 구성되어 있다. 정신은 육체에게 명령을 내려 행동하게 만든다.
그런데 정신은 행위를 하기 전에 생각의 검증을 거쳐 판단하고 선택하는 일련의 과정을 거치게 된다.

자연계에 존재하는 모든 원리가 음양의 순환을 통한 항상성 유지이듯 인간도 음양의 순환과정을 통해 균형적인 정신과 신체를 보존하려는 속성을 지녔다.
그러나 그것은 보이지 않는 기(氣)의 형태로 구성되어 있기 때문에 부호화하여 학습할 수 있도록 인위적으로 만들어야만 인간이 이해하고 전파할 수 있다.

이러한 음양의 순환 기운을 기호화하여 소통할 수 있게 만든 것이 바로 사주명리이고 사주명리 속에 오행과 십성이라는 기호화된 문자가 포함되어 있는 것이다.

오행(五行)과 십성(十星)은 사주를 해석하는 가장 핵심적인 요소이다.
오행을 우선 적용하고 십성의 옷을 입혀 사주를 해석해야 한다.
몸이 없는 옷은 의미가 없지만 옷이 없는 몸은 가치를 지니고 있다.

사주 감정 시, 최우선으로 적용해야 할 것은 음양오행이다.
간혹 십성을 우선 적용하는 경우가 있다.
이것은 마치 생각 없이 한 행동 같은 것으로 그 행동은 의미를 지니지 못한다.

우리의 인생이 그러하듯이 사주도 평면적이지 않고 입체적이다.
사주를 입체적으로 해석한다는 것은 오행과 십성을 동시에 살핀다는 것을 의미한다.

좋은 상담이란 상담을 통해
더 나은 선택을 할 수 있게 도와주는 것이다

몸에 좋은 약(藥)은 쓰다는 말이 있다.
늘 하는 말이지만 운(運)이 나쁠 때의 전조 증상은 다른 사람의 충고를 받아들이지 않고 자신의 고집과 아집대로 생각하고 행동할 때이다.
아무리 좋은 충고도 듣는 사람이 받아들이지 않으면 아무 소용이 없다.

균형이 무너진 사주를 가진 의뢰인을 만날 때가 있다.
강한 것은 강한 대로 조심하고 대비하면 되지만 문제는 자신이 원하는 대답이 아닐 경우, 실망하고 원망하는 일이 발생한다는 것이다.
그것은 상담을 의뢰한 본인에게도 전혀 도움이 되지 않는다.
자신의 불행을 스스로 만드는 것과 같다.

그 시작은 성격이다. 자신이 고집과 아집이 강하고 배타적이라면 그런 부분을 고치도록 노력해야 한다.
운(運)이 나빠지게 되는 원인은 그 시점에서 시작되기 때문이다.
사주를 보면 이 사람이 어떤 성격을 가진 사람인지 보인다.
사주 상담가 중, 의뢰인의 사주가 매우 강해 한 성격 할 것 같아 보이면, 의뢰인에게 솔직하게 얘기해 주지 않고, 단점을 제외한 좋은 말만 해 주는 경우가 많다.
그러나 그것은 좋은 방법이 아니다.

설령 당사자가 벌컥 화를 낼지라도 솔직히 말해 줘야 언젠가는 의뢰인 스스로도 깨닫고 고칠 수 있기 때문이다. 아무리 성격이 강한 사주를 가졌다 해도 상담가는 의뢰인의 눈치를 보며 좋은 말만 해서는 안 된다.
받아들이고 못 받아들이는 것은 당사자의 몫이다.

공자님은 말을 꾸미는 자는 인(仁)이 적다고 하셨다.
최상의 사주 감정은 순수하게 사주에 있는 그대로를 알려 주는 것이다.
암 환자에게 감기에 걸린 것이라고 거짓말을 하는 것은 미필적고의에 따른 살인행위가 될지도 모른다.

가끔은 사주가 균형적이고 평범해서 크게 할 얘기가 많지 않을 때도 있는데, 이럴 경우 사주 상담 실력이 없다고 오해하는 의뢰인도 있다.
사주 감정에서 해 줄 말이 없다는 것은 좋은 의미이다.

해야 할 얘기가 많다는 것은 그만큼 큰 어려움이 의뢰인에게 예견되어 있기 때문이다.

3) 십성(十星)의 기본 개념

십성은 오행이란 몸에 옷을 입혀 사주의 다양성과 복합성을 위해 만들어진 일종의 부호 또는 기호이다. 인간의 복잡하고 다양한 심리와 인간관계를 나타내고 실제 사회적 인간관계를 해석하기 위한 '사회적 인간' 사용설명서 같은 개념이다.

오행+십성+사주의 알레르기(합충형해파)만 정확히 파악하면 사주해석은 90% 이상 가능하다.

오행으로 무의식과 기초적이고 본능적인 인간관계를 알 수 있다면, 십성으로는 의식과 개인적인 습관, 사회적 용도, 복잡하고 다양한 이성, 사회적 인간관계를 나타내고, 사주의 알레르기는 오행과 십성에서 발생하는 과민 반응, 교란 행위 등 사주의 변수를 만들어 낸다.
십성은 쉽고 분명하기 때문에 사주해석에서 없어서는 안 될 불가결한 존재이다.

◆ 십성(十星)의 생극제화(生剋制化)

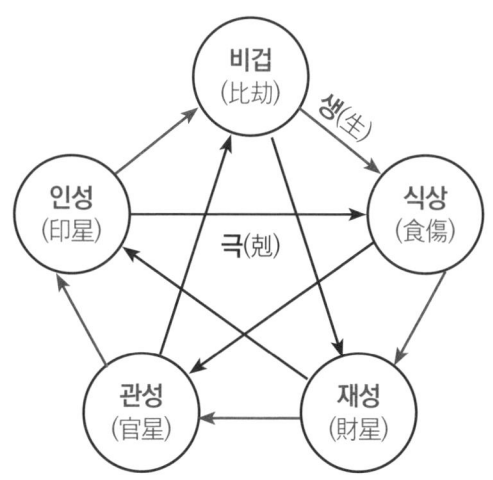

십성(十星)을 10개의 별이라 하는 것은 특별한 의미는 없으나 사주가 천문(天文)에서 시작된 것을 연상할 수 있게 한다.
10개의 별, 십성의 기본 내용과 원리를 살펴보자.

◎ 비견(比肩)

비견(比肩)은 나 자신을 의미하며 자존심, 주체성을 나타내는 성분으로 육친상으로는 형제, 자매, 친구, 동료 등 횡적인 관계의 사람들을 의미한다.

비견은 순수하고 동정심, 공감 능력이 뛰어나다.
일간(日干)은 주체성을 확보하여 자신의 의지와 추진력을 강하게 만든다.

비견(比肩)의 가장 큰 목적이자 역할이라 할 수 있는 것으로, 식신(食神)과 상관(傷官)을 생(生)해 주어 식상(食傷)의 항상성을 유지시킨다.
식상의 항상성 유지는 건강, 일, 자식 등 매우 중요한 요소들로 가득하다.

비견은 재성(財星)을 극(剋)하여 재성이 무한대로 확장하는 것을 제어하고 고정하는 역할을 한다. 재성을 제어 고정한다는 것은 욕심을 조절한다는 의미로 자동차와 비유하자면 재성이란 질주 본능에 브레이크 역할을 해 주는 것이다.

비견이 과다한 사람은 사회, 직장 등 밖에서는 좋은 사람이지만 가정에서는 무정한 사람이 될 수 있고, 비견이 약한 사람은 줏대 없이 부화뇌동하기 쉽다.

비견은 천간보다 지지에 있는 것이 일간(日干)의 뿌리로 작용하여 좋으나, 사주원국에 두 개 이상 있으면 군겁쟁재(群劫爭財)가 일어나 좋지 않다.
비견은 식신과 함께 들어오거나, 식신이 바로 옆에 있을 때 가장 이상적이다.

◎ 겁재(劫財)

겁재(劫財)는 비견과 음양이 다른 십성으로 영리하고 계산적이며 승부욕이 강한 특징이 있다.
비견처럼 감성적이지도 않고 공감 능력도 별로 없다.
그러나 강한 집념과 승부욕으로 매우 현실적이어서 스포츠, 게임, 증권, 투기적인 성향의 것에 재능이 있다.
겁재의 승부욕은 이기적인 욕심에서 발생한 것으로 지나치면 타인뿐 아니라 자신에게 치명적인 약점으로 작용할 수 있다.

학생일 때는 겁재와 인성(印星), 식상(食傷)이 작동하면 공부를 잘할 수 있다. 겁재의 지기 싫어하는 경쟁심리로 인해, 공부에 대한 승부욕이 발휘되어 열심히 노력하기 때문이다.
그러나 경쟁심리가 잘못 작동하는 경우도 종종 있는데 도박판에서 돈을 잃고는 못 참는 대표적인 성격으로, 확장성인 편재(偏財)와 만나면 도박에 깊이 빠질 수 있으므로 조심해야 한다.

'재물을 겁탈하다'라는 뜻을 가진 겁재는 재성의 확장성을 한정하여 소유하게 된다. 이것이 비견과는 매우 다른 특징으로 사주에 겁재가 하나쯤 있어야 부자가 될 가능성이 높아진다고 할 수 있다.
승부욕, 현실성, 욕심과 집념으로 재물을 쉽게 취할 수 있는 성향을 만들어 준다.
겁재의 가장 큰 목적이자 역할은 식신과 상관을 생(生)해 주어 식상(食傷)

의 항상성을 유지시키는 것이다.

식상(食傷)의 항상성 유지는 비견(比肩)과 마찬가지로 건강, 일, 자식 등 매우 중요한 요소들이 가득하다.

그러나 반대로 비겁이 강한데 식상이 없다면 관성이 작용하지 않는 것만큼 나쁜 작용을 할 가능성이 높아질 것이다.

◎ 식신(食神)

식신(食神)은 일간(日干)을 보호하는 유일한 방어막이다.
일간을 보호한다는 것은 사회적 성패(成敗)는 물론, 건강과 생명을 지키는 수호신이라는 의미가 포함되어 있다. 일간이 대통령이라면 식신은 최측근 근접 경호원이라 할 수 있다.

그만큼 식신의 위치도 매우 중요한데, 가장 좋은 위치는 일간을 근접 경호할 수 있는 월간(月干) 자리이고, 그다음 시간(時干), 월지(月支) 자리 순이다.

식신의 목적 및 역할은 다음 4가지로 구분할 수 있다.

- 식신제살(食神制殺)
- 식신생재(食神生財)
- 편인도식(偏印倒食)
- 비겁(比劫) 생(生) 식신(食神)

첫째, 식신제살(食神制殺)은 왕(王)을 보호하는 최측근 경호원으로 일간을 보호하고 외부로부터 들어오는 위험과 위협적인 요소인 칠살(七殺)을 방어하는 것에 목적이 있다. 방어막이 뚫리는 순간 위험에 노출된다.

식신제살은 사주의 사자성어 중 가장 좋은 의미이다. 식신제살이 100% 완전히 되기도 하지만, 90%에서 50% 이하까지 다양하게 있으므로 상세히 살펴서 해석해야 한다.

관살(官殺)이 세 개나 있는데 식상(食傷)이 약하거나 무력하다면 식신제살은 50% 이하로 떨어질 것이다.
식신이 있다고 모두 식신제살이 되는 것이 아니라는 의미이다.
사주는 디테일의 학문이다. 상세히 판단해야 오류가 없다.

둘째, 식신생재(食神生財)는 재성(財星)을 생(生)하여 재성의 항상성을 유지시키는 행위를 의미하며 실제 생활에서는 재물을 꾸준히 벌어들이는 경제적 측면을 담당한다.

식신생재가 잘된 사람이 가난하거나 못사는 경우는 없다.
항상 일한 만큼 결과가 주어지고 그 결과는 삶의 질을 향상시키는 기능을 한다. 즉 재물의 질과 크기는 재성이 아닌 식신(食神)이 결정하는 것이다.
재성이 결과라면 식신은 원인이다.
원인이 좋아야만 결과가 좋을 수 있는 것이다.

셋째, 식신(食神)이 가장 꺼려하는 십성은 편인(偏印)이다.
그래서 식신이 있으면 주변에 편인이 있는지 살펴야 한다.
식신이 편인을 보면 도식(倒食)하는데 여기서 도식이란 파괴된다는 것으로 충극(沖剋)과 같은 개념이다.

식신이 깨져서 자기 역할을 못 하는 것이다.
그래서 식신생재가 된 사주가 편인운이 들어오면 매우 조심해야 한다.
식신생재가 깨진다는 것은 자신의 삶의 원천인 재물에 문제가 발생할 수 있다는 것이다.

넷째, 식신(食神)을 생(生)해 주는 비견(比肩) 겁재(劫財)가 있는지 살펴 본다. 비견 겁재의 역할 중 가장 중요한 것은 식신을 생해 주는 것이다. 그러나 비겁이 지나치게 많으면 일에 비해 결과가 작아지는 경향을 보여 좋지 않다.

식신은 한 개만 있어야 좋다.
식신은 정재와 만나면 항상성이 유지되어 최고의 길성(吉星)이 된다.
식신은 순수함으로 인해 모성애를 자극하고 표현력이 뛰어나 아름다운 연애를 할 수 있다.
식신은 오행 중 화(火)에 해당할 때 가장 빛을 발한다.

◎ **상관(傷官)**

상관의 목적과 역할은 다음 4가지이다.

· **상관견관(傷官見官)**: 거의 흉(凶)으로 작용한다.
· **상관패인(傷官佩印)**: 길(吉)로 작용할 때도 많다.
· **상관상진(傷官傷盡)**: 길(吉)로 작용할 때도 있다.
· **상관제살(傷官制殺)**: 상관(傷官)도 제살(制殺)이 가능하다.

첫째, 상관견관은 사주에서 최악의 착각과 오판을 부르는 시기로 투자나 사업 확장 같은 중요한 결정을 미루는 것이 최선이다.

상관견관은 착각, 사기, 투자 실패, 실직, 이혼 등 안 좋은 사건 사고의 시점이 만들어진다.
상관의 목적은 정관(正官)을 부수는 것에 있다.
관(官)이란 사회적 관점으로 보면 자신의 보호막이자 울타리이다.
기존에 만들어진 질서 안에서 안전하게 보호받고 있는 것이다.
그런데 상관은 그런 소중한 관(官)을 흔들고 부수는 것이다.
따라서 상관견관운에서는 욕심내지 말고 철저하게 현상 유지만 해야 한다.

둘째, 십성 중 최대 발산의 기운인 상관의 역할에서 가장 좋은 작용은 상관견관과 대비되는 개념의 상관패인이다.
사주 감정 시 상관견관이 돼 있거나, 사주에 상관이 뚜렷하게 있을 때는 주변에 정인(正印)이 있는지 반드시 살펴야 한다.

상관패인(傷官佩印)이란 급작스럽게 튀어 나가는 예측불허의 상관(傷官)을 정인(正印)이 잡아 주는 역할을 하는 것이다.

예를 들면 동네에서 남의 일에 참견하다가 싸우고 시비, 구설에 시달리는 것이 상관견관이라면, 상관패인은 노조나 정치계로 들어가 문서화된 논리와 주장으로 싸우는 것이다. 참견하고 싸우는 것은 같지만 제도화된 곳에서 문서와 법률, 논리로 싸우는 것과 동네에서 쓸데없는 일로 싸우는 것은 엄청난 차이가 있다.

상관패인(傷官佩印)의 어원을 보면 상관이 인성이란 명찰을 차고 있어 쉽게 행동하지 못한다는 것이다.
제복과 계급이 사람의 지위와 품격을 만든다는 의미로 해석할 수 있다.
상관패인이란 상관이 정관을 극(剋)하려 할 때, 정인(正印)이 상관을 교정해 주는 역할을 한다는 것이다.
실제 상관패인 사주 중에서는 선생님, 노조위원장, 연예인, 아나운서, 리포터, 연설가, 정치인 등 여러 분야에서 큰 두각을 나타내는 사람이 많이 있다.

상관패인을 육친적 관점에서 비유하자면 상관은 천방지축 아들이고, 정인(正印)은 엄격한 어머니이다. 천방지축 아들도 엄격한 어머니를 만나면 얌전해지는 원리이다.

그러나 정인이 아닌 편인(偏印)이 자리한다면 상황은 또다시 완전히 바뀐다. 정인이 친어머니라면 편인은 못된 계모로 비유할 수 있다. 천방지축 아들이 못된 계모를 만나면 제어되기는커녕 반발심만 더 커질 수 있다.

즉 편인은 상관을 잡아 주지 못한다는 것인데, 상황에 따라 조금 편차는 있지만 편인은 식신과 있어도 비슷한 작용을 한다고 알려져 있다.

셋째, 상관상진(傷官傷盡)은 브레이크 없는 자동차로, 돌발 변수만 없다면 목적지까지 가장 빨리 도착할 수 있는 장점이 있으나 돌발 변수가 나오면 자칫 전복될 위험이 있다.
그러므로 반드시 길(吉)한 작용이라고 하기엔 무리가 있다.
길흉(吉凶)이 함께 혼재해 있다.

상관상진 사주의 특성은 밥을 먹어도 자신이 밥값을 내야 속이 편하고, 음식을 만들어도 통이 커서 엄청 많이 만들어 나눠 주길 좋아한다. 또 일지(日支)에 상관이 있으면 에너지 넘침 현상으로 성욕도 강한 특성을 보인다. 오행 중 화(火)에 해당할 때 가장 특성이 뚜렷하게 나타난다.

상관상진이란 두 가지 의미가 있는데, 첫 번째는 오직 발산의 기운으로 질주하는 것 그리고 사주에 관성이 없거나 있어도 무력하여 쓸 수 없다는 것이다.

두 번째, 실질적으로 쓰이는 것은 관성(官星)이 없을 경우 상관의 기운이 좋게 작용한다는 의미이다. 그러나 상관상진 사주의 경우 관성운이 들어오면 매우 큰 사건사고가 발생한다.

속된 말로 '한 방에 훅 간다'고 할 수 있다.
잘 나가던 사람이 한순간 몰락하는 경우이다.
이를 비유하면 고속으로 달리는 차 앞에 갑자기 장애물이 나타난 것과 같다.

넷째, 상관제살(傷官制殺)은 식신(食神)이 없는 경우 식신을 대신하여 식신의 기능인 칠살(七殺)을 방어해 주는 역할을 한다.

예를 들면 을유일주(乙酉日柱)에 신금운(辛金運)이 들어올 때 월간(月干)에 상관인 병화(丙火)가 있으면 신금(辛金)과 병신합(丙辛合)하여 칠살로부터 일간(日干)을 보호하는 역할을 하는 것이다.

병화(丙火)는 상관제살을 매우 훌륭하게 수행한다.

만일 상관제살이 되지 않았다면 이미 죽었거나 죽을 만큼 힘들었을 것이다.

정화(丁火)가 있으면 식신제살이 될 수 있겠지만 상관도 엄연히 제살(制殺) 기능이 강하다는 점은 사주의 우선 순위를 잘 말해 주고 있다.

'암 환자가 물에 빠졌다면 암 치료보다는 물에서 구하는 것이 먼저라는 것.' 운(運)에서 상관이 들어오면 먼저 사주원국에 상관이 있는지 없는지 살펴야 한다. 상관이 있는데 또 들어왔다면 흉(凶)으로 작용할 가능성이 높아지고, 없는데 들어온 것이라면 길(吉)로 작용할 때가 많아진다.

상관운(傷官運)은 뭔가 잘 될 것 같은 합(合)의 기운이 느껴진다.

그리고 판단 착오를 일으키고 잘못된 선택을 하는 경우가 많다. 따라서 상관운이 들어올 때에는 이성적인 판단과 주변의 도움이 절실히 필요하다. 특히 상관운 때는 이성과의 만남도 즉흥성이 강해지기 때문에 잘못된 선택을 하는 경우가 많이 발생한다.

● 괴강(魁罡)은 상관(傷官)의 기운이다

일주	괴강(魁罡)의 특성
무술(戊戌)	지도력, 고집, 미남, 미녀, 사업, 남성적
경술(庚戌)	지도력, 고집, 미남, 미녀, 교육, 남성적
경진(庚辰)	지도력, 고집, 미남, 미녀, 교육, 여성적
임진(壬辰)	지도력, 고집, 미남, 미녀, 공직, 여성적

※ 괴강(魁罡): 강한 오행끼리 뭉쳐 더 강해진 기운

괴강(魁罡)은 일주에 놓여 있을 때 가장 극명한 작용을 한다.
무술일주(戊戌日柱)는 비견(比肩)을 일지(日支)에 두고 있어서 대단한 고집과 추진력이 있고, 종교나 육영 사업과 같은 전문성이 있는 일을 하면 성공할 가능성이 높다.

경술일주(庚戌日柱), 경진일주(庚辰日柱)는 인성(印星)을 일지에 두고 있어서 학문에서 큰 성과를 낼 수 있다. **임진일주(壬辰日柱)**는 관성(官星)을 일지에 두고 있어서 공직으로 진출하면 대단히 큰 성과를 낼 수 있다.
'괴강의 공통 특성'으로 여자는 미모가 뛰어나고 남자는 언변이 뛰어나다.
자존심이 강해 여자는 남자에게 지기 싫어하고 남자는 특히 남자에게 지기 싫어한다. 리더십이 강하고 대인관계는 좋은 편이다.

괴강일주는 운(運)에 따라 길흉(吉凶)이 뚜렷하게 나타나는데 흉운 때는 매우 나쁘고 길운일 때는 크게 성공한다.
괴강은 '강한 지도력', 상관상진의 기운이다.

고전 이론에 의하면 괴강살 있는 여성은 팔자가 좋지 않고, 부부가 무정하다고 하나 이는 현대에는 맞지 않는 이론이다.
괴강일주는 내가 이끌고 가려는 에너지와 카리스마가 넘친다.

◎ 편재(偏財)

편재(偏財)는 '내가 너의 것을 빼앗고 싶다'이다.
내가 너의 것을 빼앗기 위해선 너보다 내가 힘이 더 강해야 한다는 전제조건이 있어야 한다. 그것을 비겁득재(比劫得財)라 한다.
욕심은 결과를 추구하는 성분이다. 결과를 가져오기 위해 계산, 예측, 계획을 해야 한다.
'너의 것을 내가 가지고 싶다'가 비겁과 편재의 관계이다.
편재의 목적 및 역할은 다음과 같다.

- 비겁득재(比劫得財)
- 재다신약(財多身弱)
- 군겁쟁재(群劫爭財)

첫째, 비겁득재(比劫得財)는 비겁이 강할 때 재성을 취할 수 있다는 것이다. 비겁에게 재성은 내가 사냥해야 할 먹이이고 내가 정복해야 할 대상이다. 그런데 사냥꾼이 먹이를 사냥할 능력이 없다면 오히려 먹이한테 능욕을 당하게 된다. 이것은 재다신약이라 한다.
인생은 목적(지향점)이 있어야 열정이 생성되며 사주도 목적이 있을 때 가치가 만들어진다.

사주에서 목적은 십성과 오행의 관계를 보고 결정하는데, 부자가 되는 것이 인생 목표라면 그것에 초점을 맞춰 사주를 채워야 한다.

둘째, 재다신약(財多身弱)이란 늙고 이빨 빠진 호랑이가 큰 사슴을 사냥하려고 노력하나 취할 수 없다는 의미이다.
목적하는 대상을 보는 것과 갖게 되는 것은 다른 문제이다.

재다신약 사주는 목적물이나 대상물을 볼 수는 있으나 취할 수는 없다. 이는 목적하는 대상보다 힘이 더 약하기 때문이다.
사냥에 성공하기 위해서는 사냥감보다 빠르고 강해야 한다.

재다신약 사주는 숲에 사는 것보다는 동물원에 있는 것이 더 안전하다. 늙고 병든, 이빨 빠진 호랑이는 숲속보다 동물원이 더 편하다는 것이다. 그러므로 재다신약 사주는 사업이나 장사보다는 월급생활, 직장생활이 더 안전하다.

셋째, 군겁쟁재(群劫爭財) 사주는 사자 10마리가 토끼 한 마리를 사냥한 격으로 아무리 열심히 사냥해도 먹을 것이 부족한 상태를 의미한다. 비겁은 강한데 재성이 매우 약해 재물이 모이지 않는 특성이 있다.
군겁쟁재 사주는 사업이나 장사보다는 월급쟁이, 전문직 등이 좋다.

◎ 정재(正財)

편재에 비해 안정성, 항상성, 보수성, 소유성, 현실성이 부각된다는 점이 크게 다른 점이다.

첫째. 정재의 안정성은 항상성과 비슷한 의미로 큰 변화나 비현실적인 목적을 추구하기보다는 항상 그 상태를 유지하려고 한다.
따라서 실패가 적고 안전한 삶이 가능하다.

둘째, 정재의 보수성은 정관(正官)의 보수성과 비슷한 성향으로 기존에 만들어진 가치를 보존하려는 성향이 강하다. 편재(偏財)처럼 확장적이지 않고 내 가족, 내 회사와 같이 소유욕과도 강하게 연결되어 있다.
정재의 보수성은 현실성과 소유성과도 연결된 공통 분모가 있다.

셋째, 정재의 현실성은 미래의 이상적인 가치보다는 현실적 가치를 중요시하는 성향으로 투자나 모험을 선호하지 않는다. 삶이 매우 안정적이며 변동성이 없다.
다만 지나치게 안정성을 추구하다 보면 발전이 없고 삶 자체가 느려질 수 있다.

◎ 관성(官星)

관성(官星)은 늘 남의 시선을 의식한다. 그래서 함부로 행동하지 않는다. 누군가 자신의 언행을 듣고 보고 있다고 의식하기 때문이다.
그것은 포괄적인 관점에서 자신의 명예를 지키는 일이라는 생각을 하는 것이다.

관성은 자신을 타인, 조직, 국가는 물론 자신의 가족이나 배우자에게도 맞추려는 성향을 보인다. 강한 책임감과 의무감이 바탕이 되어 끝까지 임무 완수를 해내기 위해 최선을 다하는 모습을 보인다.

그래서 관성에는 명예, 제어, 통제, 책임, 의무, 충성, 안정을 담고 있다. 거기에 인성(印星)이 관성과 결합되면 인성은 관성을 보호하고 관성은 인성을 가치 있게 만들어 준다.
그러나 책임과 의무는 반작용으로 스트레스를 가중시켜 건강을 악화시키기도 한다.

- 관인상생(官印相生)
- 관다신약(官多身弱)
- 재생살(財生殺)

첫째, 관인상생(官印相生)은 관성과 인성이 만나 조화를 이루는 형태로 최고의 조합이라고 할 수 있다.

관성은 일간(日干)을 제어하는 강렬한 에너지이다. 수직적인 통제력(학교, 사회, 직장, 조직, 국가)은 물론 모든 대중 및 관습, 규범, 규칙, 법률도 모두 관성의 성분이다.

둘째, 관다신약(官多身弱)은 관성이 지나치게 강하여 일간(日干)을 극벌(剋伐)하는 현상을 말한다. 대부분 건강이 나쁘고 여성의 경우 직장, 남자 문제가 어려우며 남성은 직장·사회생활 자체에 문제가 발생한다.
편관(偏官)은 식신이 없는 경우 칠살(七殺)이라고 하며 그 특성은 무자비함이다. 편관은 조금의 망설임도 없이 일간을 사정없이 공격한다.

식상이 없다면 일간은 무방비 상태로 당할 수밖에 없다.
이는 사자와 사슴과의 관계와 같다. 방어 자체가 불가한 상태가 되는 것이다.
식신 없이 운(運)에서 들어오는 편관은 살(殺)의 형태로 들어온다. 살(殺)이란 일간을 죽이는 것이 목적이다.

반드시 기억해야 할 것은 일간을 죽이는 목적의 살(殺)은 사주원국에 있는 것이 아닌 운(運)에서 들어오는 살(殺)이란 것이다.

셋째, 재생살(財生殺)은 욕망이 극대화되어 무한 팽창하는 모습이다. 《맥베스》에서 마녀의 속삭임에 의해 욕망이란 살(殺)이 커져 주변 모두를 황폐화시키는 상태를 뜻한다.

편관이 편재를 만나면 살(殺)이 무한대로 확장하고 욕망이 극대화되어 선재적으로 공격하는 무모함을 드러낸다.
거기에 겁재까지 있으면 세상을 놀라게 할 만한 엄청난 일을 벌인다.
당연히 고위험으로 인해 실패 가능성이 매우 높다.

조선시대 역모나 지금의 쿠데타와 흡사한 무모한 일을 벌일 가능성이 높아지는 것이다. 편관은 반드시 피를 보는 유혈 혁명적 성격을 띤다.

편관과 정재가 만나면 중화 기능이 작동하여 살(殺)의 확장성을 통제하는 역할을 해 준다. 편관은 편재보다 정재가 더 안정감이 있다.
물론 편관과 편재는 한 방에 인생 역전을 할 수 있는 에너지가 있지만 그만큼 실패 확률도 높다는 것을 잊지 말아야 한다.

정재의 항상성과 보수성이 살(殺)의 위험성을 제거하여 절차와 질서를 지키려고 한다. 편관은 살(殺)을 기본으로 탑재하였다. 살(殺)은 칼이다. 그 칼이 자신을 향할지 적을 향할지는 식신에게 달려 있다.
편관은 명분, 모험, 도전, 강렬한 의협심, 확장성, 무모함, 위험성을 상징한다.

편관은 위치에 따라 특성이 조금씩 달라진다.
일지(日支)에 있으면 착하지만 배우자 관계가 어려운 경우가 다수 있고, 월지(月支) 일지(日支)에 있으면 군인, 경찰, 의사, 교육자 같은 직업이 잘 어울린다.

편관은 식신이 없거나 훼손되면 건강에 이상이 발생할 가능성이 높아진다.

정관(正官)은 한마디로 공자의 예(禮)와 같다. 누군가 나를 지켜보고 있다는 의식을 가지고 살아가는 것이다. 누군가가 자신을 항상 보고 있다는 관념과 의식은 자신을 제어하고 행동을 억제하는 예(禮)로 드러난다.

오행 중 화(火)를 예(禮)라 하는 것도, 화(火)는 빛으로 작용하기 때문에 그 형태가 드러나 예(禮)가 되는 것이다.
따라서 화(火)는 관성(官星)의 기질을 가지고 있다. 관성이 잘 발달되어 있는 사람은 신사의 모습을 하고 있다.

천간에 투간(透干)되어 있다면 그 기운이 더욱 뚜렷하게 드러난다. 자신을 스스로 낮추고 상대에게 기꺼이 맞춰 주는 것이 체화되어 있는 예의 바른 사람은 어디서나 환영을 받는다.
정관에는 배려와 자기 통제 심리가 깔려 있다. 타인을 배려함으로 자신이 존중받을 수 있고 먼저 규칙과 약속을 지킴으로써 타인도 그렇게 해 주기를 바라는 기대가 있는 것이다.

《논어》의 '네가 하기 싫은 일은 남에게 시키지 말라'는 공자의 가르침이 바로 관성의 의미이다.

관성은 솔선수범하고 맡은 바 책임을 다하며 자신이 해야 할 일은 남에게 시키지 않는다. 이는 사회나 직장에서만이 아닌 가정에서도 강하게 드러난다. 부부간에도 예의를 지키고 책임과 의무를 다하려 한다.

필자가 결혼 상대로 무관(無官), 관고(官庫) 사주를 피하라고 하는 의미가 바로 여기에 있다. 결혼생활에서 가장 중요한 책임과 의무, 약속을 무시하기 때문이다.

사회에서도 가정에서도 환영받지 못하는 사람이 바로 무관, 관고의 사주인 것이다.

남을 의식하는 행위는 사회적 동물인 사람에게 반드시 필요한 성분이다. 모든 사람들의 사주에 관성이 잘 발달해 있다면 아마 교도소는 필요가 없을지도 모른다. 최소한 고의범은 거의 사라질 테니 말이다.

과실범은 관성의 유무와 관계없이 발생한다. 그렇다면 관성이 없거나 무덤에 들어가 있다면 어떤 현상이 일어나게 되고 이런 경우 어떤 교육으로 방지해야 할 것인가?

또 관성이 지나치게 강하여 일간이 버티지 못할 지경에 이른다면 어떤 개운법을 사용해야 할 것인가?

정관(正官)은 사회적 관점에서는 올바른 직장이고 심리적 관점에서는 강한 통제력, 육친적 관점에서는 만들어진 남자, 혹은 자식이다.

남성의 사주에서 정관이 문제가 생겼다는 것은 직장과 통제력에 이상이 생겼다는 의미가 되므로, 상관운이 들어올 때 정관이 파괴되는 것을 막기 위해 해야 할 것은 수성이다.

수성(守城)이란 성(城)을 지킨다는 의미로 현상 유지를 뜻한다.

이때에는 창업, 확장, 이전, 이동, 투자, 대차 등 모든 것을 금지해야 한다.

정관+정재는 현모양처이고 거기에 정인까지 더해지면 최고의 여성상이 된다. 정관의 합리적인 면과 정인의 따뜻한 마음이 결합하여 이상적인 여성상이 되는데, 예전 같으면 국모의 자격을 얻었다고 할 수 있다.

사주에 인성(印星)이 없을 경우, 정관은 무형적 의미에서 인성의 역할을 대신한다.

정관은 현모양처와 신사의 이미지이며, 오너(주인)보다는 참모나 최고 경영자(CEO)가 더 잘 어울린다.

○ 인성(印星)의 작용과 의미

인성(印星)은 생각, 자격, 공부, 저장, 문서, 인내, 고집, 전통 계승, 식상의 질, 재성의 한정, 관성의 보호 등을 의미한다.

생각은 행동을 제약하고 한정한다. 행동을 제약하고 한정한다는 것은 논리적 검증을 통하여 행동을 바로잡는 것이다.

예를 들어 어떤 대상에 대한 목적이 생겼다면 인성이 그 대상과 목적 사이의 인과 관계를 검증하여 행동을 통제하게 된다.

A라는 사람이 과일 장사를 하고 싶다는 생각을 한다면, 인성은 과일 장사에 대한 전체적인 검증 절차를 준비하고, 재성이 개입하여 자본금, 시장 상황, 가지고 있는 자산 등을 계산하여 인성에게 데이터를 넘기게 되고, 인성은 그것을 문서화하여 식상에게 장사를 시작할 것과 하지 말 것을 지시한다.

그런데 만일 인성이 없다면 이러한 검증 절차를 거치지 않고 식상이 바로 나서서 장사를 시작하게 되어 위험 확률이 높아진다.

반면 식상이 없는 인성은 고민만 하다가 햄릿형 용두사미가 되곤 한다.

식상이 강한데 재성이 없으면 계산, 예측이 빠져 있고 사업의 디테일이 없어진다. 도대체 얼마에 팔아야 이익인지, 어떻게 영업 전략을 세워야 하는지 알 수가 없다.
느낌이나 짐작만으로 장사나 사업을 하는 경우이다. 당연히 실패 확률이 높다.

생각을 고정시키고 한정하여 현실성 있게 만들어 주는 것은 재성이다. 재성이 없는 인성은 무한정 뻗어 나가, 현실성 없는 탁상공론이 되고 만다.
인성이 관성에게 생(生)을 받는다는 의미는 꾸준히 채워 가는 행위이고 비겁을 생(生)해 준다는 의미는 채운 것을 검증한다는 것이다.
인성이 검증하여 만들어진 것을 문서화할 자격이 주어진 상태.
이를 **상관패인**이라고 한다.
식상(食星)이 시작하고 재성(財星)이 계산한 대상에 대해 인성(印星)이 검증하여 보편성을 만들어준 것이다.
예를 들면 의사 면허, 자동차 면허, 부동산 중개사 자격증 등이 해당한다.
학습을 통해 지식과 기술을 인성이라는 저장 장치에 채우는 것.
인성의 강약에 의해 성격이 결정된다.

◎ 편인(偏印)

> **식상남** "사랑하면서 친구로 만나는 게 무슨 의미가 있죠?"
> **편인녀** "바라만 보는 사랑도 있어요."
> **식상남** "왜 그런 사랑을 하죠? 친구 애인이어서 미리 포기하는 건가요? 아니면 거부당할까 봐 두려워요?"

> **편인녀** "난 그 사람을 사랑하는 거지, 사랑받길 원하는 건 아니에요."
> **식상남** "바보 같은 소릴 하는군요. 사랑한다면 사랑받길 원하는 겁니다."
> **편인녀** "그렇지 않은 사람도 있어요."
>
> 영화 〈접속〉 中

편인(偏印)의 단점은 부정적인 생각과 자신감 부족이다.
편인은 정인(正印)과 달리 당당하게 요구하지 못한다.
그저 바라보고 애태우다가 돌아선다.
그렇다고 거기에 무슨 숭고한 의미나 철학이 있는 것도 아니다.
그저 자신감 또는 자존감이 약해서이다.
특히 일지(日支)에 정관(正官)이 있는 여성이라면 더욱 그렇다.

다른 사람을 너무 배려하고 의식하다 보면 정작 누구에게도 도움이 되지 못하고 만다. 표현하지 않으면 알 수 없는 것이 사람의 마음이기 때문이다.
식상이 없는 편인녀는 영화 〈접속〉의 주인공처럼 이상한 변명도 잘한다.
나름 정당성을 부여하지만 공허한 메아리와 같다.
식상남이 강하게 밀어붙이면 그녀는 한순간 그에게 깊이 빠져든다.
편인녀가 가져야 할 마음가짐은 '자신감'이다.
편인이 숨는 것은 무섭고 두렵기 때문이다.
편인을 세상 밖으로 드러나게 하기 위해서는 반드시 식상과 관성이 도와줘야 한다. 편인녀가 식신제살과 관인상생 된 남자를 만나면 가장 행복해질 수 있다.

그는 편인녀의 손을 잡고 함께 밖으로 나가자며 용기를 주기 때문이다.
편인의 사랑은 조심스럽지만 그만큼 깊이가 있다.
그런데 남자의 경우는 조금 다르다.
편인남을 식상녀가 세상 밖으로 데리고 나가는 것은 왠지 멋이 없어 보인다. 음양의 차이로 인한 것인데, 남자는 주고 여자는 받아들이는 것이 자연의 이치이기 때문이다. 편인녀는 신비주의, 편인남은 마마보이.
편인은 치우친 재능, 불안정한 재능이다. 불안정한 이유는 체계적이지 않기 때문이다.

시간을 통해 순차적으로 검증을 거치지 않은 자격이므로 한순간 무너질 수 있기 때문이다.
정인이 계단이라면 편인은 사다리로 비유할 수 있다.
순차적으로 검증을 통해 축적된 지식 경험이 정인이라면, 즉흥적으로 만들어진 지식과 경험 때문에 편인은 식상을 이용하여 출력해서 사용할 때 문제가 발생한다. 그래서 편인의 자격은 무너지기 쉽고 자신이 가지고 있는 문서에 대한 자신감이 없어 당당하지 못하다.

자신감이 없다 보니 늘 혼자일 때가 많다. 생각은 지나치게 많고 부정적인데 결론은 늘 일어나지 않는 부정적인 망상으로 끝이 난다.
그러나 관성을 만나면 그 안에 숨어 있던 재능이 반짝이며 드러난다. 편인의 재능은 관성을 만나야 비로소 세상 밖으로 나오게 되는 것이다. 편인 옆에는 관성과 재성이 있으면 좋다.
관성은 편인에게 용기를 주고, 재성은 편인을 세상 밖으로 나가게 한다.

◎ 정인(正印)

자격, 보존, 저장, 문서, 인내, 상속, 전통 계승, 자신감, 긍정적.
정인(正印)을 한마디로 표현한다면 '문서화된 저장 장치'라고 할 수 있다.

정인은 계단을 오르듯 차근차근 체계와 순서를 지켜 쌓아둔 지식과 경험이기에 쉽게 무너지지 않고, 사회적으로도 그 활용 가치가 매우 높다. 다소 느려 보이고 요령이 없는 것 같지만 실제로 어느 순간부터는 가속도가 생겨 편인(偏印)을 앞서게 된다.

초등학교, 중학교 과정에서는 편인이 더 뛰어나 보이지만, 이후, 고등학교 과정부터 사회생활까지는 정인이 훨씬 탁월한 실력을 드러내기 시작한다. 순차적으로 시간을 두고 검증을 모두 거친 인정받은 문서. 정인의 특성은 누가 봐도 인정할 수밖에 없는 것이다.

그래서 정인이 잘 발달한 사람은 자신감이 있다.
그동안 자신이 쌓아온 지식과 경험들이 쉽게 무너지지 않는다는 것을 알기 때문이다. 정인(正印)은 최고의 저장 장치이다.
안에 무엇을 저장하든지 필요할 때 꺼내 쓸 수 있게 최적화되어 있다.
이때 필요한 것이 식상(食傷)이다.
식신이든 상관이든 다 좋다. 인성(印星)이 과다한데 식상이 없을 경우, 자신이 잘 아는 것이라고 해도 무대 공포로 인해 알고 있는 것을 사용할 수 없게 될 수도 있다.

이처럼 정인과 식상은 상극 관계면서 상호 보완 관계이다.

사주에 인성이 없거나 무력한 사람은 도와주는 사람이나 환경이 약하다는 의미가 있다. 스스로 모든 것을 판단하고 개척해야 하기 때문에 다소 힘들고 어렵지만 자립심이 강하고 자수성가할 수 있는 에너지를 가지고 있어 정신력은 강한 편이다.

다만 재물을 모을 때 문서화하기 어려워 재물이 흩어지는 경향이 있으므로 목돈이 생기면 부동산에 묻어 두는 것이 좋다.
반대로 인성이 너무 많으면 의지박약하고 정신력이 약하여 의존적인 사람이 된다. 특히 신약(身弱) 사주와 남성에게 그런 경향이 더 강하게 나타난다.

4) 십성(十星)의 사랑 형태

◎ 비겁(比劫)의 사랑은 이기적이다

비겁(比劫)이 일지(日支), 월지(月支)에 있거나 투간(透干)되었을 때 또는 비겁이 과다할 때 나타나는 현상은 다음과 같다.
자기밖에 모르는 이기적인 관계를 선호하며 결혼 후 급변한다.
연애할 때는 인간적인 공감 능력이 있고 친구간에도 의리가 있어 보인다. 또한 자기 주장과 추진력이 강해 매력적으로 보이기도 한다. 그러나 결혼 후에는 이기적인 형태로 변하여 자신의 의무와 책임은 다하지 않으면서도 권리만 주장하는 강압적인 모습을 보인다.

결혼생활과 직장생활에 부적합한 특성을 지니고 있다.
특히 자신의 자존심과 고집을 주장하다 보니 상대에 대한 이해와 배려가 전혀 없는 것이 가장 큰 문제이다. 따라서 비겁의 사랑은 관성에 의해 질이 결정된다. 비겁이 강한 사람은 이혼율이 매우 높은 편이다.

◎ **식상(食傷)의 사랑은 능동적이다**

식상(食傷)이 일지(日支), 월지(月支)에 있거나 투간(透干)되었을 때나 식상이 과다할 때 사랑은 급속히 불타오르고 금세 빠져든다.
식상의 사랑도 비겁의 사랑과 비슷한 모습을 보여 주는데 연애와 결혼에서 상반된 모습을 보여 준다. 그러나 식상의 사랑은 비겁에 비해 표현력이 풍부하고 감성계가 발달하여 결혼생활 자체가 무기력하게 변하지는 않는다. 늘 능동적이고 긍정적인 것이 최대의 장점이다.

반면에 감정 기복이 심하고 잘 변질되고 말과 행동이 앞서는 경향을 보인다. 가장 많이 이별을 통보하지만 그것은 진심이 아니라 자신이 지금 힘들고 외롭다는 자기표현인 경우가 많다.
그래서 식상이 "우리 그만 헤어져"라고 말했을 때는 침묵과 위로를 적절하게 사용해야 한다.

◎ **재성(財星)의 사랑은 합리적이다**

재성(財星)이 일지(日支), 월지(月支)에 있거나 투간(透干)되어 있을 때 또는 사주원국에 재성이 과다할 때 나타나는 현상은 다음과 같다.

재성의 사랑은 결과를 예측하고 상대와 자신을 비교하여 득실을 계산한다. 만일 예측, 계산한 대로 연애와 결혼이 이루어진다면 가장 이상적인 형태의 연애 결혼이 되지만 자신이 예측한 대로 결과가 나오지 않거나 그것이 자신이 손해로 귀결된다면 파국을 맞을 수 있다.
그러나 재성의 사랑은 주는 것만큼 받아 내는 합리성을 지니고 있다.
이는 사랑의 본질인 희생과는 거리가 있어서 때로 비난받을 수는 있지만 결혼은 연애와 달리 현실적인 문제가 동반되기 때문에 합리적인 계산은 오히려 도움이 될 수 있다.

◎ **관성(官星)의 사랑은 무겁다**

관성(官星)이 일지(日支), 월지(月支)에 있거나 투간(透干)되었을 때 또는 사주원국에 관성이 과다할 때를 말한다.
관성의 사랑은 책임과 의무가 있는 무거운 사랑이다.
그래서 관성은 말을 아끼고 행동을 함부로 하지 않는다.
왜냐하면 말과 행동에는 책임과 의무가 부과된다는 것을 알기 때문이다.
연애와 결혼 후 가장 변화가 없는 모습을 보이며 특별한 경우가 아니면 이혼은 하지 않는다.

그러나 책임과 의무가 지나치게 강하면 오히려 결혼생활의 만족도와 개인의 행복은 약화되며 외롭고 힘든 인생으로 변질될 수 있다.
따라서 관성의 사랑에는 반드시 식상(食傷)이 있어야 한다.
식상이 없는 관성의 사랑은 행복감을 느낄 수 없는 힘겨운 사랑이다.

◎ 인성(印星)의 사랑은 조건의 사랑이다

인성(印星)이 일지(日支), 월지(月支)에 있거나 투간(透干)되었을 때 또는 사주원국에 인성이 과다할 때 나타나는 현상은 다음과 같다.

인성의 사랑은 자격과 절차를 중시하며 자신의 조건에 부합되는지가 매우 중요하다. 인성은 상대를 받아들이고 채워 주며 키워 내는 따뜻한 사랑이다. 하지만 여기에는 한 가지 조건이 붙는다.

인성이 내세운 자격들을 정당한 절차를 통해 모두 갖추고 인증했을 때이다. 특히 여성에게 인성의 사랑은 가장 완벽한 형태를 지니고 있다. 자신의 요구를 갖춘 남자에게는 왕처럼 받들며 모든 것을 희생하고 받아들이지만 그 반대의 경우는 미련 없이 떠난다.

인성이 강한 남자의 경우는 여성과 달리 의존적이어서 별로 매력이 없다.

♥ 십성운(十星運)에 의한 연애 구분   ※ 절대적 기준이 아님

편관운(偏官運)이 들어올 때 힘든 사람, 나쁜 남자
정관운(正官運)이 들어올 때 따분하지만 반듯한 남자
식신운(食神運)이 들어올 때 플라토닉한 남자
상관운(傷官運)이 들어올 때 감각이 뛰어나지만 쉽게 변하는 남자
편인운(偏印運)이 들어올 때 힘들지만 연민이 있는 남자
정인운(正印運)이 들어올 때 순수한 사랑을 하는 남자
비견운(比肩運)이 들어올 때 친구 같은 남자
겁재운(劫財運)이 들어올 때 욕심이 많은 남자
편재운(偏財運)이 들어올 때 유흥적 심리가 강한 남자
정재운(正財運)이 들어올 때 소유욕이 강한 남자

진짜 잃어버린 것들

우리가 매일 겪는 일들 중, 돌이킬 수 없는 일은 생각보다 많다.
미처 챙기지 못해 집에 두고 나온 소지품 하나 때문에 하루 종일 신경이 쓰이는 것부터, 간발의 차로 놓쳐 버린 통근버스를 보며 '출근 시간에 쓸데없이 스팸 문자를 읽느라 시간을 소비하지 않았더라면 지각을 하지 않았을 것을' 하는 것까지.

후회하며 돌이킬 수 없는 것들에 마음을 쓰는 시간은 생각보다 많다.
후회와 분노로 소모되는 에너지로 인해 현재 내 삶의 소중한 시간이 낭비되는 것을 조심해야 한다.
도둑맞은 물건이나 잃어버린 물건에 미련을 두고 마음을 쓰지 말아야 하는 이유는 비록 물건은 도둑맞았지만 마음까지 도둑맞으면 더 손해이기 때문이다.

사랑을 할 때에도 가장 나쁜 것은 이미 준 것에 대해 계산하기 시작할 때이다. 이것은 그 사랑이 곧 막을 내린다는 전조증상이다.
사랑이 불타오를 때는 못 해주는 것만 생각이 난다.
사랑이란 돌이킬 수 없는 사소함이 만들어낸 작은 기적이다.
더 사랑한 것에 대해 기쁨을 느낄 때, 비로소 하찮아 보였던 그 사소함들이 반짝이기 시작한다.

꺼지지 않을 것 같던 사랑의 감정도 시간이 지나면 돌이킬 수 없는 것들로 인해 본질을 훼손시킨다.

알고 보면 그렇게 훼손된 본질들은 예전에는 반짝이는 것들이었다.

헌것도 처음에는 새것이었다는 사실을 잊어버린 것이다.

5) 실제 통변에서 저지르기 쉬운 실수

▨ 갑목(甲木)이 신약한 사주

時	日	月	年
갑(甲)	갑(甲)	계(癸)	기(己)
자(子)	자(子)	축(丑)	해(亥)

위 사주는 인성이 많아 갑목(甲木)이 매우 신강(身强)해 보이지만 실제로 갑목은 수생목(水生木)이 되지 않아 강하지 않다.
수생목이 되기 위해서는 반드시 사주에 화(火)가 있어야 한다.
운(運)에서라도 들어와야 수생목이 되어 갑목이 뿌리를 내리고 성장할 수 있다.
이때 화(火)는 지지(地支)보다 천간(天干)에 있어야 좋다.
실제 이 사주 주인공은 정신적으로 허약하고 의지박약하여 단명한 사주이다.

▨ 갑목(甲木)이 실제 신강한 사주

時	日	月	年
갑(甲)	갑(甲)	병(丙)	무(戊)
자(子)	자(子)	인(寅)	술(戌)

위 사주는 인성이 많아 갑목(甲木)이 매우 신강(身强)한 사주이다.
천간(天干)의 병화(丙火)로 인해 수생목(水生木)이 이루어져 목적 달성이 된다. 실제로 사업으로 큰 재물을 모아 성공한 사주이다.

사주에서 통근(通根) 여부는 단순하게 오행간의 생극(生剋)으로 판단해서는 안 된다. 사주는 매우 입체적이며 생극 외에도 물상적으로 주변 오행 관계까지 면밀히 살펴야 정확한 해석이 나올 수 있다.

겉보기에 강해 보여도 약한 사주가 있고 겉보기에 약해 보여도 강한 사주가 있다. 사주는 단순히 오행의 갯수로 강, 약을 판단할 수 없는 기(氣)의 학문이며 합충(合冲) 변화 이외에도 여러 가지 변수에 의해 달라질 수 있다.

따라서 사주의 특징을 명확히 찾아내기 위해서는 사주를 입체적으로 보는 습관을 길러야 한다.

▦ 한난조습(寒暖燥濕)에 대한 해석의 오류

㉮ 조열(燥熱)한 사주

時	日	月	年
무(戊)	을(乙)	경(庚)	정(丁)
인(寅)	해(亥)	인(寅)	해(亥)

위 사주는 해수(亥水)가 두 개나 있어 지지가 습해 보이지만 실제로는 조열한 사주로 습토나 수기(水氣)가 있어야 좋아지는 구성이다.

단순히 오행의 글자만 보고 판단하면 큰 오류가 발생한다.

위 사주에서 해수(亥水)는 모두 인해합(寅亥合) 되어 목기(木氣)로 변화되었다. 따라서 한난조습을 판단할 때는 합(合)의 동태를 면밀히 살펴야 한다.

㉯ 한습(寒濕)한 사주

時	日	月	年
을(乙)	을(乙)	경(庚)	정(丁)
유(酉)	사(巳)	자(子)	축(丑)

위 사주는 화목(火木)이 각각 두 개나 있어 겉보기에는 조열해 보이지만 매우 습한 사주에 해당한다. 일지의 사화(巳火)는 사유합(巳酉合)으로 인해 금기(金氣)로 변화되었고 월지(月支)도 자축합(子丑合)으로 수기(水氣)가 가득하다.
이 사주는 수다화식(水多火熄)을 걱정해야 하는 사주이다.
사주해석 시 범하기 쉬운 대표적인 오류 사례이다.

▨ 관살혼잡(官殺混雜)에 대한 해석의 오류

㉮ 건강이 나쁜 여성 사주

時	日	月	年
계(癸)	갑(甲)	경(庚)	정(丁)
유(酉)	자(子)	신(申)	유(酉)

흔히 관살혼잡 사주는 여성의 경우 음란하고 방탕한 기운이 있다고 한다. 그러나 맞지 않는 경우가 대부분이며 현대 사회에서는 적용될 수 없는 논리이다.

왜냐하면 현대 여성은 관성을 남자가 아닌 직장으로 더 많이 사용하기 때문이다.

위 사주는 실제로는 연애도 제대로 해 본 적이 없는 미혼 여성으로 어릴 적부터 건강이 안 좋아 사회활동에 많은 제약을 받고 있는 상태이다.

여성 사주에서 식상이 없는 상태에서 관살(官殺)이 강할 때는 남녀 관계가 아닌 건강을 우선 적용해야 한다. 여성의 바람기는 관성에서 나오는 것이 아닌, 도화(桃花), 상관(傷官) 등 발산의 기운에서 생성되기 때문이다.

㉯ 바람기 있는 여성 사주

時	日	月	年
병(丙)	정(丁)	임(壬)	신(辛)
오(午)	유(酉)	자(子)	해(亥)

위 사주는 혼인을 세 차례나 한 남성 편력이 있는 여성이다.

이 사주의 바람기는 관살혼잡이 원인이 아닌 지지에 도화(桃花)와 귀문(鬼門), 그리고 일간합(日干合)으로 인해 발생한 것으로 관살은 촉매제 역할을 했을 뿐이다.

관살의 숫자로 여성의 바람기를 판단하는 일은 매우 잘못된 것이다. 관살은 오히려 건강과 직장에 초점을 맞춰서 해석해야 정확하다.

■ 재다신약(財多身弱)에 대한 해석의 오류

時	日	月	年
병(丙)	을(乙)	기(己)	신(辛)
술(戌)	미(未)	축(丑)	해(亥)

위 사주는 재다신약으로 남성의 경우 바람기가 있다고 하지만 실제로는 바람기와는 전혀 관계가 없다. 물론 편재가 있다면 유흥성이 어느 정도 있겠지만 중요한 것은 바람기는 아니라는 것이다.

단지 사회적으로 목적 달성이 어려운 사주로 사업이나 자영업보다는 직장생활이 더 잘 맞다.

남성의 경우도 바람기는 재다신약이 원인이 아닌 지지에 도화와 귀문이 합(合)으로 작용한 것이다.

4

용신(用神)

4
용신(用神)

용신(用神)의 가장 큰 역할은 중화(中和)와 균형이다.
사주의 균형이 무너졌을 때 사주의 균형을 맞추는 역할을 하는 것이 용신이다.
그러나 용신은 완벽한 길흉(吉凶)의 기준이 되지는 못한다. 사주해석에서 용신만으로는 감정 자체가 불가능하다. 용신은 사주의 만병통치약이 아닌 사주의 비타민이나 보약이라고 생각하는 것이 적절하다.

용신은 사주해석에서 중요한 이론이므로 반드시 명확하게 알아야 한다.
다만 사주해석을 지나치게 용신에만 의존해서는 안 된다.
《연해자평》에서 유용지신(有用之神)이란 의미로 처음 쓰인 후, 용신은 다양한 변신을 거듭해 왔다.

용신의 목적과 역할은 무엇일까?

한마디로 정의하면 '균형과 길흉(吉凶)의 기준'이라고 할 수 있다. 용신의 목적은 '균형'이고 역할은 '길흉의 기준점'이다.
필자는 용신이란 명칭을 '완전필요오행' 또는 '필요오행'이라 명칭한다.
아래 도표와 같이 용신, 기신의 목적과 역할을 구분해서 이해하되 그 기본 개념은 모두 균형과 균형 파괴의 원리임을 깊이 체화해야 한다.

◎ **용신(用神)의 목적과 역할**

구분	목적	역할
용신(用神) = 필요 오행	사주의 균형 맞추기	길흉의 기준을 제공
기신(忌神) = 불필요 오행	사주의 균형 깨뜨리기	용신을 극충(剋沖)하기

1) 용신(用神)의 이해와 원리

'쓸 용(用)' 자에 '귀신 신(神).' 사전적 의미로 풀어 보면 '사용되는 귀신'이다.
여기서 귀신은 혼령이 아닌 '균형'을 의미한다.
사주의 균형을 유지시킨다는 의미로 해석하면 된다.

사주에서 균형이란 중화를 의미한다. 앞서 배운 과유불급의 원리에 부합하는 논리이다. 용신이라고 하면 매우 낯선 단어로 느낄 수도 있는데 용신을 '균형'이나 '필요오행'이라고 하면 더 쉽게 이해될 것이다.

용신이란 과유불급의 원리로 사주의 전체적인 균형을 맞추려고 하는 것이다. 그 균형은 매우 포괄적인 의미가 있는데 이를 억부, 조후, 병약, 통관, 전왕 등에 다양하게 적용할 수 있다.

2) 용신(用神)의 종류와 역할

◎ 억부용신(抑扶用神)

억부용신은 사주에서 가장 많이 쓰이는 단어 중 하나일 것이다. 그대로 해석하면 '억(抑)'은 억제하다, '부(扶)'는 도와주고 있다는 뜻이다. 무엇을 억제하고 도와준다는 의미인지 알아보자.

강한 것은 억제하고 약한 것은 도와주라는 고서의 주장대로 사주를 해석하면 어느 정도 일치한다. 그러나 중요한 것은 강하고 약한 것의 기준이다.

'무엇을 근거로 약하고 강한 것을 구분하는가'란 명제가 있다. 십성과 오행으로 강약을 먼저 구분하고 천간, 지지, 통근, 투간을 가지고 다시 구분한다. 문제는 그 근거가 사주의 변수로 인해 미세하게 변화될 때 강약의 구분이 미궁으로 빠질 수 있다는 점이다.

변수는 합충형해파, 통근, 투간, 천간, 지지 등 다양하다. 특히 운(運)에 의해 강약이 바뀔 때도 있는데 주로 삼합(三合), 육합(六合), 간합(干合) 등 명합(明合)에 의해 변화한다.

억부용신은 사주에서 가장 보편적으로 쓰이는 강약 구분법이고 길흉 판단의 근거로 작용한다. 많은 분들이 억부용신법으로 사주를 해석하고 길흉을 구분하고 있다.

강약 구분이 쉽다고 말하는 사람은 사주명리를 전혀 모르는 사람이고 어렵다고 말하는 사람은 그래도 사주를 아는 사람이다. 실제 강약 구분은 쉽지 않다.
왜 그럴까? 변화하기 때문이다.
많은 분들이 착각하는 것 중 하나가 사주의 강약은 정해져 있다는 것이다. 예를 들면 '나는 신약한 사주라 비겁이나 인성이 용신이야', '나는 신강한 사주라 관성이나 식상이 용신이야'라고 말하는 것이다.

물론 이와 같은 사주가 대부분을 차지한다. 그러나 문제의 5~10% 정도의 사주는 강약이 운(運)에 의해 변화한다.
미세하게 신약한 사주가 인성합(印星合)이 되면 신강으로 변하고 미세하게 신강한 사주가 관성합(官星合)이 되면 신약하게 변한다.
운(運)에 의해서 변화하는 사주의 강약을 정확히 읽을 수 있다면 억부용신의 고수라 할 수 있을 것이다.

억부용신은 물리적 힘의 세기를 통해 용신을 정하는 가장 보편적인 방법이다. 예를 들어 십성으로 봤을 때 비겁과 인성이 강하면 식재관을 용신으로 삼고 식재관이 강하면 비겁, 인성을 용신으로 삼는 매우 간단한 논리이다.

● 억부(抑扶)의 기준(물리적 힘의 세기)

구분	결과	점수
득령(得令)	월지에 비겁이나 인성이 있는 경우	35점
득지(得支)	일지에 비겁이나 인성이 있는 경우	25점
득세(得勢)	일간과 같거나 도와주는 오행이 힘의 크기가 강할 때	40점

※ 50점 이상일 때 신왕(身旺), 신강(身强), 50점 이하의 경우 신약(身弱)

◎ 조후용신(調候用神)

조후용신은 '온도계 용신'이라고도 할 수 있는데, 한난조습을 기준으로 춥고 뜨거운 것, 습하고 건조한 것을 온화한 기온으로 변화시키는 역할을 의미한다.

태어난 계절과 밀접한 관계의 월지(月支)가 가장 중요한 역할을 하며 추운 시기인 해자축(亥子丑)월과 더운 시기인 사오미(巳午未)월에는 최우선 조후를 적용하여 용신을 정해야 한다.

● 조열(燥熱)한 사주: 《적천수천미》 출전

時	日	月	年
경(庚)	정(丁)	을(乙)	병(丙)
술(戌)	미(未)	미(未)	신(申)
용신(用神): 수(水) / 희신(喜神): 금(金)			
기신(忌神): 목(木) / 구신(仇神): 화(火)			

※ 미월(未月)에 출생하여 조토(燥土)가 많아서 조열하고 신강하다.

토(土)가 지나치게 조열하여 화(火)를 설기(洩氣)하지 못하니 신(申) 중의 임수(壬水)도 물(水)이 잦아들어 반드시 편고(偏枯)한 사주였다고 한다.

금기(金氣)가 무력하여 용(用)하지 못하게 되니, 습토(濕土)로 용신을 사용해야 하는데 원국에 부릴 수 있는 용신이 없어 아쉽다.
습토가 없어 강력한 화기(火氣)를 수습하지 못한 것이다.
화기(火氣)가 매우 강할 때는 수극화(水剋火)가 되지 못하고 오히려 화다수증(火多水烝)이 될 수 있어서 화기(火氣)가 강할 때는 습토로 열기를 설기(洩氣)시키는 것이 최상이다.

● 한습(寒濕)한 사주:《적천수천미》 출전

時	日	月	年
계(癸)	계(癸)	신(辛)	정(丁)
해(亥)	해(亥)	해(亥)	축(丑)
용신(用神): 목(木) / 희신(喜神): 화(火)			
기신(忌神): 금(金) / 구신(仇神): 수(水)			

※ 계수가 해월(亥月)에 태어나 수기(水氣)가 왕(旺)하므로 신강하며 한습하다.

그래서 화(火)가 필요한데 직접 쓰기엔 많은 수세에 몰려 오히려 해(害)가 될 수 있으므로 용신은 목(木)이며 화(火)는 희신이 된다.
서(書)에 이르길 "기쁜 것은 운(運)이 남방으로 향하고 또 병오(丙午), 정미(丁未)년에 과거에 연(連)하여 합격하였다.

조후적으로 용신을 정할 때는 고서의 내용처럼 바로 정극(征剋)하는 것은 매우 위험하다는 의미가 있다. 이를 왕자충발(旺者沖發)이라고도 하는데 지나치게 강한 것은 오히려 극(剋)하는 것보다 설기(洩氣)하는 것이 좋다는 의미이다.

● 한습(寒濕)하고 신강한 사주

時	日	月	年
신(辛)	임(壬)	갑(甲)	무(戊)
해(亥)	자(子)	자(子)	진(辰)
용신(用神): 화(火) / 희신(喜神): 목(木)			
기신(忌神): 수(水) / 구신(仇神): 금(金)			

※ 매우 한습한 사주이다. 화(火)를 용신으로 사용한다.

◎ 통관용신(通關用神)

통관용신은 사주원국에 있는 오행 중에 서로 강력히 대립하고 있는 상극 관계의 두 오행을 중간에서 통관시키는 오행이 용신이 되었을 때를 뜻한다. 단 일간(日干)은 통관용신이 될 수 없다.

예를 들면 목기(木氣)와 금기(金氣)가 강할 때는 목(木)과 금(金) 사이에 수(水)가 통관용신이 되며 화(火)와 수(水) 사이에서는 목(木)이 통관용신이 된다. 세력이 강한 두 오행과 생조(生助) 관계에 있는 오행이 통관용신이 되는 것이다. 포괄적인 개념으로 보면 억부의 원리를 벗어나지 못한다.

● 통관용신: 수(水)

時	日	月	年
갑(甲)	계(癸)	신(辛)	경(庚)
인(寅)	묘(卯)	유(酉)	자(子)
용신(用神): 수(水) / 희신(喜神): 금(金)			
기신(忌神): 토(土) / 구신(仇神): 화(火)			

※ 위 사주는 금(金)과 목(木)의 세력이 매우 강력하여 수(水)로 통관시킨 사례인데, 여기서 계수(癸水)는 일간(日干)이므로 통관용신으로 사용할 수 없고 연지(年支)의 자수(子水)를 통관용신으로 사용할 수 있다.

◎ 병약용신(病藥用神)

사주오행이 한 세력으로 편중되어 있거나 약한 오행 한 개가 고립되어 공격받을 때, 또는 용신이 극충(剋沖)을 당하고 있을 때, 사주의 특정 오행이 심하게 훼손되고 있는 현상을 '사주오행이 병들었다'고 한다.

병든 오행을 합충형으로 제거해 주는 오행을 병약용신이라고 한다.
병이 있는 곳에는 반드시 약이 있어야 한다는 것인데 이를 약신오행(藥神五行)이라고 하며 약신오행의 유무에 따라 병중무구, 병중유구로 구분한다.

병중무구(病重無求)는 병에서 구할 수 있는 병약용신이 없다는 것이고
병중유구(病重有求)는 병에서 구할 수 있는 병약용신이 있다는 것이다.

● 병중무구(病重無求): 약신(藥神)이 없다

時	日	月	年
무(戊)	신(辛)	무(戊)	기(己)
술(戌)	해(亥)	진(辰)	미(未)
용신(用神): 목(木) / 희신(喜神): 수(水)			
기신(忌神): 화(火) / 구신(仇神): 토(土)			

토기(土氣)가 지나치게 강해 사주가 병이 들었는데 이를 구해 줄 목기(木氣)가 없다.

● 병중유구(病重有求): 병화(丙火)가 약신(藥神)이다

時	日	月	年
신(辛)	임(壬)	병(丙)	신(辛)
해(亥)	신(申)	신(申)	미(未)
용신(用神): 화(火) / 희신(喜神): 목(木)			
기신(忌神): 수(水) / 구신(仇神): 금(金)			

금(金)이 지나치게 강해 병이 든 사주를 병화(丙火)가 병신합(丙辛合)하여 제거해 준다.

이때 정화(丁火)가 있어도 약신(藥神) 작용을 한다.

◎ 전왕용신(專旺用神)

전왕용신법은 사주가 특정한 오행들로 구성되어 있는데, 그 강한 기세를 건드릴 수 없어 강한 세력을 용신으로 정하는 법이다.

원래는 사주가 강하면 억누르거나 설기(洩氣)하는 것이 용신이고, 신약하면 도와주는 것이 올바른 용신법이지만 이 경우는 세력이 너무 강하여 극(剋)하는 것이 불가능하기 때문에 오히려 그 세력을 따라가는 것이다.

한 가지 세력으로 되어 있다고 해서 일행득기(一行得氣)라고도 하며 종격(從格)이라고도 부른다. 종류는 오행에 따라 다섯 가지로 분류하며 십성에 따라 10가지로 구분하기도 하는데 같은 의미이다.
그 외 일간(日干)이 변하는 화격(化格)이나 가화격(假化格) 등이 있다.

◆ 전왕용신(全旺用神)의 구분법

구분	오행(五行)	십성(十星)
용신(用神)	곡직격(曲直格) 목기(木氣)로만 구성된 사주	종왕격(從旺格) 비겁(比劫)이 강하여 그 세력으로 종(從)하는 사주
	염상격(炎上格) 화기(火氣)로만 구성된 사주	종강격(從强格) 인성(印星)이 강하여 그 세력으로 종(從)하는 사주
	가색격(稼穡格) 토기(土氣)로만 구성된 사주	종아격(從兒格) 식상(食傷)이 강하여 그 세력으로 종(從)하는 사주
	종혁격(從革格) 금기(金氣)로만 구성된 사주	종재격(從財格) 재성(財星)이 강하여 그 세력으로 종(從)하는 사주
	윤하격(潤下格) 수기(水氣)로만 구성된 사주	종관격(從官格) 관성(官星)이 강하여 그 세력으로 종(從)하는 사주

	화격(化格) 일간오행(日干五行)이 용신(用神)이 되는 사주	기본적으로 종(從)하기 어려운 구조이다. 왜냐하면 일간(日干)은 화학반응이 어렵기 때문이다.
	가화격(假化格) 일간오행(日干五行)이 용신(用神)이 되는 사주	임시적인 변화로 결합도가 떨어지고 불안정하다.

3) 용신(用神)의 알레르기

사주에서 용신을 한마디로 표현하자면 사주의 '비타민'이나 '보약'이라고 할 수 있다.
용신은 다른 말로 '희신(喜神)'이라고도 부른다.
반대로 용신을 극(剋)하는 오행을 기신(忌神)이라고 하는데 기신은 균형을 무너뜨리는 역할을 담당하며 사주를 병들게 한다.
한마디로 표현하면 기신은 사주의 '독약'이라 할 수 있다.

사주에서 균형 작용을 막는 악역을 맡고 있는 것이 기신이다.
용신은 선(善)이고 기신은 선을 파괴하는 악(惡)이다.

흔히 올해 좋은 운(運)이 들어왔다는 의미는 용신에 해당하는 오행이 들어왔다는 의미이다. '용신운'이라고도 하는데 용신이 운에서 들어오면 사업가나 정치인의 경우 길흉이 매우 극명하게 나타난다. 반대로 '기신운'이 들어오게 되면 안 좋은 일이 생기고 자신이 의도한 대로 일이 성사되지 않는다.

용신운과 기신운, 이것은 기본적인 길흉 판단 방법인데 합충형해파(合沖刑害破)에 의해 응용법이 무수히 만들어지기 때문에 단순히 용신과 기신에 해당하는 운(運)만 보고 길흉을 판단해서는 안 된다. 용신운이 들어와 기신운으로 바뀔 수도 있고, 합충형에 의해 파괴될 수 있는 등 그 상황은 여러 가지로 나타날 수 있기 때문이다.

사주는 종합적인 사고 능력이 있어야 한다. 수십 가지 상황이 한눈에 파악되어야 한다는 의미이다. 용신이 용신으로 작용을 하는지, 용신이 흉신으로 변하는지, 용신이 충극형파나 입묘(入墓)처럼 각종 흉살(凶殺)에 관련이 있는지 등 용신운 한 개만 들어와도 대운(大運), 세운(歲運), 월운(月運)까지 모두 고려해야 하기 때문에 자칫 하나라도 놓치면 엉뚱한 감정이 나올 수 있다.

다시 말해 용신은 사주의 비타민이지만 만병통치약은 아니므로 용신을 아는 것보다 사주의 알레르기인 합충형해파를 아는 것이 더 중요하다.
용신운이 들어오면 무조건 잘 될 거라는 착각에 빠진다. 관성이 용신인 사람에게 관성이 들어왔다고 가정해 보자. 당연히 길운(吉運)에 해당하니 투자나 창업을 시작할 것이다. 그런데 만일 이 용신운이 아래 경우에 해당한다면 용신은 그 작용을 멈추고 오히려 나쁘게 작용할 수 있다.
10개의 사주가 있다면 그중 용신이 작용을 못 하는 경우가 30% 이상이고 용신과 격국(格局), 자평명리로 해석이 되지 않는 사주도 있다.

용신운이 길신(吉神)으로 작용을 하지 못할 때는 무수히 많다. 용신이 합(合)이 되어 기신(忌神)으로 변하거나 용신이 충형(沖刑)할 때이다.

용신이 입묘될 때, 용신이 천라지망, 상관견관, 귀문관살에 해당할 때, 기타 흉살 및 파해(破害) 등 이 외에도 다수 있다. 사주의 비타민이 운(運)에서 들어와도 이 모든 상황을 확인한 후 길흉을 정해야 한다는 것이다.
여기서 한 가지라도 놓치게 되면 정반대의 해석이 나올 수 있기 때문이다.

사주의 해석이 다르고, 틀리게 나오는 것은 용신에 대한 해석이 제대로 되지 않아서이다. 물론 쉽지는 않다. 20년 이상 공부한 사주 감정의 대가도 가끔씩 실수하기도 할 만큼 까다로운 부분이다.

사주해석은 그 당사자에게는 운명이 걸린 중대한 문제이기 때문에 정확하게 정보 제공을 해 줘야 한다. 돼지고기 알레르기 환자에게 돈가스를 주는 것은 음식이 아닌 독을 주는 것과 마찬가지이다.

4) 용신(用神)의 오류

사주를 공부할 때, 가장 많이 빠지는 오류가 만병통치약으로 치부되는 용신이다. 여기에 빠지면 선입견이 생겨 사주의 본질로 접근하기가 점점 더 어려워진다.
용신은 반드시 알아야 하지만 합충변화를 읽어 내지 못하면 해석의 오류에 빠진다. 잘못 빠지면 개미지옥이 될 수 있으니, 최소한 천간지지(天干地支)의 개념이 완벽해진 다음에 공부하는 것이 좋다.

용신이 알레르기를 일으켰을 때를 가정해 보자.

◆ 용신에서 천라지망(天羅地網)이란?
  - 알레르기가 발생할 때 술해(戌亥)는 천라(天羅)
  - 진사(辰巳)는 지망(地網)

● 천라(天羅)

구분	일주(日柱)	월주(月柱)
천라(天羅)	甲	乙
	戌	亥

※ 술해(戌亥)는 천라지망으로, 용신 해수(亥水)는 용신으로 작용하지 못하고 알레르기를 일으켜 나쁜 작용을 한다.
운(運)에서 용신인 해수(亥水)가 들어와도 용신으로 작용하지 못하고 기신(忌神)으로 작용한다.

● 지망(地網)

구분	일주(日柱)	월주(月柱)
지망(地網)	甲	乙
	辰	巳

※ 진사(辰巳)는 천라지망으로 용신인 사화(巳火)가 좋은 작용을 하지 못하고 알레르기를 일으켜 기신(忌神)으로 작용한다.
운(運)에서 사화(巳火)가 들어와도 용신으로 작용하지 못하고 알레르기로 작용한다.

◎ 용신(用神)은 사주원국에 없어도 정할 수 있다

용신을 정하는 것이냐, 찾는 것이냐의 문제는 학자들 간의 오래된 명제였다.

정하는 것과 찾는다는 것은 매우 큰 차이가 있다. 정한다는 것은 사주원국에 없는 글자도 용신으로 쓸 수 있다는 이야기이고, 찾는다는 것은 사주에 있는 글자들(지장간 포함) 중에서 찾아내 용신으로 쓴다는 이야기이다.

사주에 있는 글자를 쓰느냐 마느냐의 문제인데, 오행 중 목(木)이 없는 사주가 있다고 가정해 보자. 만일 목(木)이 자신에게 가장 필요한 글자라면 과연 용신으로 쓸 수 있겠는가 하는 문제가 생길 것이다. 이런 경우, 사주에는 목(木)이 없기 때문에 운(運)에서 들어올 때만 용신이 있다는 이야기인데, 이는 조금 무리가 있어 보인다.

물론 용신을 찾든 정하든 그 역할이 본질이 되는 것은 의심할 여지가 없다.

개인적인 견해로는 두 가지를 함께 병행해야 한다고 본다.
용신이 반드시 하나일 필요는 없기 때문에, 찾는 것을 기본으로 하고 정하는 것을 보조로 쓰는 것이다.

죽음에 이르는 지독한 질병, '자살'

힘들고 고통스러워 자살을 하는 것이 아니다. 인간은 어떤 경우에도 행복을 포기하지 않는 위대한 본성(本性)을 가지고 있다. 그런 본성이 질병으로 인해 작동하지 못할 때, 극단적인 행위를 하게 되는 것이다.

자살은 선택이라고 할 수 없다. 인간의 무의식과 본성에는 자살이라는 프로그램이 없다. 인간은 본능적으로 행복을 추구하고 생존을 추구한다.

2차 세계대전(1939~1945) 당시, 나치에 의해 수용소에 감금되어 중노동에 시달리고, 독가스실에 갇히고, 실험 대상으로 살해를 당하면서도 자살을 하는 사람은 거의 없었다고 한다.

그 지옥 같은 시간 속에서도 잠시 올려다본 맑은 하늘이나 나치가 들려주는 아름다운 음악 소리에 한순간 행복해지는 것이 인간의 본성이자 내재되어 있는 프로그램이다.

스웨덴이나 스위스가 사회 복지가 잘 되어 있고, 잘 사는 나라지만 자살률은 매우 높다. 현재 우리나라도 마찬가지, 하루 평균 35명 정도가 스스로 목숨을 끊는다고 한다.

왜 행복을 추구하는 본성이 작동을 안 할까? 무엇으로 인해 생존 본능이 멈추게 되는 것일까? 마음에 병이 들어서이다. 그래서 인간의 생존 본능과 행복을 추구하는 본성이 멈춘 것이다.

그런 멈춤 현상을 회복할 수 있는 방법은 '자아실현'이다. 자아실현은 자신을 똑바로 직시할 수 있는 용기가 있어야 한다. 자신의 과유불급을 알고, 스스로 고치고 바꾸는 것이다.

자신을 구할 수 있는 것은 오직 자기 자신뿐이다.

5

운(運)의 혁명

5
운(運)의 혁명

명호불여운호(命好不如運好): 명(命) 좋은 것이 운(運) 좋은 것만 못하다.
《적천수》에 나오는 불후의 명언이다.
흔히 '사주' 하면 사주원국인 팔자를 가지고만 논하는 경우가 많다. 사주팔자(四柱八字)는 정해져 있는 것이니 어차피 일어날 일은 일어난다는 숙명론적인 말을 많이들 하는데 그런 말은 한마디로 '귀신 씻나락 까먹는 소리'이다.
원국의 사주팔자대로만 산다면 우리가 사주를 알아야 할 이유도 목적도 사라진다. 사주팔자는 정해져 있지만 행운(行運)에 의해서 늘 끊임없이 움직인다. 여기서 행운이란 것은 '좋은 운'이 아닌 '움직이는 운'이란 의미이다.
사주팔자가 자동차라면 행운은 운행(운전자)이고 도로이다.
자동차의 목적은 운행하는 것이지 전시된 관상용이 아니란 의미이다.
사주팔자는 운(運)에 의해 발현되는 것이고 발현되는 운(運)은 합충형해파 알레르기와 용신에 의해 결정된다. 곧 사주팔자는 정해져 있는 것이 아니라, 내가 지금 어떤 노력과 선택을 하는가에 따라서 미래가 바뀌는 것이다. 운전대를 잡은 운전자는 행운이고 자동차는 사주팔자라고 이해하면 된다.

운(運)은 공간과 시간이 만나 발생하는 타이밍의 미학이다.
한겨울에는 아무리 애를 써도 싹이 나올 수 없고 (시간의 한계)
사막 한가운데서는 무엇을 심어도 싹은 나오지 않는다. (공간의 한계)
그러나 실제 모든 사주의 알레르기는 공간과 시간이 만나 발생한다.
아쉽게도 《적천수》는 시공간의 시점을 찾지 못하고 있다.
시기만 있고 시점이 없는 것이다.

1) 운(運)의 체용(體用) 변화

운(運)은 모두 다섯 가지로 구분되는데 운(運)에도 체용의 변화가 있다. 대운, 년운, 월운, 일운, 시운 이 다섯 개가 맞물려 순환하며 체용 변화가 이루어진다.

체용 변화가 중요한 것은 사건사고의 시기뿐 아니라 시점을 알 수 있기 때문이다. 다섯 가지의 운(運)이 체용에 따라 서로 중첩되고 가중될 때 시점이 만들어진다.

예를 들면 대운(大運)에서 알레르기 합충형해파가 발생했는데, 년운(年運)에서도 다시 알레르기가 들어왔다면 대운은 체(體)가 되고 세운(歲運)은 용(用)이 되어 흉(凶)이 가중되는 형태가 되는 것이다. 여기에 월운(月運)에서 또 알레르기가 발생한다면 년운(年運)은 다시 체(體)가 되고 월운은 용(用)이 되는 것이다.

이와 같이 운(運)의 체용 변화란 길흉이 가중된다는 의미가 있다. 사주의 성패(成敗)는 천간(天干)에 있고 길흉은 지지(地支)에 있다고 한다. 이에 따라 운(運)의 체용 변화는 천간보다는 지지에서 더 많이 발생하고 그 영향력도 크다.

길운의 체용 변화 시기는 주로 합격, 진급운, 결혼운, 재물운 등의 표상으로 나타나고 흉운(凶運)의 체용 변화 시기는 주로 해직, 이혼, 손실, 관재, 구설 등의 형태로 나타난다.

2) 고서의 길흉(吉凶) 구분법: 《자평진전》

◎ 흉운(凶運)

- 대운(大運)에서 용신운이 들어왔는데 사주원국에서 용신과 합(合)하여 그 세력이 기신(忌神)으로 변하는 것은 가장 흉한 운이다.
- 대운에서 용신운이 들어왔는데 사주원국에서 기신과 합(合)하여 그 세력이 기신으로 변하는 것이 가장 흉한 운이다.
- 대운에서 기신이 들어왔는데 사주원국의 용신과 합(合)하여 그 세력이 기신으로 변한 경우, 흉운이다.
- 대운에서 기신이 들어왔는데 사주원국의 기신과 합(合)하여 그 세력이 기신으로 변한 경우 흉운이다.
- 대운에서 기신이 들어오고 사주원국의 용신을 충(沖)하는 경우도 흉한 운이다.

- 대운에서 기신이 들어오고 합충(合沖)이 없는 경우도 흉하다.
- 대운에서 용신이 들어왔는데 사주원국의 용신을 충(沖)할 경우도 흉하다.
- 대운에서 용신이 들어왔는데 사주원국의 기신과 충(沖)할 때도 흉하다.

◎ 길운(吉運)

- 대운(大運)에서 용신이 들어오고 사주원국의 기신(忌神)과 합(合)하여 세력이 용신으로 변하는 경우는 일생일대 최고의 운(運)이 들어온 것이다.
- 대운에서 용신이 들어오고 사주원국의 용신과 합(合)하여 세력이 용신으로 변화하는 경우도 일생일대의 좋은 운이 들어온 것이다.
- 대운에서 비록 기신이 들어왔지만 사주원국의 기신과 합(合)하여 세력이 용신으로 변화하는 경우, 매우 좋은 운이 들어온 것이다.
- 대운에서 비록 기신이 들어왔지만 사주원국의 용신과 합(合)하여 세력이 용신으로 변한 경우도 좋은 운이 들어온 것이다.
- 대운에서 용신운이 들어오고 합충(合沖)이 없을 때도 좋은 운이 들어온 것이다.
- 대운에서 용신운이 들어왔는데 사주원국의 기신이나 용신에 충(沖)하는 경우는 운(運)이 조금 좋은 것이다.

중요한 것은 종합적인 사고이다. 단편적 판단은 오류를 범하기 쉽다. 반드시 음양오행과 생극제화를 공통분모로 하고 월지(月支)의 동태, 일지(日支)의 충극(沖剋)까지 종합적인 판단이 전제되어야 한다.

3) 결혼운

이 기준은 절대적인 기준은 아니므로 선택적으로 사용해야 한다.
대원칙이 아니므로 변수에 따라 바뀔 수 있다는 의미이다.
결혼운이 정확하게 언제, 어떻게 들어오는 것이 좋은지 명확하게 나와 있는 고서도 없고, 제대로 아는 사람도 드물다.
그러다 보니 '결혼운'에 대한 해석도 천차만별이다.
운(運)에서 남자에게는 재성과 관성, 여자에게는 관성과 식상이 들어오면 '결혼 시기'라고 막연하게 설명할 뿐이다.
언제 결혼해야 좋은지, 누구를 어떻게 선택해야 하는지에 대한 설명은 전무하다.

여성에게 관성운이 들어왔다고 가정해 보자. 이럴 경우, 대부분의 역술가들은 결혼운이 들어온 것이라며 길일(吉日)을 추천해 주기도 한다. 관성이 들어오면 모두 결혼운이 되는 것일까? 실제 관성운 때 결혼하는 비율은 20%도 채 안 된다. 그렇다면 언제가 진짜 결혼운일까? 남녀가 다르지만 공통점은 시점이 만들어지는 때이다. 운(運)의 체용 변화에 따라 합(合)이나 재관식운(財官食運)이 가중되고 중첩 형태가 만들어질 때가 결혼운이 된 것이다.

결혼의 시점은 대운(大運)과 년운(年運)뿐 아니라 월운(月運)도 매우 중요하다. 대운이 나쁘다면 년운과 월운을 선택하여 결혼할 수 있다. 결혼 시점은 남성보다는 여성을 위주로 정하는 것이 일반적이며, 이것은 여성이 출산을 하기 때문이다.

♥ 결혼은 선택

누군가에게는 인륜지대사가 다른 어떤 이에게는 미친 짓인 결혼. 알고 보면 그 모든 원인과 책임은 나 자신에게 있다.

'추락하는 것은 날개가 있다'는 것처럼 모든 결과에는 원인이 존재한다. 결혼이 미친 짓이 되는 것은 내가 상대를 선택한 것으로 시작된 결과일 뿐, 원인은 내 선택에 있는 것이다.

원인은 그냥 만들어지는 것이 아니다. 비가 내리기 위해 기압이 낮아지고 먹구름이 생겨야 하듯, 결혼도 인과관계에 의해 수많은 요소들이 엉켜져 만들어진 정교한 결과물인 것이다.

단지 우리가 그것을 모르기에 팔자소관이라고 치부하는 것이다.

---

4) 운(運)은 성격에도 영향을 미친다

'우리 아이가 달라졌어요.'

사람은 기본적으로 잘 변하지 않는다. 그것은 태어나면서 이미 유전형질로 정해져 있기 때문인데 이를 천성(天性)이라고도 한다.

그런데 가끔 그 천성이 바뀌는 것 같은 느낌이 들 때가 있다. 예를 들면 평소에는 듣지 않던 음악을 듣고 보지 않던 드라마가 재미있어지고 관심 없던 이성에 대한 호기심이 생기고 설렘이 만들어지는 등 내 마음이 달라지는 현상이 발생하는데, 이러한 변화 현상은 모두 운(運)의 영향이다. 운(運)은 시시각각 끊임없이 들어오고 나가면서 사건사고를 만들어 낸다.

아주 작은 사건사고부터 거대한 사건까지 모두 운(運)의 영향이다. 누구도 다가오는 운(運)을 피할 수는 없지만 대비할 수 있다. 그리고 그 사건사고는 바로 내 심리적 변화에서 시작되는 경우가 많다는 것이다. 결혼이란 사건도 알고 보면 내 심리적 변화에 의한 선택인 경우가 대부분이다.

실제 사주를 감정하다 보면 가끔 기본 성품이 사주원국과 안 맞는 경우가 발생한다. 이때 왜 안 맞지? 하고 당황하는 경우가 많은데 이는 대부분 운(運)의 영향인 경우가 많다.

평소에는 자기표현을 잘 하지 못하던 남자가 어느 날 갑자기 박력 있게 프러포즈를 하며 자기표현을 멋지게 했다면 그날 이 남자에게는 식상운이 들어왔을 가능성이 높다.
또 평소에는 편안한 동성처럼 느껴졌던 친구가 어느 날 이성으로 느껴지거나 반대로 연인이 갑자기 친구처럼 느껴지는 경우, 이 모두가 운(運)의 영향일 가능성도 높다.

즉 합운(合運)의 작용으로 애인도 되었다가 충운(沖運)으로 다시 친구도 될 수 있는 것이다.

따라서 운(運)의 변화는 사주에서 가장 중요한 변수로 작용한다는 것을 기억해야 한다.

5) 합충(合沖) 변화

사주명리의 최대 변수는 합충에 있다.

합(合)은 창조를 수반한 가장 강력한 변화 현상이다. 일생일대의 사건사고를 만드는 원인이 바로 합충 변화에서 발생하며, 대부분 판단과 선택에 의해 결정된다.

판단과 선택에 따라 발생하는 결과는 길흉과 성패로 나눌 수 있다. 길흉과 성패가 동일한 의미로 보일 수 있으나 그렇지 못한 경우가 더러 있다. 예를 들면 재물을 벌어 부자라는 목적 달성은 실현했으나 건강이 나빠져 죽음을 맞는 것과, 선거에서 당선되어 목적 달성은 했지만 선거 과정에서의 불법으로 인해 감옥에 가게 되는 등 그 형태는 다양할 수 있다.

즉 길흉과 성패는 분리해서 해석해야 한다는 것이다. 용신을 수화(水火) 등 오행으로 뭉뚱그려서 얘기하면 안 되는 이유와 같다. 사주해석에서 용신이 오행 전부로 나타나는 경우는 매우 드물다. 왜냐하면 모든 사주에는 알레르기가 있기 때문이다.

그 알레르기를 제외하고 용신을 정확히 얘기해 주는 것이 올바른 해석 방법이다. 오행이 아닌 천간지지의 22글자 하나하나 구분해서 용신을 찾아 줘야 한다는 것이다. 아무리 좋은 음식도 그 음식에 알레르기가 있다면 그것은 음식이 아닌 독이기 때문이다.

운(運)은 합충(合沖) 변화를 일으키는 바람 같은 존재이다.
바람은 눈에 보이지 않지만 태풍을 만드는 것과 비슷하다.
우리가 오감으로 느끼는 파도는 바다가 만드는 것이 아닌 바람이 만드는 것이다. 이와 같이 운(運)은 사람의 의지와는 상관없이 벌어지는 사건사고이다.

우리가 계절의 순환을 막을 수는 없지만 계절에 따라 옷을 바꿔 입을 수는 있다. 여름에는 얇은 옷을 입고 겨울에는 두꺼운 옷을 입음으로써 계절의 변화에 순응하고 대처를 할 수 있는 것이다.

운명에게 일어나는 모든 알레르기(합충)도 마찬가지이다.
계절의 변화에 따라 옷을 갈아입으면 되는 것이다.
그것이 우리가 합충 변화를 알아야 하는 이유이고 인생을 행복하게 살 수 있는 근거를 만들어 준다.

6

사주의 알레르기
합충형해파(合沖刑害破)

6

사주의 알레르기
합충형해파(合沖刑害破)

어느 날 아침 눈을 떴을 때 자신이 벌레로 변해 있다면 어떤 느낌일까? 프란츠 카프카의 소설 《변신》은 이렇게 시작한다. 사랑하는 가족을 위해 자신에게 맞지 않는 일을 열심히 하며 살아가던 평범한 직장인 그레고르는 어느 날 아침 눈을 떠 보니 사람들이 혐오하는 존재인 '벌레'로 변해 있었다. 직장 상사에게는 해고 통보를 받고, 자신이 사랑하는 가족들도 자신을 외면하고 그는 마침내 소외당하기 시작한다.

그는 자신이 벌레로 변하기 전에는 자신과 자신의 삶 모두 존중받고 있다고 생각했다. 그는 벌레가 된 순간 당황하다가, 이내 그것에서 벗어날 수 없음을 알고는 노력과 좌절을 반복한다. 자본주의 사회에서 생산성과 경제적 가치가 제거된 인간은 잉여적 존재로 무가치성을 의미한다.

많은 사람들이 처음 돈을 벌기 시작했을 때는 돈을 벌어 행복한 삶을 살아야겠다고 생각하나, 돈을 벌어도 더 이상 행복하지 않음을 이내 알게 된다. 돈을 버는 것은 수단일 뿐이고 행복한 삶은 목적인데 수단이 목적을 압도해 버리는 상황이 발생한다. 이런 상실의 시대에는 전체주의나 사회주의가 힘을 얻게 되는데 그것은 또 다른 억압과 폭력성을 드러낸다.

왜냐하면 그곳에는 인간의 기본적인 욕망을 담아내지 못하기 때문이다. 인간은 지극히 개인적이고 자유로워 한 가지의 색상으로 통일할 수 없다. 다양성이 없는 사회는 부조리한 자본주의보다도 더 지독한 무기력함에 봉착하게 된다.

우리도 누구나 '벌레'로 변할 수 있다. 어느 날 해고로 인한 실직을 겪거나 다른 장애로 생산성이 상실되어 더 이상 돈을 벌 수 없게 된다면 사회는 물론 가족으로부터도 그레고르처럼 혐오의 대상이 될 수 있다.

우리는 우리의 의지와 상관없이 태어났음에도 사회와 가족에게 원천적으로 책임을 부여받고 관계된 채 살아가고 있다. 한순간 벌레가 될 수 있는 현대인의 불안과 공포감, 공허함과 소외감을 어떻게 알고 대비할 수 있을까? 바로 우리가 사주를 알아야 하는 이유이다.

우리의 삶에서 벌레로 변신하려는 신호는 운(運)에서 들어오는 합충형해파에 의해서이다. 이를 필자는 사주의 알레르기(Allergy), 혹은 삶의 알레르기라고 명칭하였다.

인생이 한순간 변하는 것은 시간과 공간이 만나 사건의 시점이 만들어지기 때문이다.

시간 + 공간 = 사건 발생 시점

불행한 사건사고가 생기는 것, 행복한 시점이 형성되는 것 모두 시간과 공간에 의해서다. 이것을 운(運)이라고 하는데 인간에게 존재하는 모든 길흉은 사주의 알레르기에서 발생하는 사건사고들이다. 자신의 알레르기만 알 수 있다면 벌레가 되지 않거나, 벌레가 되더라도 다시 사람으로 돌아갈 수 있는 방법을 알 수 있게 된다.
그래서 우리는 사주의 알레르기를 알고 대비, 대처해야 한다.
이 책은 현재를 살고 있는 모든 사람들이 스스로 삶의 알레르기를 알고 대처하길 바라는 마음으로 쓰기 시작했다. 자신에게 다가오는 위험을 미리 알고 대처한다면 분명 최악의 상황을 피하고 미래를 도모할 수 있는 기회를 만들 수 있다.
정해진 운명이란 없다. 내가 지금 무엇을 생각하고 행동하는가에 따라 미래가 결정되는 것이다.
사주의 알레르기를 알기 위해서는 생일, 즉 태어난 날의 간지와 일주를 알아야 한다. 자신이 태어난 날만 알고 있다면 앞으로 다가올 내 운명의 사건사고를 알 수 있고 대비할 수 있다.
사람의 힘으로 내일 비가 오는 것을 막을 수는 없다. 그러나 길을 나설 때 우산을 준비할 수는 있다.

1) 운명의 알레르기는 운(運)에서 만들어진다

시간은 운(運)이고 사주팔자는 공간이다.

운(運) + 사주(命) = 운명

시간과 공간이 만나 시점이 형성되는 것을 사건사고라고 한다. 인생은 시간과 공간 속에서 존재하는 가합(假合)적인 형태이다. 공간은 시간에 의해 변형되고 다시 시간은 공간에 의해 순환한다. 이것을 음양이라 할 수 있다. 공간은 음(陰)이고 시간은 양(陽)의 속성을 지니고 있다. 운명의 알레르기(합충형해파) 역시 시공(時空)에 의해 만들어지고 사멸하는 순환과정을 거치게 된다.

운(運)은 시간의 개념으로 공간과 만나 어떤 현상을 만드는데, 이를 사건이라고 하면, 그 사건은 좋을 수도 나쁠 수도 있다. 사주 운명에서는 길운이나 흉운이라고 표현한다.

예를 들어 A와 B란 사람이 재물을 벌고 싶은 목적으로 동일한 품종의 농사를 같은 장소(공간)에서 시작했다고 가정해 보자. A는 겨울에 시작했고 B는 봄에 시작했다고 할 때, B는 목적 달성을 하여 부자가 되었지만 A는 목적 달성에 실패하여 가난해졌다.

A와 B의 차이는 무엇일까? 시간이란 운(運)의 영향이 다르게 작용한 것이다. 한겨울에는 아무리 좋은 씨앗을 땅속에 심어도 새싹이 나오지 않지만 봄에는 그냥 씨앗을 땅 위로 던져도 새싹이 나온다.

우리가 '때'를 알아야 하는 이유가 바로 이러한 점 때문이다.
운명의 열쇠는 결국 운(運)이 쥐고 있는 것이다.

사주원국은 주차된 자동차와 같고, 운(運)은 시동을 걸고 운행을 시작한 자동차와 같다. 모든 사건사고는 운(運)에 의해 결정된다고 봐도 과언이 아니다. 운(運) 좋은 것이 명(命) 좋은 것보다 낫다는 의미는 운세를 어떻게 판단하는가에 따라 사주해석이 달라진다는 것이다.

운(運)의 형태는 합충형해파 등으로 구분할 수 있다. 하지만 합(合)은 좋고, 충형(沖刑)은 나쁘다는 식의 사주해석은 맞지 않다. 상황에 따라 모두 달라진다고 할 수 있다.

한순간의 판단이 일생을 좌우한다. 인생은 '선택'이란 과정을 통해 만들어진 시간이란 개념이다. 매 순간순간이 선택이고 결과이다.

※ 20세기 최고의 실존주의 철학자 사르트르는 인생은 태어남과 죽음 사이에 존재하는 '선택'이라고 정의하였다.

기원전 최대의 전쟁을 다룬 소설 《초한전》에 나오는 건곤일척(乾坤一擲)이란 말은 하늘과 땅을 두고 한판 승부를 건다는 의미를 지니고 있다.
우리 인생도 단 한 번의 판단 착오나 선택으로 길흉이 완전히 뒤바뀌는 경우가 있다. 그렇게 한번 뒤바뀐 운명은 되돌리기가 쉽지 않다.

한순간의 잘못된 선택이 얼마나 무서운 결과를 가져오는지 알 수 있을 것이다. 히틀러의 잘못된 선택은 5천만 명의 인류를 죽음으로 몰아갔고 히틀러 자신도 스스로 생(生)을 마감했다. 사주에서 선택은 운(運)에 의해 가장 큰 영향을 받으며 운(運)은 대운(大運)과 세운(歲運), 월운(月運)과 일운(日運), 시운(時運)까지 다양한 형태로 존재한다.

마음에 대한 이해

**외로움은 누구든 채워줄 수 있지만
그리움은 그 사람이 아니면 안 된다고 한다.**

외로움에는 대상이 없다고 가정한 것에서 나온 말이다. 그렇다면 먼저 그리움의 실체를 논리적으로 분석해 어떤 특정한 대상이 있는 경우와 그 대상에 대한 배경 같은 것이 마음속에 그림자처럼 남아 있는 경우를 구분해야 한다.

특정한 대상이 너무 그리울 때는 그 사람이 아니면 안 된다는 것이 합리적인 이유가 된다. 하지만 그 사람과 함께했던 시간이나 행복했던 기억으로 인한 그리움은 그 사람이 아니더라도 충분히 보상될 수 있다는 것이다.

대부분의 그리움은 후자에 속한다. 지나간 사람이 그리운 것이 아니라 과거의 그 시간 속에 있는 나 자신이 그리운 것이다. 그런데 우리의 뇌는 종종 착각을 일으키고 현실과 상상을 잘 구분하지 못해, 막상 그 사람을 다시 만나 시간을 보내다 보면 우리는 그 사람이 그리웠던 게 아니란 것을 명확히 알게 된다.

우리의 기억은 가장 강렬한 것부터 저장하는 습성이 있다. 사주에서는 인성(印星)이라고 하는데 인성이 잘 발달한 사람일수록 이런 착각에 잘 빠진다. 특히 인성에서도 정인(正印)보다는 편인(偏印)이 그런 오해에 더 쉽게 빠지는 취약한 구조이다.

자신이 스스로 감정적이라고 생각될 때, 재성과 관성을 통해 사실의 오류가 없는지 검증하는 시간을 가져야 한다.

그리움이 커지는 시기는 합(合)이 들어올 때와 식상운이 들어올 때 확장성을 보이지만 때로는 인성운 때도 비슷한 현상을 보이기도 한다.

외로움을 누군가 채워 줄 수 있다는 논리는 한 가지 전제가 빠져 있다. 대상이 없는 외로움일 경우에 한해서라는 것이다.

많은 연인과 부부들은 애인이나 남편이 있는데도 불구하고 외로움을 느끼게 된다. 인간은 본성적으로 고독하고 외로운 존재이다. 인간은 사회성을 추구하고 외로운 것을 싫어하기 때문이다. 역설적으로 들릴 수 있으나, 없거나 약한 것을 더 소유하고자 하는 심리와 비슷하다. 비타민이 부족한 몸은 본능적으로 과일이 당기고, 단백질이 부족하면 고기가 먹고 싶은 것과 비슷한 원리이다.

우리가 사주를 알아야 하는 이유나 이를 통해 자기 자신을 알아야 하는 이유가 바로 이 점 때문이다. 외로움이든 그리움이든 대상의 유무에 따라 상대적으로 달라진다는 것이다.

과연 무엇 때문에 외롭거나 그리운지 천천히 자신의 마음을 들여다보자.

2) 사주 알레르기의 의미

인생 최대의 변수, 삶의 알레르기. 누구나 자신의 태어난 생일(일주)만 안다면 자신의 길흉을 미리 알고 대비할 수 있다.

우리는 삶의 알레르기를 제거할 능력은 가지고 있지 않다.

태양과 지구의 공전과 자전에 의해 발생하는 우주 질서를 바꿀 수는 없다는 것이다. 그러나 정형화된 질서에 대해 순응하고 대비할 수는 있다.

일기예보를 통해 어느 특정 시기에 풍랑이 온다는 것을 미리 알았다면 항해를 미룰 수 있는 것과 같은 이치이다.

우리가 삶의 알레르기를 안다는 것은 행복과 직결되어 있다. 행복한 삶을 위해서 운(運)에서 들어오는 알레르기는 반드시 알고 대비해야 한다.

구분	사주 알레르기의 의미	비고
합(合) 충(沖) 형(刑) 해(害) 파(破)	사주의 알레르기란 합충형해파를 알기 쉽게 표현한 말이다. 이 세상 모든 사주에는 알레르기가 존재한다. 모든 사주에 알레르기가 존재한다는 것은 모든 사람에게 알레르기가 있다는 의미이기도 하다. 사주의 알레르기란 삶의 길흉(吉凶)이며, 미리 알고 대비한다면 피해를 최소화하면서 미래를 대비하고 발전시킬 수 있을 것이다. 누구나 자신이 태어난 생일(일주)만 안다면 자신의 길흉을 미리 알고 대비할 수 있다. 자신에게 땅콩 알레르기가 있는 것을 안다면 그 사람은 땅콩을 먹지 않을 것이며 관련된 음식도 모두 피할 것이다. 하지만 자신의 알레르기를 모른다면 고통을 겪어야 한다. 삶의 알레르기를 안다는 것은 삶의 고통으로부터 벗어날 수 있는 삶의 혁명이다.	자신을 알고 운(運)을 알면 천하의 도(道)를 아는 것이고 천명(天命)을 따르는 것이다.

3) 알레르기의 형태와 종류

사주에서 발생하는 거의 모든 알레르기는 지지(地支)에서 발생한다.
알레르기가 지지에서 발생하는 이유는 계절의 순환 때문이다.
사계절이 순환하면서 발생되는 변수들이 알레르기를 만드는 것이다.

맑은 날과 태풍이 치는 날 추운 날과 더운 날 등 우리 운명에서 수없이 많은 변화가 시시각각 사건사고로 나타나는 것이 바로 합충형해파라고 명칭되는 알레르기인 것이다. 알레르기는 행운(行運)이다.

운(運) + 명(命) = 합충형해파 = 알레르기

지지(地支)는 모두 12오행으로 구성되어 있다.
이를 3개로 나누면 역마, 도화, 화개이다.
따라서 지지를 구성하는 12오행을 3권역으로 구분해서 이해하면 사주에 존재하는 모든 알레르기를 알 수 있는 것이다.

사주의 알레르기를 안다는 것은 자신의 운명을 미리 보고 대비할 수 있다는 것을 의미한다.
인생에서 용신을 아는 것보다 자신의 알레르기를 아는 것이 훨씬 더 중요하다.

● 알레르기의 형태와 의미

구분		역마(驛馬)	도화(桃花)	화개(華蓋)
오행 (五行)		인신사해 (寅申巳亥)	자오묘유 (子午卯酉)	진술축미 (辰戌丑未)
기운 (氣運)		생명의 시작 상향의 기운 역동성	왕성한 생명활동 완성의 기운 확산성	죽음의 기운 변화의 기운 종단성
특성		시작	활동	마감
주요 알레르기의 형태		인신충(寅申沖) 사해충(巳亥沖) 인사신삼형살 (寅巳申三刑殺) 사신형살(巳申刑殺) 인사형살(寅巳刑殺) 묘신원진귀문 (卯申怨嗔鬼門) 사술원진귀문 (巳戌怨嗔鬼門) 진해원진귀문 (辰亥怨嗔鬼門) 인유원진(寅酉怨嗔) 인미귀문(寅未鬼門) 진사천라지망 (辰巳天羅地網) 술해천라지망 (戌亥天羅地網) 해해자형(亥亥自刑)	자오충(子午沖) 묘유충(卯酉沖) 축오원진귀문 (丑午怨嗔鬼門) 묘신원진귀문 (卯申怨嗔鬼門) 인유원진(寅酉怨嗔) 자미원진(子未怨嗔) 자유귀문(子酉鬼門) 유유자형(酉酉自刑) 자묘형살(子卯刑殺) 오오자형(午午自刑)	진술충(辰戌沖) 축미충(丑未沖) 진사천라지망 (辰巳天羅地網) 술해천라지망 (戌亥天羅地網) 축오원진귀문 (丑午怨嗔鬼門) 사술원진귀문 (巳戌怨嗔鬼門) 진해원진귀문 (辰亥怨嗔鬼門) 축술미삼형살 (丑戌未三刑殺) 축술형살(丑戌刑殺) 술미형살(戌未刑殺) 인미귀문(寅未鬼門) 진진자형(辰辰自刑)

7

일주론
(日柱論)

7
일주론(日柱論)

1) 갑목(甲木)의 알레르기

◎ 목(木)의 특성

- 인(仁), 순수, 분발, 시작, 호기심, 상징성, 자존심, 보편성
- 곡직(曲直)에서 직(直)의 성향으로 상향하는 기운(직선운동)

구분	생목(生木)	사목(死木)
월(月)	인묘진(寅卯辰) 사오미(巳午未)	신유술(申酉戌) 해자축(亥子丑)
성향	생산성 추구	비생산성
활용	꽃, 과실	기둥, 장작
사회적 성향	사업, 장사	직장, 공무원
목표	자기(자아) 성취 예술적 성향	사회적 성취 철학·종교적
木의 공통분모	시작, 순수(계산하지 않음, 정치적이지 않음), 관계 의지, 깊이, 발산 기운, 화(火)가 절대필요오행	

● 사목(死木)과 생목(生木)으로 구분

갑목(甲木)은 목생화가 절대 조건이므로 천간의 병화(丙火)가 필요하다. 화(火)가 없는 갑목은 물을 흡수할 수 없어 매우 약하다.
가장 꺼리는 오행은 경금(庚金)이고 가장 반기는 오행은 기토(己土)이다. 그러나 반기는 오행이 반드시 좋은 것은 아니며 드물지만 꺼리는 오행도 반드시 나쁜 것만은 아니다.

갑목의 최우선 조건은 화(火)가 천간에 투간(透干)되어야 가장 좋고 만일 지지(地支)에만 있다면 운(運)으로 병정화(丙丁火)를 기다려야 한다.
갑목에게 병화는 목적 달성을 의미하며 성패를 결정하는 핵심 요소이다. 따라서 갑목에게는 반드시 병화가 있어야 하며 없을 경우 정화라도 있어야 한다.

또 지지(地支)에만 화(火)가 있을 경우는 천간으로 들어오는 화(火)를 기다려야 하며 사주 전체에 화(火)가 없는 경우에는 운(運)에 의지할 수밖에 없다. 이때도 역시 천간으로 들어오는 화(火)가 좋다. 이는 천간의 화(火)가 빛으로 작용하여 드러나기 때문이다.

드러난다는 것은 자신이 추구하는 목적이 실현되었다는 것을 의미한다. 지지로 오는 화(火)는 열로 작용하기 때문에 자아실현이나 자기만족은 달성될 수 있으나 사회적 성공을 담보하긴 어렵다. 예를 들면 도자기 장인이 자신이 만족할 만한 '도자기'를 만들어 완성시키는 것은 지지의 화(火)가 열로 작용한 것이다.

그러나 도자기 장인이 만든 '특정 도자기'가 세상에서 인정받고 비싼 가치가 생기는 것은 천간의 화(火)가 빛으로 작용하여 성공으로 드러난 것이라 할 수 있다. 그러므로 장인의 실력이 비슷해도 화(火)의 위치와 형태에 따라 사회적 성패는 달라질 수 있다는 것이다.

갑목(甲木)의 근원은 수(水)이다.
수(水)는 갑목이 목생화(木生火)를 통해 목적 실현을 할 때 근거가 되어 준다. 예를 들면 외과 의사가 목표인 사람이 의사가 되기 위해 공부하고 자격을 얻는 행위는 수(水)의 작용이며 그 다음 과정인 목생화를 튼튼하고 안정감 있게 만들어 주는 토대가 되어 준다.

수생목, 목생화로 이어지는 순환과정은 최종 결과물인 화(火)가 빛과 열로 작용할 때 최종 목적 달성이 되는 것이다.
이후 화생토(火生土), 금생수(金生水)는 결실을 보관하여 차단하는 단계로 이것은 새로운 시작을 위한 준비단계이다. 즉 수생목(水生木)을 위한 기초공사 같은 의미이다.

● 갑목(甲木)의 필요오행

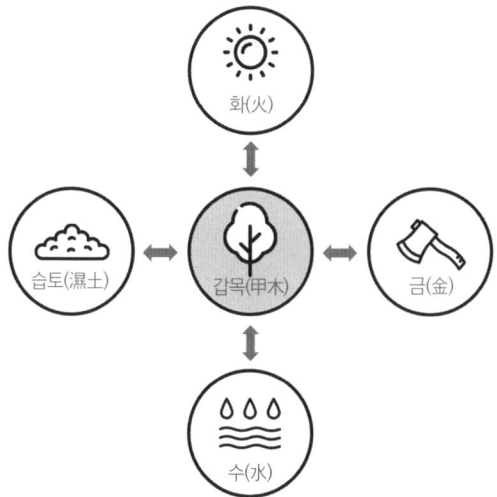

※ 갑목의 필요오행은 총 4가지이나 그중 반드시 필요한 오행은 화(火)이다.
  일간(日干)이 갑목이면 위 4개의 오행을 보고 판단하는데, 가장 중요한 것은 병화(丙火)이다.

갑목(甲木)을 보는 순간 천간의 화(火)와 지지의 수(水)의 위치, 형태 등을 살피고 운(運)의 시기, 시점을 적용해야 한다.

오행은 각각 개별적으로 이해해서는 절대 안 된다. 오행은 음양(陰陽)을 기반으로 한 하나의 순환과정이며 그 순환과정 안에서 역(易)의 원리에 따라 기(氣)의 현상으로 변화하며 생극설(生剋洩) 작용을 하는 것이다. 그리고 이와 같은 작용의 목적은 '균형'이다. 오행은 체(體)가 아닌 기(氣)이다.

역(易)은 음양의 에너지로 오행을 순환시킬 때 발생되는 자율 균형 장치이다. 스스로 증가와 축소를 반복하는데 이는 서서히 드러났다가 서서히 사라지는 작용으로도 해석할 수 있다.

갑목(甲木)은 양(陽)의 거목을 상징하지만 이것을 단지 물상적인 나무로만 한정해서는 안 된다. 불붙은 나무를 떠올려 보자. 이것을 현상으로 보면 나무도 되지만 불도 되기 때문에 나무로 한정할 수 없는 것이다. 주전자의 끓는 물은 물도 될 수 있지만 열이 가해진 상태에서 수증기로 기화하는 화(火)의 확산성이라고 할 수 있다. 즉 수화(水火)도 한정해서는 안 된다는 것을 알 수 있다.
오행을 모두 물질로만 한정하면 역(易)의 원리가 맞지 않게 된다.
당연히 기(氣)의 현상으로 접근해야 한다.

◎ 오행(五行)은 물질이 아닌 기(氣)의 현상

오행은 물질이 아닌 기(氣)의 현상이다. 오행을 물질인 체(體)로 한정하면 역(易)의 원리가 맞지 않는다. 오행을 물상적 모습이 아닌 물상적 느낌으로 이해하는 것이 중요하다.

목(木) 하면 나무의 모습을 떠올리지 말고 목(木)의 기질, 성향, 질감 모두를 수용하고 느끼는 것이 중요하다.
역(易)은 끊임없이 바뀐다는 순환의 의미를 지니고 있다.

낮의 태양이 밤에 달로 바뀌고, 낮에 결정한 마음이 밤에는 달라지듯 이 세상 모든 만물은 역(易)의 원리에 의해 운행되고 있다.
역(易)의 목적은 '균형'이다.

◎ 갑목(甲木)의 특성

갑목(甲木)은 천간의 첫 글자로서 독립성과 상징성을 띠고 있으며 자존심이 강하고 지도자 기질이 있다.

목(木)은 인(仁)을 상징하니 어질고 인자하나 과하면 고집이 세고 욕심이 많아지며, 부족하면 추진력이 약하고 남에게 의지하려 한다.

갑목은 땅에 뿌리를 내리고 물과 햇살을 받아 힘차게 하늘을 향해 뻗어 나간다. 오직 성장만을 위해 뒤돌아보지 않고, 주변에 대한 배려도 없다. 오직 하늘만 보고 뻗어 나간다. 때로는 굽기도 하고 휘기도 하지만 목적은 하늘을 향해 끝없이 뻗는 것이다. 즉 갑목은 직선으로 위를 향해 오르는 것이 목적이다.

갑목은 철길을 달리는 기차처럼 앞만 보고 그저 힘차게 달리는 형상이다. 설령 앞에 장벽이 가로막고 있어도 기차는 멈추지 않고 탈선할 때까지 미친 듯이 달린다. 그것이 갑목의 모습이다.

때로는 바위처럼 단단하여 천년의 기세로 우뚝 서 있지만 불을 만나면 한없이 약해져서 자기 몸을 태워 불을 살리는 희생정신을 보이기도 한다. 한 줌의 재가 되어 흙으로 사라질 때까지 자신의 모든 것을 산화한다.

오직 하나밖에 모르고, 한 가지 외에 관심도 없다. 도끼가 자신을 두 동강 내는 그 순간까지도 하늘을 향해 성장하는 것만 집중한다.

갑목은 움직이는 것을 싫어하며 태어난 자리에 뿌리를 내리고 일생을 한 방향만 바라보며 살아간다. 갑목은 앞만 보고 달리는 순수한 소년과 같다. 갑목은 을목(乙木)과 달리 유연성이 부족한 순박한 소년과 같다. 자신 외에 주변의 다른 것에는 별로 관심도 없다.

◆ 직방살(直方殺)이란?

직방살이란 운(運)과 궁합에서 사용되는 용어인데 같은 흉살(凶殺)이 중첩되는 것을 의미한다.

예를 들어 내 일지(日支)와 월지(月支)에 묘신(卯申)원진귀문이 있는데, 운(運)에서 묘(卯)나 신(申)이 또 들어오면 직방살이 되며, 궁합에서도 자신의 사주에 일지 기준으로 흉살이 두 개 있거나 한 개 있는데 상대가 두 개를 모두 가지고 있거나 한 개를 가지고 있으면 직방살이라고 한다.

즉 직방살이란 충형(沖刑)이 중첩되었을 때 나타나는 현상이다.

日 月
辛 戊
亥 辰……진해(辰亥)원진귀문

이때 운(運)에서 진토(辰土)나 해수(亥水)가 들어오면 직방살이 되는 것이다.

가. 갑자일주(甲子日柱)의 특성

60간지(六十干支) 중 제일 첫 번째인 **갑자일주(甲子日柱)**는 어린아이가 세상 밖으로 나온 형상을 하고 있다. 세상 물정 모르는 어린아이가 이것저것 호기심을 갖는 시기이다.

그래서 갑자일주는 '순수'하다.
자기중심적인 사고와 품생품사의 기운이 강하지만 그 안에는 따뜻한 마음도 함께 있다. 남자의 경우 효심이 있고, 여성의 경우 모성애가 강하다. 자존심도 강하여 2인자를 용납하지 않는 기운도 강하다.

내가 첫 번째란 선민의식이 있다.
단점으로는 시작은 잘하나 끝마무리가 약한 유시무종(有始無終)의 특성을 지니고 있고, 장점으로는 생각이 깊고 학문에 대한 열정이 있다.
갑목(甲木)과 자수(子水)의 조합은 수생목(水生木)의 구조이나 화(火)가 없으면 수생목이 되지 않아 공부도 안 되고 사회적으로도 성공하기 어렵다. 갑자일주는 반드시 천간에 화(火)가 있어야 한다.

선민의식과 상징성이 있고 시작에 대한 두려움이 없다. 순수하고 마음이 어질다. 자기중심적이며 고집이 세고 주관이 뚜렷하다. 학문에 관심이 많고, 지적 호기심이 강하다.

천간에 병화(丙火)가 있으면 좋고 정화(丁火)도 나쁘지 않으나 목적 실현이 특수한 분야로 한정될 수 있다.

갑자일주의 품격은 화토(火土)에 의해 결정된다. 화(火)는 갑목을 발전·지향시키고 토(土)는 갑목을 한정하고 고정시켜 현실적 성취를 드러나게 한다.

- 갑자일주의 특징: 자존심, 순수, 품생품사, 지도력, 공부, 유시무종(有始無終)
- 절대필요오행은 병화(丙火)이다.
- 자기 가족에 대한 사랑이 강하다.
- 여성의 경우 특히 모성애가 강하고 신의가 있으며 예술적, 문학적 재능이 있는 경우가 많다.

◎ 갑자일주(甲子日柱)의 알레르기

합충형해파 (合沖刑害破)	갑자일주의 개운법
자오충 (子午沖)	자오충(子午沖)은 왕지충(旺支沖)으로 그 파괴력이 비교적 크다. 신체적인 것보다는 정신적으로 오는 경우가 많으나 신체적으로도 심혈관 계통에서 문제가 자주 발생되며 생명과 직접 연관되어 생명의 충(沖)이라고도 한다. 따라서 운(運)에서 자오충이 들어오는 시기에는 건강, 구설 등을 유의해야 하며 현상 유지해야 한다. 건강, 육친, 직업 순으로 염려해야 한다.
자미원진 (子未怨嗔)	자미원진(子未怨嗔)은 배우자 관계와 관련이 깊다. 육친적으로 나타나는 현상은 이별수, 이혼수, 사별수 등이지만 직방살이 아닌 경우 크게 문제 되지는 않는다. 건강상으로는 수(水) 관련 질환인 호르몬 계통, 당뇨, 신장, 방광, 자궁 등을 조심해야 한다. 즉 육친적인 문제보다 건강을 더 조심해야 한다는 의미이다. 사주에 수기(水氣)가 약할 때는 매우 치명적으로 나쁜 작용을 한다.
자유귀문 (子酉鬼門)	자유귀문(子酉鬼門)은 신약한 사주에서 더 심각한 결과가 나오는 흉운(凶運)이다. 부부 관계, 친구 관계, 형제 관계 등 횡적 관계된 사람들과 분쟁 위험이 있고, 그 외 수술, 사건사고, 빙의, 공황장애, 우울, 조울 등의 현상이 올 수 있으며 남녀 모두 성적 욕구가 강해질 수 있다.

따라서 이 시기에는 음주 등을 삼가고 명상과 독서, 운동 등을 통해 마음을 안정시키는 것이 중요하다.

갑자일주(甲子日柱)의 알레르기
자오충(子午沖) / 자미원진(子未怨嗔) / 자유귀문(子酉鬼門)

나. 갑인일주(甲寅日柱)의 특성

갑인일주(甲寅日柱) 는 간여지동(干如支同) 사주로 고집과 주체성 등 내가 이끌고 가고자 하는 힘이 매우 강하다. 남의 밑에서 일하기 어려운 구조인데 관성(官星)과 식상(食傷)인 금화(金火)가 잘 발달되어 있으면 직장인으로 승승장구할 수 있으며 특히 무관직 공무원으로 적합하다.

갑인일주는 숲속의 호랑이가 어슬렁거리는 형상으로 좌면우면하지 않고 직선적인 운동 성향을 가지고 있어 추진력은 최강이라 할 수 있다. 그러나 한번 잘못된 길로 들어서면 매우 힘든 상황이 만들어진다.
주관이 뚜렷하고 다소 고지식하여 대인관계가 원만하지 못한 경우가 많다. 독불장군이 되기 쉽고 외로움을 많이 탄다.
금(金)이 있으면 좋으나 신금(申金)은 매우 꺼린다. 신금(申金)이 운(運)에서 들어오면 인신충(寅申沖)이 발생하여 교통사고, 낙상, 이혼, 사건사고 등에 휘말릴 수 있다.

갑인일주는 부부 관계가 친구처럼 편안한 경우도 있지만 금(金)인 관성(官星)이 없거나 약하면 통제하려는 심리가 강해져 부부 관계가 어려운 경우도 많이 발생한다.
갑인일주에게 금(金)이 없다는 것은 고속으로 달리는 자동차에 브레이크(제동장치)가 없다는 것을 의미한다.

갑인일주는 순수하고 고집이 강하나 귀는 얇아 잘 속고 폭식하는 경우가 많아 위장장애와 비만이 흔하다.

따라서 자신의 사주에 관성이 없다면 이런 성향이 더욱 뚜렷하게 나타나므로 주의해야 한다.

◎ 갑인일주(甲寅日柱)의 알레르기

합충형해파 (合沖刑害破)	갑인일주의 개운법
인신충 (寅申沖)	인신충(寅申沖)은 역마충(驛馬沖)으로 역동적이고 시작은 잘하나 다치기 쉽고 사건사고에 쉽게 노출되어 있다. 주로 교통사고 등 골절 관련 질환이 다발적으로 발생하기 쉬우나 경우에 따라서는 폭행 등 형사사건에 연루되기도 한다. 또한 이 시기에는 새로운 일을 도모하는 것보다는 기존의 일을 마무리하는 것이 좋다. 업무적으로 가는 출장을 제외하고 인신충 시기에는 먼 여행이나 무리한 운동과 음주는 삼가는 것이 좋다.
인유원진 (寅酉怨嗔)	인유원진(寅酉怨嗔)은 배우자와 불편한 관계와 관련이 깊다. 이별수, 이혼수, 사별수 등이지만 직방살이 아닌 경우 크게 문제 되지는 않는다. 업상대체하면 위기를 쉽게 넘길 수 있다. 건강상으로는 뼈 관련하여 교통사고, 낙상, 사건사고, 관절, 척추, 갑상선, 임파선 등을 조심해야 한다. 직장에서 변동·이동수가 있으며 이직이나 부서 이동은 좋지 않다. ※ 업상대체(業象代替): 의사, 선생, 군인, 경찰, 종교인 등 활인업 종사자들

인사형살 (寅巳刑殺)	인사형살(寅巳刑殺)은 형태적으로는 목생화(木生火)로 보여지지만 본질적인 작용은 금극목(金剋木)이다. 즉 금목상쟁으로 인한 사건사고가 발생하는 것이다. 여기에 신금(申金)이 결합되었을땐 인사신(寅巳申) 삼형살(三刑殺)로 그 피해가 가중되는 형태를 보이게 된다.

갑인일주(甲寅日柱)의 알레르기
인신충(寅申沖) / 인유원진(寅酉怨嗔) / 인사형살(寅巳刑殺)

다. 갑진일주(甲辰日柱)의 특성

갑목일주 중 가장 생산성이 높은 이상적인 형태를 가지고 있는 일주가 **갑진일주(甲辰日柱)**이다.
십성(十星)으로 보면 갑술(甲戌)과 같은 구조이지만 실질적으로는 갑술에 비해 재물을 취할 수 있는 구조가 훨씬 용이하다. 이는 물상적으로도 지장간의 구성을 보면 쉽게 짐작할 수 있는 부분이다.

지장간(支藏干) 속에 수분이 있는 땅과 없는 땅의 차이와 봄의 기운과 가을의 기운의 차이로도 나타난다.
따라서 단순히 십성으로 해석하면 갑술일주와 같은 편재(偏財)라서 조건이나 성향도 같아야 하지만 실제는 다른 점이 있다는 것을 간과해서는 안 된다. 항상 오행을 우선 적용하고 이후 십성을 적용해야 한다.

갑진일주는 재물에 대한 욕심과 투기성이 있으며 활동적이고 사업가적 기질이 강하다. 독립성, 주체성이 있어 자신이 직접 일을 처리하는 것을 좋아한다.
술토(戌土)가 들어오면 진술충(辰戌沖)이 발생하여 일의 마무리가 약해져 중도에 일이나 학업을 포기하는 등의 문제가 발생한다.
욕심이 다소 강하여 자기 꾀에 자기가 넘어가는 경우도 가끔 발생한다.
그럼에도 불구하고 자기 기운으로 자수성가하여 크게 성공한 경우를 쉽게 찾아볼 수 있다. 이는 갑진(甲辰)이 가진 물상적, 지장간적 조건으로 인함이며 천간에 병화(丙火)까지 투간되어 있다면 대부분 이룰 수 있는 사주가 된다.

60간지(六十干支) 중 경신(庚申), 무진(戊辰), 병오(丙午)일주와 함께 5대 고집 사주라고도 한다.

갑진일주 역시 병정화(丙丁火)에 의해 사회적 목적 실현이 정해진다.

◎ **갑진일주(甲辰日柱)의 알레르기**

합충형해파 (合沖刑害破)	갑진일주의 개운법
진사(辰巳) 천라지망 (天羅地網)	진사(辰巳)천라지망은 어둠 속에서 홀로 길을 걸어가다가 불시에 공격받는 형태로 예측 불가한 사건사고에 노출되어 있는 최상위 흉살(凶殺)이다. 경제적·정신적 피로와 스트레스가 가중되고 육친적으로 다양한 사건사고가 올 수 있으며 직방살인 경우 매우 심각한 문제가 발생할 수 있다. 이 시기에는 현상 유지와 기도, 명상 등을 제외한 소비적 활동을 자제하고 심신을 안정하는 것이 좋다. 또한 대인관계 확장이나 여행, 무리한 운동, 음주 등은 삼가는 것이 좋다.
진해(辰亥) 원진귀문 (怨嗔鬼門)	진해(辰亥)원진귀문은 정신적으로 매우 강력한 살(殺) 작용으로 빙의, 공황장애, 우울, 조울 등 정신적인 혼돈 현상과 판단 착오, 환각, 착각 등 다소 심각한 대인관계 장애가 올 수 있다. 특히 직방이거나 가중되는 형태에서는 그 흉(凶)이 배가 된다. 배우자 관계와 관련이 깊다. 중요한 판단은 미루는 것이 좋다. ※ 귀문(鬼門) 작용: 귀신이 문으로 들어온다는 의미로 정신적으로 오는 모든 비정상적인 현상을 뜻한다.

진술충 (辰戌沖)	진술충(辰戌沖)은 중단 마감의 기운으로 화개충(華蓋沖)이라고도 하며 일과 인연의 마무리나 지체 현상이 나타난다. 따라서 화개운(華蓋運)을 알기 위해서는 인과관계를 이해해야 한다. 즉 어떤 시점에 일이나 인연이 만들어졌는지가 관건이 된다. 길운(吉運) 때 만들어진 일이나 인연은 잘 마무리가 되겠지만 흉운(凶運) 때 만들어진 일이나 인연은 지체되거나 마무리가 나쁘게 끝날 가능성이 높아진다. 따라서 늘 좋은 운(運)에서 일을 도모하고 사람을 만나는 것이 좋으며, 큰 변화의 시기이므로 방향 설정이 매우 중요하다.

갑진일주(甲辰日柱)의 알레르기
진사(辰巳)천라지망 / 진해(辰亥)원진귀문 / 진술충(辰戌沖)

라. 갑오일주(甲午日柱)의 특성

갑오일주(甲午日柱)는 활달하고 영리한 야생마적인 기질을 가지고 있다. 돌아다니기를 즐기고 언변이 좋으며 감성계가 발달하여 예술, 예능, 연예계로 진출하여도 좋다.
가만히 집에 있으면 병이 나는 대표 사주인데 역마의 기운과 도화의 기운을 함께 지니고 있어 늘 남의 시선을 의식한다.
이는 사랑받고 싶고 관심받고 싶은 무의식의 반영이다.
영리하고 수단이 좋으나 자신감이 지나치면 타인을 무시하고 독선적인 경향이 크다.
천간에 수(水)가 있으면 좋으나 지지의 자수(子水)는 매우 불길하다. 자오충(子午沖)이 발생하기 때문이다.
자오충은 재물과 배우자와의 관계가 나빠지고 생명의 위협으로 수다화식(水多火熄)과 화다수증(火多水烝)이 발생될 수 있어 매우 위험하다. 남녀 모두 성격적으로 강한 것이 문제가 될 수 있다. 그러나 주변에 관성인 금(金)과 인성인 수(水)가 있으면 오히려 예의 있고 자기 통제가 잘 되는 사주가 된다.
실제 예술가나 연예인 사주 중에 을사일주(乙巳日柱)와 더불어 가장 성공한 사람들이 많이 나오는 일주이다. 다만 발산의 기운은 한번 잘못된 길로 들어서면 상당히 깊숙이 들어가는 경향을 보여 처음 시작할 때 신중한 선택이 필요하다.
여성의 경우 밝고 명랑함이 있고 대인관계가 좋고 예술적 재능이 잘 발현되지만 자기 멋대로 하려는 경향으로 인해 부부 관계는 좋지 못한 경우가 많다.

남성은 야생마적인 본능이 강해 관인(官印)이 무력할 경우 이성 문제, 관재, 구설 등이 생길 수 있다.

갑목(甲木)의 성패는 천간으로 드러나는 화(火)에 따라 결정된다. 지지의 오화(午火)는 주로 열로 작용한다.

따라서 천간에 병정(丙丁)이 없을 경우 운(運)에서 들어올 때 발복한다. 단 수생목(水生木)이 되어 있어야 한다.

※ 수다화식(水多火熄): 수기(水氣)가 강하면 화(火)가 꺼지는 현상
※ 화다수증(火多水烝): 화기(火氣)가 강하면 수(水)가 증발하는 현상

◎ 갑오일주(甲午日柱)의 알레르기

합충형해파 (合沖刑害破)	갑오일주의 개운법
자오충 (子午沖)	자오충(子午沖)은 화기(火氣)가 약하거나 화(火)를 필요오행으로 사용하는 경우 특히 나쁜 작용을 하는데 건강뿐 아니라 육친적으로도 배우자, 어머니 등 그 피해가 극심한 편이다. 또한 문서와 관재수도 함께 있어 이 시기에는 문서를 만들거나 도장 찍는 일은 하지 말아야 한다. 특히 화(火)를 절대필요오행으로 사용하는 경우 건강과 재물에 있어 매우 치명적일 수 있으므로 이에 대비해야 한다. 심장, 심혈관 계통이 매우 위험하다. 건강검진, 운동 등으로 예방하는 것이 효과가 있다.

축오(丑午) 원진귀문 (怨嗔鬼門)	축오(丑午)원진귀문은 강력한 살(殺) 작용으로 빙의, 공황장애, 우울, 조울, 판단 착오는 물론이고 정신적인 혼돈 현상과 이중 성격, 환각, 착각 등 다소 심각한 대인관계 장애가 올 수 있다. 특히 직방(直方)이거나 가중되는 형태에서는 그 흉(凶)이 배가 된다. 불편한 배우자 관계와 관련이 깊다. 사술(巳戌), 진해(辰亥) 원진과 비슷한 작용을 한다.
오오(午午) 자형(自刑)	오오(午午)자형(自刑)은 스스로 벌을 내린다는 의미가 있는 형살로, 열기가 가중되는 형태를 보이므로 화다수증(火多水烝) 작용과 금(金)이 공격받는 것을 염두에 두어야 한다. 때로는 귀문(鬼門)과 비슷한 작용으로 조울, 조급, 우울, 공황장애 등 감정 기복이 극심한 현상을 보이기도 한다. 폐질환, 당뇨, 신장, 방광질환, 자살, 자해 등의 행위를 보이는 경우도 있다.

갑오일주(甲午日柱)의 알레르기
자오충(子午沖) / 축오(丑午)원진귀문 / 오오자형(午午自刑)

마. 갑신일주(甲申日柱)의 특성

갑신일주(甲申日柱)는 바위 위의 소나무이다. 비록 보기에는 소나무가 멋지고 좋아 보이겠지만 생존 본능은 을목(乙木)인 초목이 훨씬 질기고 강하다. 그래서 갑신일주는 폼생폼사로 실속이 없는 경우가 많다.
즉 모양만 그럴듯한 과자 종합선물세트 같다.

갑신일주와 을유일주(乙酉日柱)는 모두 12운성상 절(絶)에 해당한다.
절(絶)은 모든 것이 끊어진 상태이며 형태조차 없는 무(無)의 상태이다.
그래서 관성에 절(絶)을 깔고 있는 사람은 직장이 불안정하며 직업 변동이 잦고, 여성의 경우는 남자와 인연 맺기가 어렵다(혼인이 어렵다는 의미). 그러나 이는 주변 상황에 따라 달라지며 절대적 기준이 아니다.
또한 순수하고 순진하여 사업이나 장사에 뛰어들 경우에 백발백중 사기를 당하고 실패를 맛보게 된다.
절(絶)이란 완전히 끊긴 상태로 뿌리를 내리지 못한 불안정한 상태를 의미한다.
그러므로 갑신일주와 을유일주는 첫 직장을 절대 그만둬서는 안 되고 자격증을 취득하거나 공직에 진출하면 무난히 살아갈 수 있다. 한마디로 월급쟁이나 전문직에 종사해야지 사업이나 장사는 절대 금물이란 의미이다.
그러나 절(絶)에는 반전이 숨겨져 있다. 그것은 '천우신조(天佑神助)'의 운(運)으로, 예기치 못한 곳에서 반전이 일어난다. 특히 50세가 넘어 모든 것을 포기하려고 할 때 대박이 터지기도 한다. 실제로 절(絶)을 일지(日支)에 둔 남자가 매 사업에서 사기당하고 실패하다가 우연히 만난 귀인의 도움으로 갑자기 돈방석에 앉는 경우가 종종 발생한다. "인생은 끝날 때까지 끝난 것이 아니다"라는 말이 바로 갑신일주와 을유일주를 두고 한 말일 것이다. 스스로 포기하지 않고 끝까지 남는 사람에게 큰 행운을 준다.
불의를 보면 참지 못하는 의협심이 있고 남의 시선을 늘 의식하여 예의가 있으나 화가 나면 욱하는 강한 무인(武人)의 기질이 나오기도 한다.

기본적으로 동정심과 착한 인성을 가지고 있다. 다만 귀가 얇아 사기당하기 쉽고 여성의 경우 남자복이 약하다. 이는 기본적으로 남자 보는 안목이 결여되었기 때문인데 편관(偏官)의 기질인 무모함, 도전, 모험심과 관련되어 있다. 따라서 외롭고 고독한 경우가 많으며 뼈 관련 질환과 교통사고 등 사건사고가 잘 일어나기도 한다.

바위 위의 소나무처럼 보기에는 근사하나 고독하고 주변에 사람이 없다. 재능이 많으나 실수가 잦고 인내심이 부족하지만 생존력은 강한 편으로 실패해도 다시 재기하는 저력이 있다.

여성의 경우 남편에게 복종하고, 규율을 잘 지키는 현모양처가 되기도 하나 충극(沖剋)이 발생할 경우에는 이혼, 사별과 같은 일이 나타나기도 한다. 남성은 무관 계통 직업을 가지면 좋으며, 사업이나 장사는 어려운 사주 구조이다.

교통사고, 낙상, 수술, 시비, 폭행 등 갑신일주는 편관(偏官) 즉 살(殺)을 깔고 있다. 인생 자체가 굴곡과 풍파가 있음을 예고하는 것이다.

기본적인 성향도 활달하고 긍정적이어서 돌아다니길 좋아하고 사람들과 어울리길 즐겨 한다.

남성의 경우 검찰, 군인, 경찰, 의사 등의 직업이 좋고 여성의 경우 공무원, 의사, 선생 등의 직업을 가지면 업상대체되어 편안하다.

◎ 갑신일주(甲申日柱)의 알레르기

합충형해파 (合沖刑害破)	갑신일주의 개운법
묘신(卯申) 원진귀문 (怨嗔鬼門)	묘신(卯申)원진귀문은 정신적·신체적으로 동시에 올 수 있는 매우 강력한 흉살(凶殺)이다. 예기치 못한 상황에서 신체적, 정신적으로 공격받는 형태로 예측 불가한 사건사고에 노출되어 있다. 사회적, 경제적, 정신적, 육친적으로 다양하게 올 수 있으며 직방(直方)인 경우 그 가중이 매우 심각하다. 이 시기에는 활동을 자제하고 현상 유지와 기도, 명상 등으로 심신을 안정하는 것이 좋다. 또한 대인관계 확장이나 여행, 무리한 운동, 음주 등은 삼가는 것이 좋다.
인신충 (寅申沖)	인신충(寅申沖)은 주로 수술, 낙상, 교통사고 등 뼈 관련 질환과 직장 문제, 여자의 경우는 남자, 이성 문제 등으로 나타나기 쉽다. 직장은 새로 들어갈 수도 있고 해고당하여 실직하는 경우도 발생한다. 어떤 업종이냐에 따라 조금씩 다르다. 그러나 여성의 경우 남자 문제는 거의 흉(凶)으로 작용한다.

| 사신형살
(巳申刑殺)	사신(巳申)은 합(合)의 작용보다 형살(刑殺)의 작용이 더 크다. 사신형살은 불안정한 형태로 상당히 영향력이 큰 경우와 크게 영향이 없는 경우로 나눌 수 있다. 그 기준점은 지지의 인목(寅木) 존재 여부에 따라 달라진다. 즉 인목이 있는 경우는 피해가 극심하며 없는 경우는 거의 작용이 미미하다. 인사신삼형살(寅巳申三刑殺)이 구성되었을 때 길운(吉運)이 작용하면 형살을 부수고 나오는 형상이 되어 자수성가를 할 수 있다. 따라서 형살이 반드시 나쁘다는 생각은 맞지 않다.

갑신일주(甲申日柱)의 알레르기
묘신(卯申)원진귀문 / 인신충(寅申沖) / 사신형살(巳申刑殺)

바. 갑술일주(甲戌日柱)의 특성

강한 의지와 재탐(財耽)이 있고 계획, 계산, 예측하는 기능이 활성화되어 있다.
자수성가형이 많고 자기중심적인 성향이 강한 편이다. 주체적이면서도 대중적으로 인기가 있는 편이고 스케일도 큰 편이다. 평소에는 인자한 편이고 유흥성과 확장성을 지니고 있다.

태어난 월(月)이 봄여름이면 생산성을 추구하는데 이때는 반드시 수(水)가 있어야 하며 천간에 병화(丙火)까지 투간되어 있으면 만인을 거느리는 기업 총수도 될 수 있다.

그러나 실제 만일 수화(水火)가 조화를 이루지 못할 경우, 갑목(甲木)이 술토(戌土)에 뿌리를 내리기 힘들어 성공하기 어려울 때는 반드시 직장인이나 활인업 등에 종사해야 한다.
사회적 기본 성향은 투기적 성분이 다소 강하며 현실적이고 이익을 위해선 불의와도 타협하는 성분이 있다.

천간에 수(水)가 있으면 좋고, 화(火)가 있으면 성격이 온순해진다.
단 진토(辰土)는 진술충(辰戌沖)이 발생하여 매우 불길하다.
남성의 경우 아내에 대한 집착이 다소 강할 수 있으며 여성의 경우는 재물에 집착하는 경향을 보인다.

◎ 갑술일주(甲戌日柱)의 알레르기

합충형해파 (合沖刑害破)	갑술일주의 개운법
축술미 (丑戌未) 삼형살 (三刑殺)	축술미삼형살(丑戌未三刑殺)은 보는 순간 의사, 한의사, 약사, 간호사, 선생 등 활인업 종사자를 떠올려야 한다. 만일 이 직종에 있지 않다면 인생의 파란은 어느 정도 예고되어 있는 것과 같다. 수기(水氣)가 없을 경우에는 조울, 우울 등 감정 기복이 심하고 자살, 자해 등 극단적인 선택도 할 수 있는 일주이다. 사주원국에 삼형살이 있는 상태에서 또 흉운(凶運)이 가중되면 매우 조심하고 사전에 대비해야 한다.
진술충 (辰戌沖)	진술충(辰戌沖)은 화개충(華蓋沖)이라고도 하는데 인생의 큰 변곡점에 있는 상태이다. 이 시기에 주로 직업 변동이나 결혼 변동 등이 들어오는데 과거의 인과관계에 의해 길흉(吉凶)이 정해진다. 이 시기에는 되도록 신중하고 보수적인 접근이 필요하다. 투자, 확장은 하지 않는 것이 좋다. 특히 부동산 투자는 실패율이 매우 높다. 단 교육, 종교 등은 좋다.

술해(戌亥) 천라지망 (天羅地網)	술해(戌亥)천라지망은 잘못된 판단으로 최악의 상황을 맞을 수 있는 시기이다. 때로는 귀문(鬼門)과 비슷한 작용으로 불안정, 조울, 조급 등 감정 기복이 극심한 현상을 보이기도 한다. 이 시기에는 현상 유지를 해야 하며 투자 욕심, 확장 등은 절대 삼가야 한다. 투자, 투기, 돈거래, 보증, 계약 등 재물적인 면에서 절대 수성해야 하는 운(運)이다.

갑술일주(甲戌日柱)의 알레르기
축술미(丑戌未)삼형살(三刑殺) / 진술충(辰戌沖) / 술해(戌亥)천라지망

◆ 《적천수》 천간론 – 갑목(甲木)

甲木參天. 脫胎要火. 春不容金. 秋不容土. 火熾乘龍. 水蕩騎虎.
地潤天和. 植立千古.
갑목삼천. 탈태요화. 춘불용금. 추불용토. 화치승룡. 수탕기호.
지윤천화. 식립천고.

갑목(甲木)은 하늘로 치솟는 목(木)이니 무성한 목이든 어린 목이든 화(火)가 필요하다. 봄에는 금(金)을 용납하지 아니하고 가을에는 토(土)를 받아들이지 아니하고 화(火)가 치열하면 진(辰)을 타고 앉아야 하고 수(水)가 넘쳐도 인(寅)을 걸터앉으면 지윤천화하여 곧게 천 년을 서 있을 것이다.

■ 해설

갑목(甲木)은 양(陽)의 목(木)으로 기운이 왕성하여 하늘을 향해 높이 솟을 수 있고 왕성한 목(木)이 화(火)를 만나면 목화통명(木火通明)이라 하여 좋다. 목화통명이란 목화(木火)가 만나 서로를 이롭게 한다는 의미이다.

정월(寅月)은 아직 냉기가 있어 화기(火氣) 없이는 생존 자체가 불가하고 음력 2월(卯月)에는 목기(木氣)가 매우 강해지는데 그럼에도 불구하고 금(金)을 용신으로 쓸 수 없다. 역시 화(火)가 필요하다. 왜냐하면 사목(死木)이 아닌 생목(生木)이므로 열매와 꽃을 피우는 것이 목적이기 때문이다.

금(金)으로 목(木)을 자르면 장작이나 기둥이 된다.

여름에만 수(水)가 필요하고 봄, 가을, 겨울 모두 화(火)가 필요하다. 수(水)가 실질적으로 필요한 시기는 묘진사미(卯辰巳未)월까지이다.
가을에는 토(土)의 기운이 약하므로 목(木)으로부터도 극(剋)을 받으니 목(木)의 뿌리가 토(土)에 내리지 못한다.

만약 지지(地支)에 인오술(寅午戌) 화국(火局)인데 천간에 병정화(丙丁火)가 투출하여 조열하다면 갑목이 타 버릴 것이다.
이때는 지지에 진토(辰土)가 있어야 화국을 설(洩)하고 생목(生木)을 구할 수 있다. 즉 간단히 말하면 습토인 진토(辰土)나 축토(丑土)가 있으면 화기(火氣)로부터 갑목(甲木)을 보호할 수 있다는 것이다.

만약 지지에 신자진(申子辰) 수국(水局)인데 천간에 임계수(壬癸水)가 투출하였다면 홍수에 나무가 떠내려갈 것인데 지지에 인목(寅木)이 있어야 뿌리가 되어 떠내려가지 않는다.
즉 뿌리가 튼튼하려면 갑목이 통근되어 있어야 한다는 의미이다.

◆ 《난강망(欄江網)》 오행론

▣ 목론(木論)

목(木)의 성질은 위로 오르며 그치는 바가 없다.
목(木)의 기(氣)가 중(重)하면 금(金)으로 다스려야 하며
금(金)이 있으면 오직 높아지고 거두어 주는 덕(德)이 있다.
거듭 토(土)의 중함을 사랑하니 뿌리가 깊어지고 견고해진다.
토(土)가 적으면 가지만 무성하고 뿌리가 위태로워지는 근심이 있다.
목(木)은 수(水)에 의하여 생(生)하니 수(水)가 적으면 자윤(滋潤)되며 많으면 표류된다.

→ 나무(木)에게 수(水)는 많은 것보다 부족한 것이 낫다는 의미

갑술(甲戌) 을해(乙亥)는 목(木)의 원천(무덤)이며 사목(死木),
갑인(甲寅) 을묘(乙卯)는 목(木)의 고향(생산성)이며 생목(生木),
갑진(甲辰) 을사(乙巳)는 목(木)의 생지(生支)이니 활목(活木)이 된다.

→ 활목이란 생산성을 극대화하는 목(木)으로 열매와 꽃을 피우는 것을 목적으로 하며 이를 사회적으로 연결하면 내가 주체가 되어 이끌고 나가고자 하는 기운이다. 당연히 사업이나 장사 등 자신의 기운을 드러내는 일이 적합한 구조이다.

갑신(甲申) 을유(乙酉)는 목(木)이 극(剋)을 받으며 사목(死木)이 된다.
갑오(甲午) 을미(乙未)는 목(木)이 자사(自死)하며 사목(死木)이 된다.
갑자(甲子) 을축(乙丑)은 화기(火氣)가 없으면 사목(死木)이 된다.

생목(生木)이 화(火)를 얻으면 빼어나니 병정(丙丁)이 서로 같고

사목(死木)이 금(金)을 얻으면 다듬어지니 경신(庚辛)이 필히 이롭고

생목(生木)이 금(金)을 보면 스스로 상(傷)하고

사목(死木)이 화(火)를 얻으면 스스로 타 버린다(장작더미).

→ 생목(生木)은 화(火)가 빛으로 작용하는 것을 선호

　광합성을 통해 목(木)을 키우고 결실을 맺는 것이 목적

　사목(死木)은 화(火)가 열로 작용하여 목생화(木生火)가 목적

춘목(春木)은 추운 기운이 남아 있어 화(火)로 덥혀 주는 것이 기쁘니 나무가 굽어질 근심이 없다.

수(水)로 도우면 뻗어 나가는 아름다움이 있으나 이른 봄에는 수(水)가 왕성함이 좋지 않으니 습하면 뿌리는 썩고 잎은 마르게 된다.

춘목(春木)은 건조하니 수(水)가 없으면 잎과 뿌리가 마른다.

수화(水火) 두 가지가 기제(旣濟)되어야 비로소 아름답다.

토(土)가 많으면 힘의 손실이 있고 토가 적으면 재능이 풍부하다.

금(金)이 강한 것을 꺼리니 상처와 극벌이 심하여 일생이 한가롭지 못하다.

목(木)이 강하다면 금(金)을 얻어야 좋으니 평생 복을 지니게 된다.
→ 목(木)은 토(土)가 강한 것보다는 토(土)가 적은 듯 있는 것이 좋고, 금(金)도 너무 강하면 인생에 풍파가 많아진다. 그러나 목(木)이 강할 때는 반드시 금(金)이 있어야 한다는 의미이다.

하목(夏木)은 뿌리와 잎이 마르니 굽었다가 다시 곧아진다.
수(水)가 강하여 축축하길 바라니 수가 많아야 좋다.
토(土)는 적어야 좋으며 많으면 오히려 재앙이 있다.
금(金)이 많아도 금이 결손되어서는 안 된다.

목(木)을 중중히 보면 공연히 숲만을 이루고 첩첩이 꽃이 많으면 끝내 결과가 없다.

추목(秋木)은 기운이 점차 차가워지고 죽음이 다가온다.
초가을에는 화기(火氣)가 남아 있으니 수(水)와 토(土)가 서로 자윤함이 기쁘고 가을에는 과실이 이미 성숙해지니 강한 금(金)을 만나 잘리기를 원한다.
상강(霜降) 후에는 수(水)가 성함이 좋지 않으며 성하면 표류하게 된다.

한로(寒露)에는 화(火)가 강해야 목(木)이 건강해지니 재목(材木)이 튼튼해지고 아름답다. 토(土)가 많으면 스스로 감내할 능력이 없어진다.

→ 상강(霜降)이면 양력 10월인데 이 시기부터는 수(水)가 뿌리를 썩게 하는 작용을 한다.

※ 상강(霜降): 한로(寒露)와 입동(入冬) 사이

동목(冬木)은 수(水)를 멀리하고 화(火)를 반기나 결실을 맺을 수 없으니 동양지목의 쓰임새가 가당하다.

화(火)가 있으면 열로 작용하여 금(金)을 예리하게 만드니 목(木)을 올바로 절단하여 사용할 수 있다.

즉 겨울의 목(木)은 열로 작용하는 화(火)가 필요하다.

※동양지목(棟梁之木): 기둥, 서까래, 지붕을 받치는 나무

2) 을목(乙木)의 알레르기

◎ 을목(乙木)의 특성

- 을목(乙木)은 현실성이 있는 강인한 생명력이다.
- 을목(乙木)의 가장 큰 특징은 강한 생존력이다.
- 유연하고 지혜로운 소녀처럼 항상 현명하게 행동한다.

을목(乙木)은 바람이고 자유이다. 역마(驛馬)의 기운이 강하며 고정되어 있는 것을 꺼리고 자유로운 것을 선호한다. 그래서 을목이 신금(辛金)을 만나면 새가 새장에 갇히는 형상이 되어 좋지 않은 것이다.
또한 을목은 화초목이라 화(火)를 반기나 병화(丙火)를 만나면 꽃이 만발하여 화무십일홍(花無十一紅)을 경계해야 하지만, 정화(丁火)를 만나면 한겨울에도 온실 속에서 꽃을 피울 수 있어 좋다.

을목은 갑목과 달리 생산성을 추구하며 현실 적응성이 강하다. 그러나 주체성과 상징성이 약해 반드시 도와주는 지주목이 필요하다.
을목(乙木)은 지주목 없이는 상향할 수 없고 상향하지 못한 을목은 가치가 현저히 떨어지게 된다. 을목의 지주목 역할은 갑목(甲木)과 경금(庚金)이 가장 이상적이다.

을목의 횡적 확장성을 종적 확장성으로 변화시키는 두 가지 요소는 천간의 화(火)와 지주목이 근거가 된다.
등라계갑(藤蘿繫甲)으로 을목의 종적 확장성은 사회적 목적 달성을 의미한다. 또한 을목은 생산성과 경제적 가치를 중요하게 생각하는데 이를 한마디로 '현실성이 있는 생존력'이라고 할 수 있다.

갑목이 30년 이상 키워야 하는 동양지목이라고 하면 을목은 1년 이내에 상품화할 수 있는 1년생 작물이다.

필요와 수요에 따라 그때그때 변동성에 대비할 수 있는 가변성이 가능한 것도 장점이다.

예를 들어 토마토를 심었는데 토마토 가격이 폭락했다면 가격이 비싼 과일이나 농산물로 쉽게 바꿀 수 있는 장점이 있다. 그래서 갑목(甲木) 거지는 있어도 을목(乙木) 거지는 없다는 말이 있다.

어디에서도 살 수 있는 잡초 같은 질긴 생명력을 지닌 자유로운 영혼 을목은 매력적인 기운을 지니고 있다. 을목은 음목(陰木)으로 분류하며 화초나 잡초, 1년생 작물 등으로 분류할 수 있다.

강한 생명력을 기반으로 광합성을 통한 빛에너지를 열에너지로 전환하여 대지를 뚫고 힘들게 나온 기운이다. 갑목과 같이 인(仁)을 상징하지만 부드러운 여성적 이미지이며 친절하고 잔정이 많고 유연하다. 그러나 지나치게 강하면 자기밖에 모르고 자신이 최고라 생각하여 남을 무시하며 참을성도 없어 남과 다툼을 벌이기 쉽다.

을목은 반드시 지주목이 있어야 성장할 수 있는데 이는 횡적 확장성을 지닌 기운 때문이다. 을목은 자신을 특별한 존재로 인식하여 자존심이 대단히 강하다. 또한 유연성과 부드러움으로 인해 태풍이 몰아쳐도 갑목처럼 뿌리가 뽑히는 법이 없으며 밟혀도 다시 살아나는 강한 생명력을 지니고 있다.

갑목이 남성적이라면 을목은 여성적이다. 어떠한 척박한 환경 속에서도 자신의 세력을 부드럽게 넓혀 나가며 크기나 모양에 연연하지 않고 실속적이며 지혜롭다. 담장이 있으면 갑목은 담장을 무너뜨리거나 자신이 죽거나 둘 중 하나이지만 을목(乙木)은 담장을 타고 담장을 대지 삼아 성장을 계속한다.

자존심이 강하지만 쓸데없이 경쟁하지 않으며 함께 공존하는 법을 잘 알아 주변에 적을 만들지 않는다.

- **등라계갑(藤蘿繫甲)**: 등라목(藤蘿木)은 담쟁이과 식물로 지주목이 있어야 상향으로 자랄 수 있다. 이는 을목(乙木)이 갑목(甲木)을 타고 올라간다는 의미인데 을목일주가 사회적으로 성공하기 위해 지지대 역할을 해 줄 갑목이 반드시 필요하다는 의미이다. 실제로 갑목 대신 경금(庚金)이 그 역할을 하는 경우도 있다.

- **동양지목(棟梁之木)**: 결실을 맺고 생산성이 다한 가을, 겨울 나무는 기둥이나 대들보 등 중요한 목재로 쓰일 수 있다. 이를 동양지목이라고 하는데 사회적으로 학자, 종교, 공직, 의료 등 활인(活人) 업종에서 두각을 나타낸다.

가. 을축일주(乙丑日柱)의 특성

을축일주(乙丑日柱)는 '인내'의 아이콘이다. 한겨울의 동토(冬土)를 뚫고 나온 연약한 풀잎으로 모진 추위 속에서 강한 생존력을 보여 주고 있다. 한겨울 거리에 앉아 과일을 파는 사람들의 모습처럼 애처롭고 안타깝다. 그래서 을축일주를 인동초(忍冬草)라고도 한다.

인내심과 끈기, 부지런함, 어떻게 해서든 살아남으려는 본능이 무척 강한 일주이다. 남들이 모두 잠든 시간에 홀로 일어나 어둠을 헤치고 길을 나서는 우리의 부모님 모습이다. 다만 일지(日支)에 사고(四庫)를 깔고 있는 여성의 경우 남편과 이혼·사별할 가능성이 높고, 남성의 경우 사주원국에 관성(官星)이 없을 때는 자기밖에 모르고 타인에게 인색한 극단적 이기주의 성향을 보일 수 있다. 또 법이나 규칙을 잘 지키지 않아 범죄와 연결되기도 쉽다.

을축(乙丑)은 재성(財星)을 일지에 두고 있어 기본적으로 재물에 대한 욕심이 대단하다. 그러나 그 재물을 내 것으로 만들기 위해서는 반드시 화(火)가 있어야 한다. 을축일주에게 화(火)가 없다는 것은 사형선고를 받은 것과 같다고 할 수 있다. 을축일, 을축월, 모두 완전필요오행은 화(火)이다.

축월(丑月)은 가장 추운 시기이지만 불로 녹일 수만 있다면 가장 영양분이 많은 토양이기도 하다. 따라서 축일이나 축월을 보는 순간 딱 떠오르는 글자는 화(火)여야 한다.

- 을축일주(乙丑日柱)의 특징: 인내심, 고집, 참을성, 욕심, 구두쇠, 소심함
- 성실하고 부드러운 성품으로 인내와 끈기가 있고 책임감이 강하나, 배짱이 약하고 도전정신이 부족하다.
- 천간에 화(火)가 있으면 좋으나 미토(未土)가 있으면 일의 추진이 중도에서 멈춘다.
- 일간 주변에 화(火)가 있고, 수(水)가 도와주면 귀격(貴格)이 된다.
- 축토(丑土)는 화(火)가 없으면 사용이 불가한 토지이다.
  그러나 화기(火氣)가 돌면 영양가가 풍부한 토양으로 바뀐다.
  즉 축토는 화(火)에 의해 길흉이 결정된다.

◎ 을축일주(乙丑日柱)의 알레르기

합충형해파 (合沖刑害破)	을축일주의 개운법
축오(丑午) 원진귀문 (怨嗔鬼門)	축오(丑午)원진귀문은 남녀 모두 직장 일과 관련되어 나쁜 작용을 하거나 여성에게 자식 문제 등 피곤하면서도 비생산적인 사건사고가 일어난다. 또한 부부 관계가 나빠지거나 이별수, 이혼수가 있는 등 부부와 이성 관계도 어려움이 예상된다. 심리적, 정신적으로는 예민해지고 감정 기복이 심해지며 우울, 조울 등 장애가 올 수 있다. 만일 신약한 사주라면 그 피해는 더욱 커져서 빙의 현상, 정신 교란 증상도 나올 수 있다. 금주하고 명상, 독서, 기도를 하는 것 등이 도움이 될 수 있다.

축미충 (丑未沖)	축미충(丑未沖)은 남녀 모두 재물 관련하여 사건사고가 발생하거나 남성의 경우 여성과 배우자 등 이성 문제가 발생하기 쉽다. 일명 화개충(華蓋沖)이라고도 하는데 인과관계로 인해 결과가 나오기 때문에 정확한 결과를 알기 위해서는 원인이 발생한 시점을 역산하여야 한다. 즉 어떤 시기에 원인을 만들었는가에 따라 길흉(吉凶)이 정해진다는 것이다. 만일 원인이 만들어진 시기가 나쁘다면 결과도 나쁘게 나올 수밖에 없는 구조이다.
축술형살 (丑戌刑殺)	축술형살(丑戌刑殺)은 일명 반형살(半形殺)이라고도 하는데 반드시 나쁜 건 아니다. 예를 들어 활인 업종인 의사, 간호사, 약사, 한의사 등에 종사할 경우 오히려 좋은 작용을 하는 경우가 많다. 그러나 업상대체가 되지 않았을 경우 축술형살은 마감 형태로 상당히 치열한 경우와 크게 영향이 없는 경우로 나눌 수 있다 직업에 따라 극명하게 나뉜다. 길흉(吉凶)의 구분은 직업이나 인과관계에 의해 결정된다.

을축일주(乙丑日柱)의 알레르기
축오(丑午)원진귀문 / 축미충(丑未沖) / 축술형살(丑戌刑殺)

나. 을묘일주(乙卯日柱)의 특성

을묘일주(乙卯日柱)는 외유내강(外柔內剛)의 실속형 일주이다. 겉보기에는 약해 보이나 은근히 고집과 자기주장이 강하다. 다만 유연성과 역동성을 지니고 있어 겉보기에는 강해 보이지 않는 것뿐이다.

흔히 간여지동(干如支同) 사주는 이혼의 아이콘이라고 하지만 실제 다른 일주에 비해 을묘일주의 간여지동은 배타적 특성이 잘 드러나지 않는 편이다. 현실적이고 영리하며 부부간 금슬이 좋은 편은 아니나 쉽게 이혼 결정을 내리지 않는 특징이 있다.
자신을 드러내기 좋아하는 성향에 따라 반드시 천간에 빛으로 작용하는 화(火)가 있는 것이 좋다.

자신이 인정받고 사랑받고 있다는 느낌이 들 때 행복해지는 일주이다. 때로는 소년 같은 순수한 기질이 강하고 미래지향적이다. 그러나 시작은 잘 하지만 끝마무리가 약하다는 단점이 있다. 고집이 강하고 집착이 다소 있다. 유(酉)를 만나면 이성과의 문제로 고통받는다.

묘(卯)는 습목(濕木)이다. 불이 잘 붙지 않는다는 의미를 담고 있다. 즉 목생화(木生火)의 목적을 달성하기 어려운 구조로 인해 변덕과 불평불만이 강한 편이다.

묘목(卯木)의 가장 큰 특성은 호기심과 변덕이다. 따라서 잘못하면 이것저 것 팔방미인의 형상으로 무성해질 수 있다. 요즘 같은 전문가 시대에 팔 방미인은 칭찬이 아니다.

수학적이고 논리적인 사고는 장점이지만 자칫 자기 꾀에 자신이 피해 보는 상황이 일어날 수 있으므로 늘 큰 틀에서 숲을 보는 습관을 들여야 한다. 잔꾀는 있지만 변덕과 조바심을 경계해야 하며 무엇이든 시작할 때는 마 무리에 대한 계획이 있어야 실패를 막을 수 있다. 간섭받기를 싫어하는 독립성이 강하고 의심과 집착도 있는 편이다.

묘목은 언만물무야(言萬物茂也)이다. 이는 만물이 위에서 덮고 있는 흙을 뚫고 밖으로 솟아 나오는 모습을 상징한 것이다. 묘목은 음목(陰木)이며 순수한 나무로 계절은 3월, 동물은 토끼를 상징한다.

◎ 을묘일주(乙卯日柱)의 알레르기

합충형해파 (合沖刑害破)	을묘일주의 개운법
묘유충 (卯酉沖)	묘유충(卯酉沖)은 왕지(旺支)에 발생하는 충(沖) 중에서도 가 장 그 피해가 강하고 그 효과도 명확한 편이다. 사주에서 일지(日支)에 왕지충이 발생했다는 것은 매우 큰 사건사고가 만들어지는 것을 의미한다. 최악의 경우 실직, 이혼은 물론이고 목숨까지 위태로울 수 있다.

	특히 골절 관련 심각한 사고, 수술수, 암 등 건강상으로도 그 상황이 다양하다. 따라서 묘유충이 들어오는 대운, 세운, 월운 때에는 세심한 조심과 대비가 필요하다. 특히 을묘일주의 묘유충은 자기 신체적 문제일 가능성과 형제, 자매, 동료, 배우자 등의 건강과 관련된 수술수가 있다.
묘신(卯申) 원진귀문 (怨嗔鬼門)	묘신(卯申)원진귀문은 정신적인 혼란 증상과 폐, 대장 등까지 건강을 위협받는 구조이다. 또한 어둠 속에서 불의의 공격을 받는 형상으로 예측 불가능한 사건사고에 노출되어 있는 최상위 흉살(凶殺)이다. 경제적, 정신적, 신체적으로 다양하게 올 수 있으며 직방살인 경우 흉(凶)이 가중되어 매우 심각한 상황이 발생될 수 있다. 이 시기에는 활동 및 음주를 자제하고 현상 유지와 기도, 명상 등으로 심신을 안정하는 것이 좋다. 또한 대인관계, 사업 확장이나 여행, 무리한 운동, 음주는 삼가는 것이 좋다.
자묘형살 (子卯刑殺)	자묘형살(子卯刑殺)은 사주의 알레르기 중 가장 약한 편에 속한다. 습(濕)이 가중되는 현상인데 일(직장업무)이나 목적이 더디게 진행되거나 지체·멈춤 현상이 일어나는 경우이다. 크게 걱정할 만한 알레르기는 아니지만 사주가 지나치게 습할 때는 피해가 다소 커질 수 있다. 건강상으로는 우울증, 신장, 방광, 호르몬, 내분비 계통을 조심해야 한다.

을묘일주(乙卯日柱)의 알레르기
묘유충(卯酉冲) / 묘신(卯申)원진귀문 / 자묘형살(子卯刑殺)

다. 을사일주(乙巳日柱)의 특성

을사일주(乙巳日柱)는 상관(傷官)을 가장 잘 쓸 수 있는 일주이다. 재능이 직설적으로 발휘되는 성향을 보이며 예술 계통으로 탁월한 감각을 나타낸다. 을사의 상관이 가장 잘 발휘되기 위해서는 재성(財星)의 여부가 관건이 된다.

을목(乙木)은 자유와 역마의 기운이 강하고 사화(巳火)는 열정과 따뜻함이 있다. 을목과 사화의 결합은 새로운 것을 창조하는 에너지로 사용될 경우 시너지 효과가 나타나게 된다.

을사일주의 정제되지 않은 재능을 정제 과정을 거쳐 새롭게 창조시키는 역할은 토(土)의 작용이다.
을사일주는 열정과 역동성을 가지고 있으면서 새로운 도전과 모험을 즐기는 편이다.

뱀은 냉혈동물이지만 실제 일지(日支)에 사화(巳火)가 있는 사람은 우려와 달리 따뜻한 감성을 지니고 있으며 언변과 설득력이 있어 연애와 비즈니스에서도 감동을 주는 사람으로 인식되기도 한다. 따라서 을목이 지니는 탁월한 생존 능력과 사화(巳火)의 재능이 결합된 을사일주는 최고의 조합이라고 할 수 있다.

그러나 해(亥)를 만나면 착각에 빠져 오판을 하고 진(辰)을 만나면 예기치 않은 사건사고로 위험에 빠지며 유(酉)를 만나면 사랑에 빠진다.
또한 을사일주는 재능이 많지만 술토(戌土)와 진토(辰土)를 매우 꺼린다. 을사일주가 술토(戌土)와 진토(辰土)를 만난다는 것은 사화(巳火)의 기운이 무덤 속으로 들어가는 형상으로 매우 안 좋다.
사화는 양기지이진(陽氣之已盡)이다. 이(巳)는 '그치다'라는 의미가 있으니 이는 양기(陽氣)의 왕성함이 극(剋)에 달하여 만물이 왕성하게 자라나는 모습을 상징한 것이다.

◎ 을사일주(乙巳日柱)의 알레르기

합충형해파 (合沖刑害破)	을사일주의 개운법
진사(辰巳) 천라지망 (天羅地網)	진사(辰巳)천라지망은 예측 불가한 사건사고에 노출되어 있는 최상위 흉살(凶殺)이다. 경제적, 정신적, 육친적으로 다양하게 올 수 있으며 직방살인 경우 매우 심각하다. 특히 구설수와 관재수가 있어서 논쟁, 시비 등을 조심해야 하며 여성은 남편과의 불화를 조심해야 한다.

| 사술(巳戌) 원진귀문 (怨嗔鬼門) | 이 시기에는 현상 유지와 기도, 명상 등을 하면서 외부 활동은 자제하고 심신을 안정하는 것이 좋다. 또한 대인관계나 사세 확장, 여행, 무리한 운동, 음주 등은 삼가는 것이 좋다.

사술(巳戌)원진귀문은 목적지를 가는 도중 길을 잃어버리거나 귀신을 만나는 현상이다. 내 안에 내가 또 만들어지는 빙의 현상과 불안, 초조, 조울, 우울 등 급격한 감정 변화와 욱하는 성향으로 인해 극단적인 선택을 할 수 있는 매우 치명적인 구조이다.
경제적, 정신적, 감성적으로 다양하게 올 수 있으며 직방(直方)인 경우 그 흉(凶)이 배가 된다. 이 시기에는 현상 유지와 기도, 명상 등 활동 및 음주가무를 자제하고 심신을 안정하는 것이 좋다. 또한 대인관계 확장이나 여행, 무리한 운동, 음주 등은 삼가는 것이 좋다. |
|---|---|
| 사해충 (巳亥沖) | 사해충(巳亥沖)은 사주의 알레르기 중 길흉(吉凶)이 함께 있는 형태를 하고 있다. 그 기준은 순수한 일 혹은 활인 업종에서는 합격, 승진 등 좋은 작용을 하지만 유흥, 창업, 투자 등 욕심으로 만들어진 사업이나 장사에서는 매우 불길하다.
사해충은 길흉이 분명하므로 이 시기에는 절대 욕심을 내지 않는 것이 포인트라고 할 수 있다. 외국으로 유학을 가거나 회사에서 해외로 발령 나는 것은 좋은 작용으로 나타날 가능성이 높다. 유학은 좋으나 여행은 나쁠 수 있다. |

을사일주(乙巳日柱)의 알레르기
진사(辰巳)천라지망 / 사술(巳戌)원진귀문 / 사해충(巳亥沖)

라. 을미일주(乙未日柱)의 특성

을미일주(乙未日柱)는 60갑자(六十甲子) 중 가장 척박한 환경 속에 놓여진 화초목으로, 아무리 생존력이 강한 을목(乙木)이라도 살아남기 어려운 구조로 수(水)가 있어야 생존이 가능한 형태라고 할 수 있다.

또한 을미일주는 백호(白虎)의 기운이 있는 매우 강한 일주로, 형살(刑殺)과 충극(沖剋)에 매우 민감한 특징이 있으며 내가 주체가 되려는 기운이 강하고 남에게 지시를 받는 것은 서툴러 직장이나 조직 생활이 어렵다. 자신이 대장이 되려는 기운이라고 할 수 있다.

따라서 을미일주 주변에 수기(水氣)가 없다면 이는 사막에 오아시스가 없는 것과 마찬가지로 삶이 매우 힘겨울 수밖에 없다.
을미일주가 사막의 선인장처럼 척박한 환경 속에서도 살 수 있는 생존 능력이 있다 해도 운(運)에서 열기가 가중되면 살아남기 어렵다.

그래서 을미일주(乙未日柱)에게 가장 나쁜 운(運)은 오화(午火)와 술토(戌土), 미토운(未土運)이라 할 수 있으며 열기가 가중될수록 죽음의 땅으로 바뀐다.

최강의 생존력을 지닌 을목(乙木)도 한계가 오는 것이다.
그러나 수기(水氣)가 전혀 없는 상태에서 지지(地支)로 조토 대신 습토운이 들어오면 매우 좋다. 단 축(丑)이 있으면 부부간의 불화 및 재산상 손실이 조금 있을 수 있으나 술미형살(戌未刑殺)보다는 훨씬 좋은 작용을 하기 때문에 축미충의 작용은 무시해도 된다.

암 환자가 물에 빠진 경우 물에서 구하는 게 우선인 것이다.
특히 오행 구성이 좋은 경우 남성은 처복이 있는 경우도 있으나 일점 수기(水氣)가 없는데 흉운이 중첩될 경우 극단적인 선택을 많이 하는 '욱'하는 일주이기도 하다.

미토(未土) 속에 을목이 스스로 무덤에 들어간다는 암시를 주는 일주이다.
따라서 을미일주생은 수(水)의 위치를 반드시 확인해야 한다.
그렇다고 너무 걱정할 필요는 없다. 수기(水氣)가 없다고 하여도 적절한 개운법을 사용한다면 충분히 예방하고 극복할 수 있기 때문이다.
하지만 무방비로 방치하면 위험해질 수 있으니 사전에 자신의 상태를 점검하고 주변에서 함께 도와주어야 좋다.

을미(乙未)는 기본적으로 우울증과 조울증이 있는 경우가 많은데, 수기(水氣)가 지지(地支)에 없는데 충(沖), 형살, 천라지망 등이 있을 경우, 미리 사전에 예방하는 것이 중요하다.

을미는 기본적으로 고집이 강하고, 활동적이고, 의료, 종교, 철학(무속업 포함), 운동 등 활인(活人) 업종으로 진출하면 성공하는 경우가 많다.

- 체형도 마른 편이고, 산을 좋아하고, 잘 돌아다닌다.
- 그러나 부선망(父先亡)하는 경우가 많고, 부모로부터 상속받기 쉽다.
- 수기(水氣)가 잘 놓여져 있는 경우, 수(水)는 지지에 있는 것이 좋다.

◎ 을미일주(乙未日柱)의 알레르기

합충형해파 (合沖刑害破)	을미일주의 개운법
술미형살 (戌未刑殺)	술미형살(戌未刑殺)은 열기가 가중되는 형태로 사주원국에 수기(水氣)가 없는 경우 자살, 교통사고, 살인 등 극단적인 사건사고와 연관성이 깊다. 실제 필자의 임상 결과 수기(水氣)가 없는 을미일주에서 술미형살운 때 자살 사고가 가장 많이 발생하는 것으로 나타났다. 따라서 수기(水氣)가 전혀 없는 사주의 술미형살은 매우 치명적이다. 특히 열기가 가중되는 형태를 보일 때 더욱 위급성이 증가된다. 단 의사나 선생 등 업상대체되는 직업 선택 시 흉(凶)이 완화한다.
축미충 (丑未沖)	축미충(丑未沖)은 사주 내에 수기(水氣)가 있는 경우와 없는 경우로 구분하여 상세히 해석해야 한다. 수기(水氣)가 있는 경우, 축미충은 흉(凶)으로 나타날 가능성이 높지만 수기(水氣)가 전혀 없는 경우는 열기를 일부 식혀 주는 행위로 좋은 작용을 하는 경우도 많기 때문이다.

	따라서 축미충은 수기(水氣)를 보고 판단해야 한다. 축미충이 사주원국에 있는 사람은 재물 욕심이 강한 편이어서 사업이나 장사와 잘 맞다.
자미원진 (子未怨嗔) 인미귀문 (寅未鬼門)	자미원진(子未怨嗔)은 인미귀문(寅未鬼門)과 오행의 생극은 상반되지만 그 작용은 비슷한 양상을 보인다. 원래 원진과 귀문은 비슷한 작용으로 하는 흉살로 이혼, 이별 등 부부간의 갈등으로 유명하지만 실제로는 사기, 손실 등 경제적인 면에서 나쁜 작용을 하는 경우가 더 많다. 이 시기에는 현상 유지 및 수성하는 것이 좋으며 특히 투자, 확장은 금물이다. 왜냐하면 올바른 판단이 어려운 시기이기 때문이다.

을미일주(乙未日柱)의 알레르기
술미형살(戌未刑殺) / 축미충(丑未沖) /
자미원진(子未怨嗔), 인미귀문(寅未鬼門)

마. 을유일주(乙酉日柱)의 특성

을유일주(乙酉日柱)를 보는 순간 떠올려야 할 것은 식신제살(食神制殺)이다. 즉 을유일주에 정화(丁火)가 있다면 일단 서류전형에서 합격 판정을 받은 것과 같다.

을유(乙酉)는 바위 위의 초목으로 을미일주와 비슷한 척박한 환경 속에 놓여 있는 일주이다. 물리적 힘으로 보면 을미보다도 더 열악할 수도 있다. 그래서 을유일주에 화(火)가 전혀 없다면 단명하는 사주가 된다.

을목(乙木)은 신금(辛金)을 가장 두려워한다. 을유일주에 화(火)가 없는 상태에서 신금(辛金)이 또 들어온다면 최악의 상황이 되는 것이다. 바위 위에 핀 꽃을 떠올려 보자. 바위를 뚫고 바위에 뿌리를 내리고 버티는 모습이 애처롭기까지 하다. 바위란 척박한 환경은 편관을 100% 살(殺)로 작용하게 한다. 예측 불가한 위협들이 일간을 언제든 공격하여 죽일 준비가 되어 있는 것이다.

그래서 이것이 식신(食神)이 있어야 하는 이유이다. 최강의 생존 능력을 가지고 있는 을유일주는 건강상의 사건사고가 늘 빈번하게 발생하는 일주이다.

식신이 있어 식신제살이 되었고 예측 불가한 사건사고를 해결할 힘과 지혜를 가졌다고 해도 인생 자체가 힘들고 고통을 완벽히 해결해 주지는 못한다. 방어하고 극복할 수 있다는 것이 인생 자체가 고통스럽지 않다는 의미는 아닌 것이다. 영웅호걸들이 모두 이렇게 살(殺)을 깔고 앉아 식신으로 위기를 이겨내며 고통스러운 삶을 살아왔다고 봐도 무방하다.

같은 관살(官殺)이라도 금목상전(金木相戰)은 가장 극심한 살(殺)의 역할을 한다. 그래서 갑신(甲申)과 을유(乙酉)는 보는 순간 고통을 떠올려야 한다. '욱'의 기본 성향도 관살이라는 칼에서 나오는 것이다.
또한 을목일간은 곡(曲)의 성향을 가지고 있어 구부러지고 휘고 감는 기질이 있다.

따라서 반드시 지주목이 있어야 성장할 수 있는 기반이 마련된다.
특히 을유는 절지되어 있어 반드시 천간에 갑목(甲木) 또는 경금(庚金)이 있어야 정상에 도달할 수 있는 근거가 마련된다.

을유의 관성(官星)은 남의 시선을 의식하고 남의 의견을 존중하는 신사의 기질을 지녔다. 그래서 법을 지키고 규정을 준수하는 경찰, 검찰, 군인 등의 직업과 잘 어울린다.

을유는 안정감이 결여되어 있어 주변에 토(土)가 있으면 좋다.
단 묘(卯)가 있으면 풍파가 생기고 배우자와 이별할 수 있다. 주변 오행이 좋으면 공직에서도 크게 발전할 수 있다.

◎ 을유일주(乙酉日柱)의 알레르기

합충형해파 (合沖刑害破)	을유일주의 개운법
묘유충 (卯酉沖)	묘유충(卯酉沖)은 여성에게는 남편과 직장에 문제가 생기고 남자에게는 자식이나 직장에 문제가 발생하는 대표 흉살(凶殺)이다. 특히 왕지충(旺支沖)은 그 피해가 극심한 편이며 충격도 대단히 명확하고 강하게 나타난다. 그 외에도 교통사고, 낙상 등 예기치 않은 사건사고가 일어나는 경우도 비일비재하다. 하여 묘유충 시기에는 부부 관계, 직장, 각종 사건사고 등에 철저히 대비해야 한다.
자유귀문 (子酉鬼門)	자유귀문(子酉鬼門)은 습기가 가중되는 형태로 오화(午火)가 필요오행인데 한 개밖에 없을 때 매우 치명적으로 작용할 수 있다. 즉 자오충과 자유귀문이 동시에 가중될 때 시점이 형성된다. 따라서 직장, 건강, 배우자 문제에 대한 대비가 필요하다. 특히 심장·혈관 계통에 병증이 발생할 수 있다. 이 시기에는 남녀 모두 호색(好色)한 경향이 있다.
인유원진 (寅酉怨嗔)	인유원진(寅酉怨嗔)은 금목상쟁(金木相爭)의 기운을 만들어 상호 오행을 훼손시킨다. 주로 부부간 이별, 이혼 및 수술수가 대표적인데 태어난 계절에 따라 싸움의 판도가 달라질 수 있다. 원래 원진은 귀문과 비슷한 작용을 하는 흉살(凶殺)로 이혼, 이별 등 부부간의 갈등으로 유명하지만 실제로는 사기, 손실 등 경제적인 면에서 나쁜 작용을 하는 경우가 더 많다.

> 이 시기에는 현상 유지 및 수성하는 것이 좋으며 특히 투자, 확장은 금물이다. 왜냐하면 올바른 판단이 어려운 시기이기 때문이다.

을유일주(乙酉日柱)의 알레르기
묘유충(卯酉沖) / 자유귀문(子酉鬼門) / 인유원진(寅酉怨嗔)

바. 을해일주(乙亥日柱)의 특성

을해일주(乙亥日柱)는 부평초, 물 위에 떠 있는 꽃이다. 모든 식물은 땅에 뿌리를 내리고 싶은 본능을 가지고 있다. 따라서 을해도 땅을 보면 물 밖으로 나와 땅에 뿌리를 내리고 싶어 한다. 사주에 토(土)가 있다면 다행히 뿌리를 내릴 수 있겠지만 만일 토(土)가 없다면 을해일주는 매우 불안정한 삶을 살 수밖에 없다.

즉 을해일주의 완전필요오행은 화토(土火)가 될 가능성이 매우 높다. 토(土)만 있어도 화(火)가 없다면 무용지물이기 때문이다.

을목(乙木)은 바람처럼 자유로움을 추구하는 생산성 있는 화초이다.
흔히 역마의 기운이라고도 하는데 해수(亥水)를 만나 역마의 기운이 더욱 가중되는 형태를 보여 준다. 그래서 직업이나 주거가 늘 불안정하게 느껴지는 것이다.

사화(巳火)가 들어오면 사해충, 술토(戌土)가 들어오면 천라지망, 진토(辰土)가 들어오면 진해(辰亥)원진귀문 등 흉살(凶殺)의 적용이 많은 일주이다.

따라서 을해일주는 무엇보다도 직업의 안정이 최우선이다.
어릴 때부터 분명한 목표를 설정해 그 길로 꾸준히 나가야만 성공할 수 있다. 기본적 성향은 선생, 공직, 종교 등이 잘 어울리는 직종이다. 겉은 부드러우나 속은 강한 의지가 있다. 활동성이 강하고 총명하나 강한 욕망으로 실패할 수 있다. 특히 물 위에 떠 있는 초목의 형상으로 안정감과 지구력이 부족할 수 있다. 천간에 화(火)가 있으면 좋으나 사화(巳火)가 있으면 주거가 불안정하고 정신적으로 힘들다.

따라서 을해일주는 한 우물 파기가 키워드가 된다.
어릴 때 한 번 정한 진로나, 성인이 되어 처음 선택한 직업과 직장을 끝까지 밀고 나가야 좋다. 이는 을해일주가 직업 변동이 큰 역마의 기운이 내재되어 있기 때문이다.

◎ 을해일주(乙亥日柱)의 알레르기

합충형해파 (合沖刑害破)	을해일주의 개운법
술해(戌亥) 천라지망 (天羅地網)	술해(戌亥)천라지망은 예기치 못한 사건사고로 최악의 상황을 만드는 대표 흉살(凶殺)이다. 특히 월지(月支)를 장악하고 있는 직방살인 경우 더욱 흉(凶)이 가중된다. 천라지망은 하늘과 땅이 모두 그물을 쳐서 절대 빠져나갈 수 없다는 의미를 담고 있다. 주로 부정적 작용으로 육친적으로는 어머니나 배우자 등과의 문제, 사회적으로는 사업, 부도, 실직 등 직업적인 것, 신체적으로는 수술수, 질병 등 그 종류도 다양하다. 천라지망이 들어올 경우 절대 수성하며 현상 유지를 해야 한다.
사해충 (巳亥沖)	사해충(巳亥沖)은 생지충(生支沖)이라 하며 시작의 의미를 지니고 있다. 그래서 그 작용도 좋은 시작과 나쁜 시작이 구분되는 것이다. 그 기준은 활인업(活人業)이나 유흥업이냐에 따라 달라진다. 활인업의 경우 발복하고 유흥업일 경우 실패한다. 또한 유학이나 회사에서의 출장, 순수한 봉사활동, 여행 등은 괜찮지만 유흥성 여행은 피하는 것이 좋다.

진해(辰亥) 원진귀문 (怨嗔鬼門)	진해(辰亥)원진귀문은 매우 지독한 정신적 혼란 작용을 하는 흉살(凶殺)이다. 전라도 방언에서 '징하다'란 매우 꺼림직하고 어지럽다는 의미로 진해(辰亥)원진귀문으로부터 유래되었다고 한다. 그만큼 끈적이며 힘든 흉살이란 의미이다. 진해(辰亥)원진귀문은 주로 정신적으로 들어오며 공황장애, 우울, 조울, 불안장애 등 초자연적인 현상을 체험하기도 한다. 예를 들면 신을 모시는 행위, 귀신을 보는 행위 등 그 형태도 다양하다. 이 시기는 확장, 투자 금지이다. 왜냐하면 올바른 판단이 어려운 시기이기 때문이다.

을해일주(乙亥日柱)의 알레르기
술해(戌亥)천라지망 / 사해충(巳亥冲) / 진해(辰亥)원진귀문

◆ 《적천수》 천간론 – 을목(乙木)

乙木雖柔. 刲羊解牛. 懷丁抱丙. 跨鳳乘猴. 虛濕之地. 騎馬亦憂.
藤蘿繫甲. 可春可秋.

을목수유. 규양해우. 회정포병. 과봉승후. 허습지지. 기마역우.
등라계갑. 가춘가추.

■ 해설

을목(乙木)도 갑목(甲木)과 마찬가지로 여름에는 수(水)를 필요로 하고 봄, 가을, 겨울에는 화(火)가 필요하다는 의미이며,

봄에는 나뭇잎이 나기 위해서는 화(火)가 필요하고, 여름에는 건조한 땅을 윤택하게 하기 위해 수(水)가 필요하고, 가을에는 금(金)을 제압하기 위해서 화(火)가 필요하며, 겨울에는 얼어붙은 땅을 녹이기 위해서 화(火)가 필요하다는 것이다.

을목은 지주목이 필요한 오행이다. 지주목이란 을목이 넝쿨처럼 타고 올라갈 수 있는 나무를 의미한다. 경우에 따라선 갑목(甲木)뿐 아니라 경금(庚金)까지 지주목 역할을 할 수 있다.
즉 십성으로 보면 겁재도 도움이 된다는 의미이다.

또 을목(乙木)은 병화(丙火)를 보면 지나치게 무성해질 수도 있어 경계해야 한다.

갑목(甲木)은 성장
을목(乙木)은 생존이 목적이다.

목화(木火)는 삶의 가벼움
수금(水金)은 삶의 무거움

밀란 쿤데라 《참을 수 없는 존재의 가벼움》

삶의 무게와 획일성으로부터 벗어나 자유로움을 추구하는 외과 의사 '토마스'와, 진지한 삶의 자세로 운명적인 사랑을 믿는 '테레사',
자신을 둘러싼 사회적 속박으로부터 철저히 자유롭기를 원하는 화가 '사비나', 그리고 사비나의 애인인 대학 교수 '프란츠' 등
네 명의 남녀를 통해 펼쳐지는 서로 다른 색깔의 사랑 이야기이다.

무거움과 가벼움의 차이가 동전의 앞뒷면처럼 공존하는 토마스는 테레사와 사비나를 동시에 사랑함으로써 자신의 정체성을 찾으려고 한다.
토마스와의 사랑을 운명으로 받아들이는 테레사는 끊임없이 다른 여자를 만나는 토마스의 가치관을 이해하지 못하고 갈등한다. 한편, 자유분방하며 독립적인 삶을 영위하는 사비나는 가벼운 삶의 대가로 늘 외롭고 공허하다.

사랑과 성(性), 역사와 이데올로기의 소용돌이 속에서 끝없이 갈등과 반목을 거듭하는 이들은 오랜 방황의 세월이 지난 뒤에야 인간이 '참을 수 없이 가벼운 존재'라는 것을 깨닫게 된다.

이 작품은 인간의 삶과 죽음을 가벼움과 무거움이라는 이분법적 측면에서 조명한 소설이다. 밀란 쿤데라는 대조적이며 정형화된 4명의 주인공을 통해 사랑의 진지함과 가벼움, 사랑의 책임과 자유, 영원한 사랑과 순간적인 사랑 등 모순되고 이중적인 사랑의 본질을 드러냄으로써 궁극적으로 인간 존재의 한계를 드러내고자 하였다.

특히 시간의 흐름을 파괴하는 독특한 서술 형식은 이 소설의 주제의식인 니체의 영원 회귀와 교묘하게 대칭을 이룰 뿐만 아니라, 소설의 형식적 측면에서는 포스트모더니즘 기법을 통해 다소 몽환적인 이미지를 연출해 낸다. 또 사랑의 본질보다는 형태적인 면을 강조하며 사랑으로 우리가 얻을 수 있는 것들에 대한 의문을 갖게 한다.

철학적인 주제와 포스트모더니즘 기법이 맞물려 소설은 꿈처럼 전개된다. 다소 모호하고 어렵게 느껴질 수 있는 이 소설에서 한 가지 기억해야 하는 것은 '삶의 가벼움을 추구한다고 해서 삶이 정말 가벼워지지는 않는다'는 것이다.

왜냐하면 삶은 원래 가볍지 않기 때문이다.

가벼움과 무거움은 우리의 삶의 과정에서 시간의 흐름에 따라 변화된다. 공간은 시간에 의해 늘 변화하기 때문에 무거움과 가벼움도 고정되어 있지 않고 순환한다. 즉 가벼움과 무거움은 서로 보완하고 중화되었을 때 편안해질 수 있다.

3) 병화(丙火)의 알레르기

◎ 병화(丙火)의 특성

화(火)는 오행 중 가장 뚜렷한 개성을 지니고 있다.
그것은 화(火)가 빛으로 작용하기 때문이다.
보인다는 것은 남의 시선뿐 아니라 자신에 대한 모습도 스스로 보고 있다는 의미가 있다. 그래서 화(火)가 발달한 사람은 예의가 있고 오상 중 예(禮)의 상징성을 가지고 있다.
화(火)의 작용은 크게 두 가지로 나눌 수 있다. 빛과 열의 작용이다.

구분	빛(光)	열(熱)
작용	보이다 보여지다 광합성 간접 작용	만들다, 섞이다 빠르다, 흡수하다 익히다, 결실을 맺다 직접 작용
목적	드러냄으로 목적 실현 사회적인 성패	완성함으로 목적 실현 개인적인 성취

화(火)는 불규칙하고 불안정하다. 화(火)의 이런 속성은 확장성 때문이다.
화(火)의 확장성은 확산, 팽창, 분열, 생식으로 인해 만들어진 것이다.

이를 제어하기 위해서는 토금수(土金水)의 역할이 필요하다.
토금수의 역할이 없는 화(火)는 무한 분열, 팽창, 확산하다가 한순간 꺼진다.
따라서 화(火)의 확장성을 제어하는 방법은 아래와 같다.

오행 구분	화(火)의 확장성 제어	비고
토(土)	화(火)의 분열, 팽창, 염상(炎上)의 기운을 땅속에 고정하여 화(火)의 확장성을 한정해 준다.	습토(濕土)가 필요 조토(燥土)는 불필요
금(金)	화(火)의 기운을 씨앗 형태로 저장, 차단하여 금생수(金生水), 수생목(水生木)을 통해 화(火)의 기운을 드러낸다.	금(金)이 약할 경우 저장 기능을 상실한다.
수(水)	화(火)의 기운을 약화시키며 제어하는 화기(火氣)가 강할 경우 오히려 화(火)에 의해 능욕을 당할 수 있다.	수기(水氣)가 강할 경우 화기(火氣)가 완전히 제거될 수도 있다.

화(火)는 목(木)을 만나면 목(木)을 세상 밖으로 끌어내어 드러나게 하고, 토(土)를 만나면 현실적으로 한정하여 목적 실현을 도모하며, 금(金)을 만나면 미래를 위해 차단, 저장한다. 광합성을 받은 나무가 빛에너지와 열에너지를 수(水)를 통해 씨앗 속에 저장하고 단단한 껍질로 보호하는 것을 의미한다.

금(金)을 만나면 씨앗 속에 정보를 보관하여 수(水)에게 전달한다.

※ 광합성의 빛에너지를 열에너지로 바꿔
씨앗 형태로 저장하여 다시 분열, 복제, 순환한다.

병화(丙火)는 빛과 태양을 상징한다. 봄부터 가을까지 작물을 생장시키기 위해 반드시 필요하다. 병화는 불(火)의 성격상 매우 급하고 맹렬할 것 같지만 실제로는 침착하고 예의 바르며 사리 분별이 정확하다.
거대한 바다 위에 떠 있는 태양처럼 풍요롭고 평화롭다.

그러나 한번 화를 참지 못하고 발산하면 마치 거대한 화산이 대폭발을 일으켜 온 천지를 용암으로 뒤덮듯이 그 위력이 대단하다.
성격적으로도 추진력과 표현력은 좋으나 실수가 많은 편이다.

태양은 만물의 생명을 키워내는 에너지의 근원이다. 목(木)을 만나면 가지를 자라게 하고 토(土)를 만나면 그 기운을 더할 것이다.
병화(丙火)는 강력한 힘을 상징한다. 언제나 지칠 줄 모르는 열혈 청년처럼 정열적으로 기운을 발산한다. 아무리 단단한 금(金)일지라도 녹일 수 있고 자신을 극하는 물(水)을 만나도 용감한 장수처럼 죽을 때까지 싸운다. 결코 물러섬이 없는 강한 존재이다.

그러나 때로는 사랑에 빠진 청년처럼 방향을 잡지 못한 채 이리저리 에너지를 쓸데없이 소비하고 스스로의 열정에 못 이겨 슬그머니 꺼져 버리기도 한다. 병화(丙火)가 임수(壬水)를 만나면 잔잔한 바다에 햇살이 비쳐지는 눈부시고 평화로운 풍경이다. 그러나 실제 임상에서는 양극양(陽剋陽)의 수극화(水剋火)로 치열하게 싸울 수 있는데 수화미제(水火未濟)가 되어 균형이 무너졌을 때이다.

◆ 《적천수》 천간론 – 병화(丙火)

丙火猛烈. 欺霜侮雪. 能煅庚金. 逢辛反怯. 土衆成慈. 水猖顯節.
虎馬犬鄉. 甲來焚滅.

병화맹렬. 기상모설. 능단경금. 봉신반겁. 토중성자. 수창현절.
호마견향. 갑래분멸.

병화(丙火)는 맹렬하여 눈서리도 기만하고 업신여기며 경금(庚金)을 능히 제련할 수 있으나 신금(辛金)을 만나면 반대로 겁약하고, 토(土)가 많으면 자비를 베풀고, 수(水)가 창궐하면 충절을 나타내고, 인오술(寅午戌)이 생성되었는데 갑목(甲木)이 오면 반드시 모두 타 버릴 것이다.

■ 해설

병화(丙火)는 순수한 양(陽)의 화(火)이다. 세력이 강하나 보편적이고 에너지를 확산하는 형태를 가지고 있다. 양목(陽木)에게는 최적의 조건을 만들어 주지만 음목(陰木)은 자칫 무성해질 수 있어 조절이 필요하다. 이는 을목(乙木)이 상관(傷官)을 만나 부화뇌동과 착각에 빠지는 현상으로 나타날 수 있다.

따라서 병화에게 목(木)은 음양에 따라 다른 해석을 해야 한다. 금(金)을 만난 병화는 경금(庚金)을 극벌(剋伐)할 수 있으나 신금(辛金)을 만나면 오히려 온순해지고 상향된 기운이 가라앉게 된다. 이는 수기(水氣)가 만들어지기 때문이다.

또한 양금(陽金)인 경금(庚金)에게는 화(火)가 절대적으로 필요하지만 음금(陰金)인 신금(辛金)에게는 화(火)가 오히려 상처를 낼 수 있으므로 한 개 정도 있는 것이 적당하다.

또 천간보다는 지지에 있는 것이 좋다.

왜냐하면 신금(辛金)은 이미 만들어진 금(金)으로 화(火)가 가까이 있으면 형체가 훼손될 수 있기 때문이다.

토(土)를 만난 병화는 현실적으로 안정되어 관인상생(官印相生)의 기운을 만들어 낸다. 조토보다는 습토가 좋으며 화(火)가 습토를 만나면 토(土)의 기운이 매우 풍부해지는데 빙하가 기름진 토양으로 변하는 것과 비슷하다.

따라서 화생토(火生土)는 화(火)의 확산 팽창성을 한정해 주고 씨앗 속의 열기를 보존하여 수목(水木)으로 발현하는 근원이 되어 준다.

수(水)가 화(火)를 만나면 서로 죽이려 하는데 이때 화수(火水)가 통관되어 수화기제(水火旣濟)가 되면 화수(火水)의 균형은 오히려 서로 가치를 만들어 내는 형태가 된다. 그러나 균형이 무너지면 서로 죽거나 죽이는 상전(相戰)이 일어나 좋지 않다. 이를 수화미제(水火未濟)라고 한다.

병화는 임수(壬水)를 만나면 가치가 만들어지지만 계수(癸水)를 만나면 증발되어 오히려 능욕할 수 있다. 이는 음이 양을 극할 때 생기는 역부족 현상이다.

병화(丙火)가 천간에 투간되었는데 지지에 인오술화국(寅午戌火局)이 있으면 갑목(甲木)은 꽃과 열매를 맺는 것이 아니라 불타거나 말라 죽는 형상이 되어 좋지 않다.

가. 병인일주(丙寅日柱)의 특성

초목에 양광(陽光)이 비치는 형상으로, 병(丙)이 인(寅)을 만나 목생화(木生火)가 이루어졌다는 것은 사회적으로 목적 실현이 가능하다는 것을 의미한다. 특히 목화통명(木火通明)으로 배우고 익히는 데 재능이 있으며 활인(活人) 업종에서 성공할 수 있는 일주이다. 활인업 중 최고 좋은 직업은 선생님, 교수 등인데 이때는 토기(土氣)가 적당히 있어 무한 확장하려는 병화를 고정시켜 안정감을 만들어 주어야 한다.

독창성, 배짱, 진취적 기상 등 청년적 기질이 강하다. 다만 지나치게 활동적이고 고집이 세고 욕심이 많을 수 있다. 주변에 토(土), 수(水)가 있으면 중화된다. 단 천간에서 임수(壬水)를 보고 지지에서 신(申)을 만나면 매우 흉(凶)하다. 즉 임신운(壬申運)에서는 매우 조심하고 현상 유지해야 한다. 자칫 교통사고, 낙상, 시비, 폭행 등으로 크게 다치거나 생명을 잃을 수 있고 가정이 파탄 날 수 있으니 주의해야 한다.

일지(日支)에 편인(偏印)이 있으면 쓸데없는 생각과 의심이 많아 스스로를 힘들게 한다. 생각을 단순화하고 매사 긍정적인 사고방식이 필요하다.
병인일주는 토수(土水)가 완전필요오행이 된다. 따라서 토수의 위치에 따라 성패가 결정된다. 토수 모두 지지에 있는 것이 좋은데 특히 수(水)는 직접 극(剋)하거나 능욕당하는 것이 좋지 않기 때문이다. 극(剋)은 임수(壬水), 능욕은 계수(癸水)이다.

◎ 병인일주(丙寅日柱)의 알레르기

합충형해파 (合沖刑害破)	병인일주의 개운법
인사신 (寅巳申) 삼형살 (三刑殺)	인사신(寅巳申)삼형살(三刑殺)은 자기 기운이 매우 강해지는 시기이다. 검찰, 경찰, 군인이 직업으로 적합하다. 인사신삼형살이 들어오면 지나친 욕심이 생성되고 추진력도 생성되어 큰 사건사고를 만들어 낸다. 업상대체가 되어 있으면 흉(凶)하지 않지만 투기적, 유흥적 요소가 들어가면 반드시 흉(凶)으로 나타난다. 시비, 관재, 구설을 조심해야 한다. 기본적인 성격은 좋은 편이고 사교성이 있다.
인신충 (寅申沖)	인신충(寅申沖)은 역마충 혹은 생지충이라고도 하며, 새로운 시작을 의미하지만 그 결과는 어떤 일을 하는가에 따라 완전히 달라진다. 순수한 일에 종사할 경우 매우 길(吉)한 작용으로 나타날 수 있지만 유흥과 관련된 일을 하면 대흉(大凶)으로 나타난다. 교통사고, 수술수, 낙상, 폭행 등, 뼈 관련 사건사고가 발생할 수 있어 위험하며 이 시기에는 매사에 조심해야 하고 먼 여행은 금지이다.
인유원진 (寅酉怨嗔)	인유원진(寅酉怨嗔)은 주로 부부 관계, 친구 관계, 형제 관계 등 횡적 관계된 사람들과 분쟁 위험이 있으며 그 외 수술, 사건사고 등으로 다양하게 나타나기도 한다. 금목(金木)이 만나 전쟁을 하는 현상으로 직방살인 경우 그 피해가 극심할 수 있다. 수술수, 교통사고, 각종 질병 등에 대비해야 한다.

> 인유원진은 묘신(卯申)원진귀문과 비슷한 작용을 하는데 그 피해는 정신적, 육친적으로 동시에 발생할 수 있다.

병인일주(丙寅日柱)의 알레르기
인사신(寅巳申)삼형살(三刑殺)/ 인신충(寅申沖) /인유원진(寅酉怨嗔)

나. 병진일주(丙辰日柱)의 특성

병진일주(丙辰日柱)는 화기(火氣)가 한정되어 현실성과 안정감이 뛰어난 일주이다. 병화의 화기는 넓고 보편적이나 강하게 뚫는 추진력과 의지가 강하지 못해 일을 추진함에 있어 용두사미로 끝나는 경우가 많다.

또한 화(火)의 특성상 무한대로 뻗어 나가려는 확장성을 가지고 있어 자칫 잘못하면 횡적으로 무성해지기 때문에 이것저것 직업이나 하는 일이 많아져 전문성과 몰입도가 떨어지는 단점이 발생하여 직업이 불안정하기가 쉽다.

그런데 진토(辰土)가 이를 한정하여 병화의 단점을 중화시켜 안정적으로 만든다. 진토는 습기가 많고 영양분이 풍부한 토양이다.

나무가 자라기 최적의 조건을 만든 땅의 형상이다. 따라서 병진일주는 목(木)이 잘 자라는 구조로 되어 있다. 즉 생산성이 극대화된 일주라고 할 수 있다. 그래서 계획, 기획, 계산, 예측 등 생산성을 추구하는 각종 생각과 아이디어가 풍부하고 목(木)이 있을 경우 추진력도 만족할 만하다. 다만 생각이 지나치게 많으면 오히려 제 꾀에 제가 넘어가는 오류를 범할 수 있으므로 변덕, 욕심 등을 조절한다면 현실적으로 만족할 만한 결과가 나올 것이다.

흔히 병진을 붉은 용(龍)이 조화를 부린다고 한다. 조화가 긍정적으로 쓰일 때는 기획 업무, 제품 개발 등의 생산성이 극대화되지만 나쁘게 작용하면 다 된 일이나 쉬운 일도 모사, 의심, 욕심, 변덕 등으로 실패할 가능성이 높아진다는 단점이 있다.

병진은 구름 속에 가려진 태양의 형상으로 모사, 계획, 상대에 대한 파악 등 참모의 지략이 뛰어나다. 추진력과 배짱은 다소 부족하다.

단 천간에서 임수(壬水)를 보고 지지에서 술토(戌土)를 만나면 일이 뜻대로 풀리지 않거나 몸이 아플 수 있다.

병진일주와 천극지충(天剋支沖)되는 궁합은 상당히 관계가 안 좋을 수 있다. 특히 결혼뿐 아니라 사업 동반자로도 피하는 것이 좋다. 고지충(庫支沖)은 입묘(入墓)현상이 일어날 수 있어서 천간과 지지가 동시에 충격을 받았을 때는 입묘까지 동시에 발생할 수 있기 때문이다. 입묘가 다른 흉(凶)과 가중될 때는 목숨을 잃게 될 수도 있다.

※ 입묘(入墓)란 특정 오행이 무덤으로 들어간다는 의미로 매우 안 좋은데, 만일 용신이 입묘하게 된다면 그 해나 그 달은 특히 조심해야 한다.

◎ 병진일주(丙辰日柱)의 알레르기

합충형해파 (合沖刑害破)	병진일주의 개운법
진사(辰巳) 천라지망 (天羅地網)	진사(辰巳)천라지망은 사주의 최고의 흉살(凶殺)로 어둠 속에서 길을 걷는 현상으로 예측 불가능한 곳에서 사건사고가 발생하는 매우 지독한 현상이다. 직업, 일, 자식, 배우자, 건강 등에서 문제가 생길 수 있다. 현상 유지 및 수성하는 것이 좋으며 투자, 이동, 이직, 이사, 창업, 확장 등의 판단을 금지해야 한다 단 천라지망이라고 할지라도 같은 오행이 천간에 있다면 그 흉(凶)은 반감될 수 있다.
진해(辰亥) 원진귀문 (怨嗔鬼門)	진해(辰亥)원진귀문은 관성(官星)에 문제가 발생하는 경우가 많은데 이는 여성에게는 남자 문제, 직장에 다니는 남성에게는 직장, 자식, 명예 등 다양한 곳에서의 사건사고가 발생할 수 있다. 주로 정신적인 문제가 생기기 쉬운 흉운(凶運)이다. 특히 업무적인 것과 깊은 관련이 있으며 예를 들면 직장 상사나 동료 등으로 인해 스트레스를 받을 수 있다. 현상 유지 및 수성운(守城運)이며, 투자, 이동, 이직, 이사, 창업, 확장 등의 판단을 금지해야 한다
진술충 (辰戌沖)	진술충(辰戌沖)은 원인과 결과에 의해 길흉이 구분되는 성향을 보인다. 인과관계에 의한 결과가 만들어지는 운(運)으로 과거에 만들었던 원인으로 인해 결과가 발생하는 것이다. 원인이 좋으면 좋은 결과로 나타나고 원인이 나쁘면 나쁘게 나타난다.

> 또한 진술충(辰戌沖)은 인생의 큰 변화를 동반하는 경우가 많다. 예전에 자신이 업무적으로 했던 일이나 업무와 관련하여 만든 인연으로 생길 개연성이 크다.

병진일주(丙辰日柱)의 알레르기
진사(辰巳)천라지망 / 진해(辰亥)원진귀문 / 진술충(辰戌沖)

다. 병오일주(丙午日柱)의 특성

병오일주(丙午日柱)는 화기(火氣)가 매우 강한 간여지동 사주로 고집이 강한 듯하지만 기본 성품은 밝고 명랑하며 예의가 있다.

태양 아래 달리는 야생마의 형상으로 역동성을 가지고 있다.

늘 누군가 자신을 보고 있다는 의식이 있어 늘 행동을 조심하는 경향이 있지만 주변 오행에 따라 항상성이 무너질 경우 조급하고 불안장애 등이 올 수 있다. 따라서 스스로 이를 인식하고 행동하기 전에 한 번 더 생각하고 행동하는 습관을 어릴 때부터 연습하면 도움이 된다.

기본 성품은 숨김없는 성격으로 뒤끝이 없고 사람들과도 잘 어울리며 대인관계도 좋은 편이다. 다만 화기(火氣)의 특성상 상향 에너지로 발산되는 기운이 매우 강해 자칫 목(木)이 너무 강하면 고집불통에 타인을 무시하는 경향이 나타난다.

병오일주는 수화기제로 균형을 이루어야 일생이 평온하다. 즉 수금(水金)이 절대적으로 필요하다는 의미이다. 토(土) 중에서도 습토인 진토(辰土)나

기토(己土)는 반갑지만 축토(丑土)는 오히려 신경을 자극하여 예민하게 만들며 하던 일도 중단이 생기는 부작용이 있다.

병오일주가 수기(水氣)가 없으면 극단적인 성향이 강하고 권위적이면서도 개방적인 이중성을 지닌다. 낙천적 기질이 있으나 사기당할 위험성이 많다. 조급증이 있어 다 된 일도 실패로 끝날 수 있다. 따라서 병오일주 주변에 수(水)가 있는지 확인하고, 있다면 수화기제가 되었는지 살피고, 만일 그래도 화기(火氣)가 너무 강하면 습토로 설기(洩氣)시키는 것이 좋다. 습토는 화기(火氣)를 땅속에 보관하여 한정시키는 기능이 있다.

◎ **병오일주(丙午日柱)의 알레르기**

합충형해파 (合冲刑害破)	병오일주의 개운법
축오(丑午) 원진귀문 (怨嗔鬼門)	축오(丑午)원진귀문은 자신의 건강과 배우자 문제, 그리고 형제, 자매, 동료, 친구 등 육친적으로는 횡적, 수평적으로 관계된 사람들과의 분쟁이 생길 개연성이 높다. 화기(火氣)가 강하기 때문에 오화(午火)가 훼손되어도 큰 문제는 발생하지 않는다. 즉 다른 일간보다 축오(丑午)원진귀문은 영향을 덜 받는다는 의미이다. 이는 병화가 투간되어 있어 강하기 때문이다.
자오충 (子午沖)	현상 유지, 결혼, 투자, 이동, 이직, 이사, 창업, 확장 등의 판단을 금지하고 음주, 시비, 구설 등을 조심해야 한다. 자오충(子午沖)은 주로 배우자 문제, 자신의 건강 문제, 직장 문제 등 다양하게 사건사고가 발생할 수 있다. 다행히

| | 다른 일주에 비해 충격이 약한 편인데 이는 병화(丙火)가 투간(透干)되어 있어 강하기 때문이다.
즉 화(火)가 천간지지에 두 개 있기 때문에 한 개가 충격을 받아도 다른 하나로 버틸 수 있는 원리이다. 예를 들면 신장이 두 개 있는 사람은 다른 사람에게 신장 한 개를 기부해도 살 수 있지만, 신장이 한 개밖에 없는 사람은 한 개가 없으면 살지 못한다.
결혼, 투자, 이동, 이직, 이사, 창업, 확장 등의 판단을 금지해야 한다. |
|---|---|
| 오오자형
(午午自刑) | 오오자형(午午自刑)은 열기가 가중되는 형태로 사주에 수기(水氣)가 없을 때는 매우 치명적으로 작용할 수 있다. 다만 종격(從格) 사주는 예외이며 미토운(未土運) 때 열기가 더욱 가중되는 형태를 보인다.
오미합(午未合)은 열기를 최대치로 끌어올리는 기능을 한다. 투자, 이동, 이직, 이사, 창업, 확장 등의 판단을 금지해야 하고, 음주, 시비, 구설 등을 조심해야 한다. |

병오일주(丙午日柱)의 알레르기

축오(丑午)원진귀문 / 자오충(子午沖) / 오오자형(午午自刑)

라. 병신일주(丙申日柱)의 특성

병신일주(丙申日柱)는 결과보다는 과정이 중요한 재미와 흥미, 유흥적 성향을 지니고 있는 일주이다. 기본적으로 언변이 뛰어나고 머리가 비상하여 기획, 계산, 예측 등에서 탁월한 성과를 내는 경우도 많다. 또한 손재주와 공간 감각이 탁월하여 한번 본 것이나 만져 본 것은 본능적으로 재구성할 수 있는 능력을 가지고 있는 경우가 많다.

만일 신금(申金) 옆에 습토가 있으면 평생 재물이 마르지 않아 돈 걱정 없이 사는 일주가 되기도 한다. 물론 운(運)에 따라 상황이 달라지겠지만 재물적인 면에서는 유리하다는 의미이다. 그러나 옆에 목(木)이 있으면 매우 강한 고통이 발생할 수 있다.

병신일주는 주변 오행과 통기(通氣)가 잘 되면 역동적인 에너지로 쓰이지만 반대의 경우라면 폭력 성향과 교통사고 등의 사건사고가 많은 구조로 변한다. 이는 역마의 기운으로 인한 것이다.
또한 성향적으로 욕심이 많고 재물에 대한 집착이 있다. 잘 발현되면 부자가 될 수 있지만 잘못하면 범죄자가 될 수 있는 극단적인 구조인 것이다.

중요한 것은 수(水)의 여부이다. 금(金)이 제어하는 화극금(火剋金) 구조가 기본적으로 내재되어 있기 때문에 수기(水氣)가 어떻게 구성되어 있는지에 따라 운명의 길흉이 나뉘진다고 할 수 있다.

병신일주에 수(水)가 있으면 화려한 것을 좋아하고 다재다능한 면이 있다. 변화와 모험을 좋아하고 개방적인 성격이 강하며 적응력이 뛰어나다. 단 천간에서 임(壬)을 보고 지지에서 인(寅)을 만나면 매우 위태로운 일(교통사고, 낙상, 수술)이 발생할 수 있다.

◎ 병신일주(丙申日柱)의 알레르기

합충형해파 (合沖刑害破)	병신일주의 개운법
묘신(卯申) 원진귀문 (怨嗔鬼門)	묘신(卯申)원진귀문은 정신적 병증과 재물, 배우자, 건강 등에서 문제가 발생될 개연성이 매우 크다. 특히 자신뿐 아니라 배우자 등 가족 중에 수술, 사고 등이 발생하는 경우가 많다. 또한 신체적, 정신적, 감정적으로 매우 불안정하며 우울, 조울, 공황장애 등 감정 조절이 다소 힘든 상황이 발생하기 쉽다. 현상 유지, 수성운이며 투자, 이동, 이직, 이사, 창업, 확장 등의 판단을 금지하고 음주, 시비, 구설을 조심해야 한다.
인신충 (寅申沖)	인신충(寅申沖)은 주로 교통사고, 낙상 등 예측 불가의 사건사고에 의해 다치는 경우가 흔하다. 그러나 신체적 병증 외에도 이혼, 사업 부진, 투자 오판 등 욕심으로 인해 큰

	실패를 볼 수 있는 흉운이다. 따라서 이 시기에는 투자, 확장, 투기는 절대 하지 말아야 한다. 교통사고, 낙상, 수술수, 이혼, 실직, 투자, 사기, 관재 등의 사건사고를 조심해야 한다.
사신형살 (巳申刑殺)	사신형살운(巳申刑殺運)이 오면 욕심이 생기고 판단 착오 현상이 발생하기 쉽다. 무관직인 검찰, 군인, 경찰, 교도관, 감사직 등 관직으로 진출하면 좋다. 따라서 사업하는 사람은 이 시기에는 투자, 확장, 이동 등은 모두 금지이다. 형살은 충(沖)과 비슷하게 욕망을 자라나게 하는 에너지가 있다. 그것을 조절하지 못하면 돌이킬 수 없는 상황에 직면할 수 있다.

병신일주(丙申日柱)의 알레르기
묘신(卯申)원진귀문 / 인신충(寅申沖) / 사신형살(巳申刑殺)

마. 병술일주(丙戌日柱)의 특성

병술일주(丙戌日柱)는 매우 건조한 상태로 수기(水氣)가 전혀 없는 척박한 환경이다. 뜨거운 태양과 건조한 토양이 있어 목(木)을 키울 수 없는 환경이므로 생산성이 가장 약한 일주 중 하나이다. 따라서 병술일주는 반드시 수기(水氣)가 있어야 생산성이 담보된다. 만일 수기가 없다면 습토라도 있어야 좋다.

병술일주는 정미일주(丁未日柱)보다 더 척박한 환경이라 할 수 있다. 술토(戌土)는 양목(陽木)조차 뿌리를 내리기 어려운 메마른 자갈 토양이기 때문이다. 또한 무토(戊土)처럼 광산으로서 쓰임새도 거의 없는 거친 황무지이다.

유일한 효용 가치는 창고의 역할이다. 비교적 큰 창고여서 많은 재물을 담을 수 있다. 물론 수기(水氣)가 계속 항상성을 유지할 수 있는 금생수(金生水) 구조가 뒷받침되어야만 가능한 일이다. 즉 병술(丙戌)의 성패와 길흉은 금생수에 의해 결정된다.

기본 성향은 남들과 타협하기 어려운 성품이며 주체적, 독단적인 기질과 의협심이 강하고 감정 기복이 심하다. 집념과 의지력이 있어 일을 잘 성사시키는 편이다. 부부 관계는 좋은 편은 아니며 여성의 경우 관고(官庫)가 되면 이혼, 사별 등 육친적으로는 안 좋은 사건사고가 일어나기 쉽다. 주변에 금생수와 천간에 목(木)이 있으면 좋으나 진토(辰土)와 만나면 다툼이 생기고 일이 중단된다. 이성 교제가 어려운 성격이다.

◎ 병술일주(丙戌日柱)의 알레르기

합충형해파 (合沖刑害破)	병술일주의 개운법
술해(戌亥) 천라지망 (天羅地網)	술해(戌亥)천라지망은 현재 진행하고 있는 사업, 일, 추진하는 목표 등에 문제가 발생할 가능성이 높은 흉운이다. 그 외에도 관재, 구설, 시비, 이동, 수술, 망신 등 예기치 못한 사건사고들로 심신이 힘들어질 수 있다. 이 시기는 현상 유지 및 수성운이며, 투자, 이동, 이직, 이사, 창업, 확장 등의 판단을 금지하고 음주, 시비, 구설을 조심해야 하며 특히 새로운 일의 추진과 사람과의 만남은 피하는 것이 좋다.
사술(巳戌) 원진귀문 (怨嗔鬼門)	사술(巳戌)원진귀문은 주변 오행에 따라 그 양상이 크게 달라지지만 공통분모는 배우자나 자식 문제, 공황장애, 우울, 조울, 불안, 긴장 등의 정신적 문제로 평소와 다르게 예민해지고 힘든 시기이다. 연애, 부부 관계는 이별수가 있으니 각별히 유의해야 한다. 현상 유지 및 수성운이며, 투자, 이동, 이직, 이사, 창업, 확장 등의 판단을 금지하고 음주, 시비, 구설을 조심해야 한다.
축술형살 (丑戌刑殺)	축술형살운(丑戌刑殺運)이 들어오면 의사, 한의사, 약사 등 의료업 종사자들에게는 길운(吉運)으로 작용되는 경우가 많으나 유흥과 관련된 직종에서는 어려움이 예상되는 시기이다. 욕심이 생기고 판단 착오 현상이 있으며, 투자, 이동, 이직, 이사, 창업, 확장 등의 판단을 금지하고 음주, 시비, 구설을 조심해야 한다.

진술충 (辰戌沖)	진술충(辰戌沖)은 인과관계에 의한 결과가 만들어지는 운(運)으로서 진로 변경, 창업, 투자 등 신중한 결정이 필요한 시기이다. 특히 진급이나 진학, 결혼, 창업, 전업 등 큰 변화가 만들어지는 시기이므로 월운까지 상세히 보고 판단하는 것이 필요하다. 진술충은 한마디로 고속도로 I.C이다. 큰 변화의 바람이 시작되는 지점이다.

병술일주(丙戌日柱)의 알레르기
술해(戌亥)천라지망 / 사술(巳戌)원진귀문 / 축술형살(丑戌刑殺) / 진술충(辰戌沖)

바. 병자일주(丙子日柱)의 특성

태양이 호수를 비추는 형상으로 낭만적인 면이 있으면서도 현실적이고 목적 지향적인 성향을 보이나 끈기와 지구력 있게 밀고 나가는 힘은 약한 편이다.

일지(日支)의 수(水)의 기운은 병화(丙火)의 에너지를 축소, 약화시키는 역할을 한다. 화(火)의 기본 속성인 확장, 팽창, 분열하는 에너지를 약화시켜 화(火)인데 화의 기질이 잘 나타나지 않는 대표 일주(日柱)이다.

즉 활달하고 역동적인 면이 없고 차분하고 오히려 지지(地支)에 신자진수국(申子辰水局)이 형성되면 우울증을 걱정하는 상황에 이르기도 한다. 처음에는 기세등등하게 시작하지만 용두사미로 쉽게 지치고 중도에 포기하는 모양이다. 그러나 양목(陽木)이 가까이 있으면 병화의 에너지가 되살아난다.

따라서 병자일주의 성패는 목(木)에 따라 결정되고 길흉은 수(水)에 따라 큰 영향을 받는다고 할 수 있다. 또 반대로 지지가 모두 화목(火木)의 기운이 강하면서 병화(丙火)까지 투간되어 있다면 자수(子水)가 증발하여 매우 흉하다. 이는 건강과 직결되어 생명과도 밀접한 관계가 있으므로 운(運)의 동태를 면밀히 관찰하여 대비해야 한다.

기본 성향은 편관의 기질이 있어 무모함과 도전, 모험 정신이 있다. 그러나 고집과 주관이 약하고 의타적인 경향이 있다. 항상 타인에게 보여지는 모습을 신경 쓰고 올바른 모습을 보여 주려 애쓴다. 현실감각이 있고 총명하며 임기응변이 좋다.

주변에 목(木)이 있으면 좋고, 월지(月支)에 사화(巳火)가 있으면 매우 활동적이고 정열적인 사람이 된다. 사업, 장사보다는 직장인이 더 어울린다.

◎ 병자일주(丙子日柱)의 알레르기

합충형해파 (合沖刑害破)	병자일주의 개운법
자오충 (子午沖)	자오충(子午沖)은 수극화(水剋火)의 기본 원리로 인해 왕자충발(旺者沖發)인데도 불구하고 그 영향이 제한적이다. 그러나 남녀 모두에게는 직장과 건강 문제, 여성에게는 남자 문제가 주변 상황에 따라서는 심각하게 전개될 수도 있다. 부부 관계, 연인 관계에 이별수가 있고 수술수, 각종 사건 사고수가 있다. 특히 이성적(남녀 문제)으로 구설수가 있는 운(運)이다. 현상 유지하는 것이 최선이다.
자미원진 (子未怨嗔)	자미원진(子未怨嗔)은 토극수(土剋水)의 작용이 나타난다. 주로 배우자와의 갈등이 많은데 이혼까지 이어지는 경우가 간혹 있지만 심각한 상황까지는 연출되지 않는 경우가 대부분이다. 현상 유지해야 하며 투자, 이동, 이혼, 이직, 이사, 창업, 확장 등의 판단을 금지하고 음주, 시비, 구설 등을 조심해야 한다.

자유귀문 (子酉鬼門)	자유귀문(子酉鬼門)은 금생수(金生水)의 원리에 따라 좋을 것 같지만 실제 현상은 목적 달성이 어렵고 지체 현상이 나타난다. 이는 유금(酉金)의 특성이 완전 차단된 겨울의 길목이라 수(水)를 생(生)해 주는 것이 아닌 오히려 물을 가두고 고정하는 역할을 하기 때문이다. 즉 계절적 변화와 관련이 깊다. 수성운이며 투자, 이동, 이직, 이사, 창업, 확장 등의 판단을 금지하고 음주, 시비, 구설을 조심하며 관재, 소송 등을 주의해야 한다.

병자일주(丙子日柱)의 알레르기
자오충(子午沖) / 자미원진(子未怨嗔) / 자유귀문(子酉鬼門)

4) 정화(丁火)의 알레르기

◎ 정화(丁火)의 특성

정화(丁火)는 등불이나 촛불을 말하는 것이 아니다. 단지 병화(丙火)에 비해 유중(柔中), 즉 부드럽고 여성적이라는 것이다.
신금(辛金)으로부터 을목을 보호하고, 천간(天干)에 갑을(甲乙)이 있으면 가을의 금(金)도 두려워하지 않으며, 지지(地支)에 인묘(寅卯)가 있으면 겨울에 태어나도 수(水)를 두려워하지 않는다.
위와 같이 《적천수》에 나와 있는 내용은 정화(丁火)의 특성과 역할을 잘 말해 주고 있다. 정화가 병화와 달리 맹렬하지 않고 부드럽고 유연하다는 것은 쓰임새와 작용 등 성향이 다른 것일 뿐 본질은 다르지 않다는 의미가 포함되어 있다.

비유하자면 병화는 주로 빛으로 작용하여 보여지고 드러나게 하는 것이 목적이라면, 정화는 주로 열로 작용하여 만들고 완성하는 것에 쓰임새가 있다는 의미이다.
또한 같은 화(火)일지라도 병화는 보편적이고 광범위하게 작용하지만 정화는 특수하고 범위를 한정하여 작용하는 특성이 있다.

병화는 지상에 있는 모든 나무에게 영향을 미친다면 정화는 비닐하우스 안에 있는 나무에게만 영향을 준다. 그래서 병화는 자연스럽고 정화는 인공적인 특성이 발현되는 것이다.

◆ 정화(丁火)와 병화(丙火)의 특성 비교

구분	정화(丁火)	병화(丙火)
특성	특수성(집중력) 한정성(작은 범위)	보편성(확장성) 무한성(광범위)
작용	주로 열로 작용 ★빛(光)으로도 작용	주로 빛으로 작용 ★열(熱)로도 작용
목적	한정해서 만들다, 완성하다. 한정해서 보여주다.	광범위하게 보여지다, 드러내다. 광범위하게 만들다.
성향	부드럽고 유연하다. 집중력이 있다. 유중(柔中)	강하고 사납다. 집중력이 약하다. 맹렬(猛烈)

또한 정화(丁火)의 가장 중요한 목적은 편관(偏官)인 살(殺)로부터 일간인 을목(乙木)을 보호해 주는 것이며 이를 효도한다고 비유했다. 여기서 효도의 의미는 을목에게 정화가 자식인 식신(食神)에 해당한다는 것이다.
따라서 정화의 최고 역할은 식신제살(食神制殺)임을 알 수 있다.

식신제살은 살(殺)의 크기와 형태에 따라 식신의 제살, 방어 능력이 결정된다. 이 말의 의미는 식신만 있다고 해서 무조건 100% 제살이 된다는 것이 아니다. 식신을 도와줄 수 있는 비겁(比劫)이 있어야 지속적이고 안전하게 살(殺)로부터 을목(乙木)을 보호할 수 있다는 의미이다.

정화가 식신에 해당하면 일간은 을목이 되는데 이 경우 정화의 위치는 월간(月干)이 가장 좋다. 식신 자리로 월간이 가장 좋은 이유는 일간(日干)을 보호하기 가장 좋은 위치이기 때문이다.

정화(丁火)는 천간의 음화(陰火)로 열과 빛의 두 가지 작용을 하고 있으며 병화(丙火)처럼 횡적 보편성보다는 종적 특수성, 전문성 등 깊이와 관련이 있다. 따라서 집중력이 뛰어나 한 분야에서 장인이나 전문가로 그 역량이 발휘되기 쉬운 구조로 되어 있다.

즉 정화는 남들과 차별화되는 특수성을 지닌 업무에 잘 맞고 전문성을 지닌 직업에 적합하다. 예를 들면 의사라고 해도 일반적인 내과나 외과 등이 아닌 혈액 담당 의사, 사진 판독 의사 등 보편적이지 않지만 특수한 분야에서 역량을 발휘할 수 있는 능력을 가지고 있다.

다만 정화의 에너지가 지속적으로 발산되기 위해서는 목(木)이 절대적으로 필요하다. 즉 목생화(木生火)의 구조가 잘 발현되어 있어야 흔들리지 않고 지구력 있게 뚫고 나가는 힘이 만들어지는 것이다.

그런데 이때 주의해야 할 것이 있다. 정화는 작은 불이다. 갑목(甲木)이 들어오면 불이 왕성해지지 못하고 오히려 꺼지는 현상이 일어날 수 있기 때문이다. 이를 목다화식(木多火熄)이라고 하는데 더 정확한 표현은 목대화식(木大火熄)이다. 정화는 목(木)이 많아서 꺼지는 것이 아니라 목(木)이 크거나 강해서 꺼지는 현상이 일어난다. 이를 비유하자면 작은 장작불에 큰 통나무를 통째로 넣으면 불이 오히려 꺼지는 현상이 일어나는 것이다. 이는 작은 불로는 큰 나무를 태울 수 없는 이치인 것이다.

그래서 정화(丁火)가 갑목(甲木)을 만나면 반드시 경금(庚金)이 함께 있어야 한다. 이를 벽갑인정 혹은 벽갑인화라고 한다.

큰 나무를 경금(庚金) 도끼로 잘게 쪼개어 장작화시켜 정화(丁火)를 살려야 한다는 의미이다.

실제 목다화식이나 목대화식운에서 사건사고로 사망하는 경우도 자주 발생한다. 예를 들면 인신충(寅申沖), 묘유충(卯酉沖) 등과 갑목운(甲木運)이 함께 들어오는 경우 경금(庚金)이 없다면 인신충 묘유충은 교통사고를 만들고 목다화식으로 죽음에 이르게 한다.
따라서 정화는 늘 목다화식과 벽갑인정을 인지하고 있어야 한다.

- **벽갑인정(劈甲引丁)**: 큰 나무를 쪼개서 장작으로 만들어 약한 정화(丁火)를 살린다.
- **벽갑인화(劈甲引火)**: 큰 나무를 쪼개서 장작으로 만들어 약한 화기(火氣)를 강화시킨다.
- 특수성, 전문성, 종적, 깊이, 집중, 초점, 정밀, 깊숙이 뚫는 에너지

◆ **정화(丁火)의 감성론**

정화(丁火)는 정득성광(丁得星光)이라 하여 밤하늘의 빛나는 별빛을 나타낸다. 정화의 가치를 만들어 주는 것은 짙은 어둠이라는 의미이다.
빛은 어둠에 의해 가치가 만들어진다는 의미를 담고 있는 것이다.

그러나 이것을 음양오행의 생극에 적용하면 일부 맞지 않는다. 음(陰)이 음(陰)을 만날 때 빛과 어둠은 가치를 만들어 내지 못하고 극(剋)하는 형

상으로 바꿔기 때문이다.

음화(陰火)인 정화가 양수(陽水)인 임수(壬水)나 해수(亥水)를 만나면 정득 성광이 되어 정화의 가치가 만들어지지만 음수(陰水)인 계수(癸水)와 자수 (子水)는 상극(相剋)의 관계로 오히려 정화의 가치를 훼손시킬 수 있다.

이때 지지(地支)의 자수는 천간에 임계수(壬癸水)의 투간 여부에 따라 가치가 결정된다. 즉 천간에 임수가 있으면 정화는 반짝이는 별빛이 되어 밤하늘에서 가치를 만들 수 있다.

그러나 천간에 계수가 있다면 지지의 자수(子水)는 살(殺)이 투간된 형상으로 정화를 극하는 기운으로 사용된다.

> **정화(丁火)의 형상**
> "내가 빛을 만드는 동안 너는 나의 빛을 사랑해 다오"라며
> 자신을 태우면서 끝없이 자신을 사랑해 달라고 속삭인다.
> 정화(丁火)는 은은한 달빛 아래 핀 꽃처럼 곱고 아름답다.

◆ 《적천수》 천간론 - 정화(丁火)

丁火柔中. 內性昭融. 抱乙而孝. 合壬而忠. 旺而不烈. 衰而不窮.
如有嫡母. 可秋可冬.
정화유중. 내성소융. 포을이효. 합임이충. 왕이불렬. 쇠이불궁.
여유적모. 가추가동.

정화(丁火)는 부드럽고 중용을 지키니 그 성품이 밝고 지혜로우며 을(乙)을 만나면 효도하고, 임(壬)과 합(合)하여 충성하고 왕(旺)하여도 치열하지는 아니하고, 쇠약하여도 곤궁하지 않으며, 갑(甲)만 있으면 가을도 좋고 겨울도 좋다.

■ 해설

정화(丁火)가 을목(乙木)을 만나면 신금(辛金)으로부터 을목을 보호한다. 따라서 이를 효도한다고 하는 것이다.

정화가 임수(壬水)를 만나면 목(木)으로 변화한다. 따라서 무토(戊土)가 임수를 극(剋)할 경우, 정화가 무토로부터 임수를 보호하게 된다. 임수에게 정화는 관성(官星)이니 충성한다고 한 것이다.

정화는 유순하고 중용의 덕(德)이 있어 왕성하더라도 지나치지 않고 쇠약하더라도 없어지지는 않는다.

정화는 갑을목(甲乙木)이 투출되어 있으면 가을에도 금(金)이 두렵지 않고, 지지에 인묘(寅卯)가 있으면 겨울에도 두렵지 않다.

가. 정축일주(丁丑日柱)의 특성

정축일주(丁丑日柱)는 한겨울 달빛을 벗 삼아 바느질하는 어머니의 모습이다. 타고난 근면성실함으로 한겨울의 추위를 이겨 내고 새 봄을 맞는 기운이다.
그러나 여성의 경우 축토(丑土) 속의 계수(癸水)가 관고(官庫)가 되어 배우자와 인연이 약한 것이 단점으로 작용한다.
또한 식신(食神)을 두고 있어 기본적인 성향은 따뜻하나 감정 기복이 심하고 정신적으로 예민하여 순간적으로 욱하는 성향과 통이 다소 작아 큰일을 도모하기 어려운 단점이 있다.
그래서 정축일주가 가장 반가운 것은 천간에서 병화(丙火)와 갑목(甲木)을 보는 것이다.

동토(冬土)가 따뜻한 햇살에 의해 녹으면 무수한 양분들이 살아나 축토는 나무를 키울 수 있는 옥토가 된다.
정화는 음화(陰火)로 축토를 녹이기에는 역부족이다.
이는 정화 단독으로는 축토를 화생토(火生土)할 수 없다는 의미이다.

장점으로는 깊이 파고드는 식신의 성분으로 한 분야의 전문가가 되기 쉽고 팔방미인은 아니지만 근면성실과 한 우물을 파는 습성으로 작은 부자는 될 수 있다.

남성의 경우는 재성(財星)이 고(庫)에 들어가 있어 재물복은 있으나 배우자와의 관계는 좋지 않을 가능성이 높다. 즉 남녀 모두 배우자 관계는 나쁘기 쉽지만 재물복은 있는 편이다.

성향적으로는 모성애가 강하고 예술적 재능 혹은 손재주가 있는 편이다. 지혜롭고 총명하다. 학문에 대한 열정이 있으나 끈기가 부족한 면이 있고 고지식하다. 변덕이 있어 추진하던 일의 중단이 잦다.

천간에서 임(壬)과 지지에서 유(酉)를 만나면 결혼하거나 사랑에 빠지고, 천간에서 계(癸)와 지지에서 오(午)를 만나면 이혼이나 결별할 가능성이 높아진다.

◎ 정축일주(丁丑日柱)의 알레르기

합충형해파 (合沖刑害破)	정축일주의 개운법
축오(丑午) 원진귀문 (怨嗔鬼門)	축오(丑午)원진귀문은 불안, 초조, 긴장, 걱정 등 정신적 피로가 강해지는 시기이다. 심리적, 정신적으로 문제가 발생하면 가장 먼저 영향을 받는 것은 수면장애이고 식욕 부진이나 폭식 등 건강과 직결된 현상이 발생하기 쉽다. 이때 명상을 하거나 인문서를 읽으면 정신적 이완에 도움이 된다. 부부 관계, 이별수, 수술수, 각종 사건사고수가 있으며 이 시기에는 수성, 현상 유지가 최선이다.

축미충 (丑未沖)	축미충(丑未沖)은 과거에 일어났던 어떤 사건사고가 현재에 이르러 결과로 나오는 시점이 되는 경우가 많다. 원인이 좋으면 결과도 좋겠지만 원인이 나쁘면 좋은 결과는 기대하기 어렵다. 비교적 작은 규모의 사건사고일 가능성이 높다. 그러나 식신(食神)이 훼손되는 운(運)이기 때문에 방심하면 안 되며 특히 건강과 일에 관련하여 조심해야 한다. 이 시기는 현상 유지운이며 투자, 이동, 이혼수, 이직, 이사, 창업, 확장 등은 금지해야 하고 시비, 구설을 조심해야 한다.
축술형살 (丑戌刑殺)	축술형살(丑戌刑殺)이 사주원국에 있을 때에는 예술 계통이나 의료, 활인, 종교적 계통 업종에서 두각을 나타낼 수 있는 기운을 지니고 있다. 그러나 사주원국에 축술형살이 없는데 운(運)에서 축술형살이 형성된다면 지금 하는 일이 어떤 일인지 판단하는 것이 중요하다. 즉 지금 하는 일이 순수한 것인지 욕심인지를 판단해서 실행해야 한다. 순수한 것(활인 업종)이라면 실행해도 좋다. 그러나 반대의 경우라면 현상 유지하는 것이 최선이다.

정축일주(丁丑日柱)의 알레르기
축오(丑午)원진귀문 / 축미충(丑未沖) / 축술형살(丑戌刑殺)

나. 정묘일주(丁卯日柱)의 특성

따뜻한 봄날 달빛 아래서 뛰어노는 토끼 형상으로, 평화롭고 낭만적인 형상을 하고 있으나 실제는 생각이 지나치게 많고 마음과 행동은 따로 떨어져 있어 잠 못 드는 밤이 많은 일주이다.

생각이 많다는 것은 행동이 제약되고 안정성이 약해진다는 것을 의미한다.

정묘일주(丁卯日柱)는 배움에 대한 열정이 대단하고 호기심이 많아 연구 분야나 선생님 등 학술적 재능이 뛰어난 일주이다. 다만 한곳에 정착하지 못하고 이리저리 돌아다니는 성향이 있다. 한 분야를 깊이 연구하기보다는 이곳저곳 기웃거리는 경향이 있는 것이 단점이다. 그래서 감정 기복과 변덕으로 인해 성공 직전에서 멈춤 현상이 가장 많이 일어나는 일주이다. 하여 정묘일주가 성공하기 위해서는 한 우물만 열심히 파는 습관을 들여야 한다.

또한 물상적으로 보면 정묘일주의 묘(卯)는 습목이어서 일간인 정화(丁火)를 생(生)해 줄 때 연기가 많이 발생하여 눈물 흘릴 일이 자주 발생하는데, 이때 지지에 술토(戌土)나 사화(巳火)가 있으면 습기를 제거해 주어 좋다. 또 천간으로 병화(丙火)나 갑목(甲木)이 투간되어 있으면 습기가 제거되어 사계절이 모두 편안하다.

묘목(卯木)은 왕지(旺支)의 기운이 도화(桃花)로 나타나 드러나고 보여지는 것을 선호한다. 늘 자신의 외모에 신경 쓰고 다소 사치와 허영도 있다. 도화란 선명하고 뚜렷하게 드러나며 다른 것과는 차별화된 기운이다.

운(運)에서 유금(酉金)을 만나면 뼈 관련 수술수, 교통사고, 낙상 등 사건 사고가 발생할 가능성이 높아지니 유의해야 한다.

- 묘목(卯木)은 언만물무야(言萬物茂也)라 하여 씨앗이 땅 위를 뚫고 솟아올라 새싹들이 무성함을 의미한다.
- 묘월(卯月)은 봄의 기운이 가장 왕성한 시기로 화수(火水)가 절실한 계절이다.

◎ 정묘일주(丁卯日柱)의 알레르기

합충형해파 (合沖刑害破)	정묘일주의 개운법
묘신 (卯申) 원진귀문 (怨嗔鬼門)	묘신(卯申)원진귀문은 주변 오행에 따라 발생하는 사건사고가 조금씩 달라지는데 지지(地支)에 목(木)이 있다면 크게 나쁘지 않다. 하지만 지지에 목(木)이 전혀 없을 경우는 각종 사건사고로 인해 문제가 발생하기 쉽고 특히 배우자 문제, 직장 문제, 건강상 문제로 정신적, 신체적으로 동시에 나빠질 수 있다. 부부 관계와 연인 관계에서 이별을 겪을 수 있고, 각종 사건사고, 수술 등으로 나쁜 시기가 형성되기 쉽다. 수성(守城), 현상 유지하는 것이 최선이다.
묘유충 (卯酉沖)	묘유충(卯酉沖)은 천간에 벽갑인정이 되지 않아 목다화식이 되었을 때 치명적으로 좋지 않다. 따라서 천간의 동태를 잘 살펴야 한다.

	정화(丁火)에게 목(木)이 지나치게 많은 것은 매우 치명적인 단점으로 작용한다. 각종 사건사고로 목숨을 잃을 수 있기 때문이다. 교통사고, 낙상, 실직, 이혼 등 여러 형태로 나쁜 일이 발생한다. 이 시기에는 현상 유지가 최선이다.
자묘형살 (子卯刑殺)	자묘형살(子卯刑殺)은 습목인 묘목(卯木)이 습(濕)이 가중되는 현상으로 일간(日干)이 정화일 경우 매우 나쁜 작용을 할 수 있다. 정화처럼 작은 불에 습목이 가중된다는 것은 불은 약해지고 연기만 나는 형상이 되기 때문이다. 이 시기는 수성운이며 특히 이성운이 나쁘게 작용한다. 되도록 연애와 결혼은 피하는 것이 좋다. 망신살, 관재, 송사 등 여자 문제, 재물 문제가 많이 발생한다.

정묘일주(丁卯日柱)의 알레르기
묘신(卯申)원진귀문 / 묘유충(卯酉沖) / 자묘형살(子卯刑殺)

다. 정사일주(丁巳日柱)의 특징

정사일주(丁巳日柱)는 간여지동의 특성이 매우 잘 나타나는 일주로서, 성미가 급하고 가만히 정지되어 있으면 불안해지는 행동과잉장애(ADHD)에 노출될 가능성이 높은 일주이다. 다만 주변에 화기(火氣)를 제어해 줄 수 있는 요소들이 많으면 상당히 완화된다.

화기(火氣)를 완화시켜 주는 방법은 크게 세 가지가 있는데, 가장 좋은 방법은 습토로 화기를 흡수하여 한정·보관하는 방법이고, 두 번째는 수기(水氣)로 직접 극하여 화기를 억누르는 방법이 있고, 세 번째로는 금기(金氣)로 설기(洩氣)시키는 방법 등이 있다.

이때 주의해야 할 것은 수기로 직접 극(剋)할 때 양(陽)이 음(陰)을 극하는 것은 유효하지만 음(陰)이 음(陰)을 극하는 것은 오히려 반발 현상이 일어나 안 좋다는 것이다.

이는 수극화(水剋火)는커녕 오히려 수(水)가 화(火)에게 능욕당하는 의미가 있어 실제 일의 중단, 재물의 손해, 사건사고 등 나쁜 작용으로 나타나기 쉽다. 따라서 음양의 세력과 고저를 살핀 후 제어해야 불리함이 없다.

즉 음화(陰火)인 정화를 음수(陰水)인 계수(癸水)가 극하면 정화는 항복하지 않고 수화상전(水火相戰)을 벌이기 때문에 그 결과는 대부분 흉으로 나타난다는 의미이다.

정사일주는 성격이 조급하고 남녀 모두 호색하는 경향이 있다. 이성에 대한 관심이 많고 화려한 것을 좋아한다. 주변에 계임(癸壬)이 있으면 좋고 지지에서 해수(亥水)가 들어오면 주색잡기로 패가망신할 수 있다. 남녀 모두 외모에 대한 자신감이 있는 편이다.

정사일주는 습토(濕土)로 제어하고 금기(金氣)로 설기(洩氣)하는 것이 가장 이상적이라고 할 수 있다.

◎ 정사일주(丁巳日柱)의 알레르기

합충형해파 (合沖刑害破)	정사일주의 개운법
진사(辰巳) 천라지망 (天羅地網)	진사(辰巳)천라지망은 주로 하는 일(직장업무)이나 사람(사업적 관계)에 관계되어 나쁜 사건사고가 발생하는 경우가 많다. 흉신(凶神) 중에서도 최악의 흉신으로 각종 사건사고와 예기치 못한 흉사(凶事)가 일어나지만 사주 구성에 따라 가벼운 감기몸살처럼 지나가는 경우도 많이 있다. 때문에 너무 걱정할 필요는 없지만 대비는 해야 한다. 업무적인 사건과 친구, 동료, 부부, 형제 등 횡적 관계에 있는 사람들과 문제가 발생하기 쉽다. 수성운(守城運)이며 현상 유지가 최선이다.
사술(巳戌) 원진귀문 (怨嗔鬼門)	사술(巳戌)원진귀문은 정신적인 스트레스가 가중되는 형태로 예민해지고 일의 지체 현상이 일어난다. 특히 부부, 회사 동료, 직계 가족 등과 갈등이 생길 가능성이 매우 높다. 심신을 안정시키는 것이 중요한데 명상, 독서, 호흡법, 운동 등이 도움이 된다. 수술수, 이혼수가 있으며 이직, 이사, 창업, 확장 등은 하지 말아야 한다.

사해충 (巳亥沖)	사해충(巳亥沖)은 시작의 기운이 들어오지만 진행 중인 일에 대한 멈춤 현상이 일어나기 쉽고 유흥과 관련된 사업은 매우 나쁘다. 하지만 학생, 공무원, 종교, 의료 등 활인·육영 업종에서는 좋은 현상으로 나타난다. 이성운이 나쁘게 작용하며 다른 흉운(凶運)이 가중될 때에는 망신살, 관재, 송사 등 여자와 재물 문제가 많이 발생하는 특징이 있다. 이 시기에는 현상 유지가 최선이다.

정사일주(丁巳日柱)의 알레르기
진사(辰巳)천라지망 / 사술(巳戌)원진귀문 / 사해충(巳亥沖)

라. 정미일주(丁未日柱)의 특성

뜨거운 사막 기운 **정미일주(丁未日柱)**, 척박한 환경 속에서도 비가 오기를 기다리는 형상으로 시급한 것은 단연 수(水)이다. 정미일주는 보는 순간 수(水)를 떠올려야 한다.

만일 사주원국에 수기(水氣)가 전혀 없다면 지장간에서 수기를 살펴보고 지장간 전체에서도 없다면 대운까지 확인해야 한다. 사막에 수기(水氣)가 전혀 없다는 것은 최악의 상황을 만들 가능성이 높기 때문이다.

정(丁)은 미(未)에 근거를 두고 있어 천간지지 관계가 매우 튼튼하게 묶여 있다. 때문에 정미일주는 고집과 자기 기운이 대단히 강할 수 있는 것이다.

고서에 의하면 미토(未土)는 화기(火氣)가 극(剋)에 달한 조토(燥土)로 화(火)의 작용을 한다고 되어 있다. 이는 정미일주가 간여지동의 기운을 가지고 있다는 의미일 것이다. 즉 화토(火土)는 같다는 의미가 바로 미토(未土)를 두고 한 말이다.

그 다음 필요한 것이 목(木)과 습토이다. 목(木)은 조토를 분해하고 습토는 열기를 식혀 주는 기능을 한다.
소유욕, 집착, 독립심이 강하며 다소 거친 면이 있지만 희생정신과 모성애적인 요소도 강하게 있다. 의지와 추진력, 인정이 많은 편이나 지나치면 독불장군이 되기 쉽다.

반드시 주변에 금수(金水)가 있는 것이 좋은데 만일 금수는 없고 토화(土火)만 강하면 인생이 매우 굴곡질 수 있다.
따라서 정미일주처럼 조습(燥濕)이 극단적인 사주는 궁합이 매우 중요하다. 상대편 배우자가 자신과 반대되는 기운이 있는 것이 좋다.

◎ 정미일주(丁未日柱)의 알레르기

합충형해파 (合沖刑害破)	정미일주의 개운법
축미충 (丑未沖)	축미충(丑未沖)은 매우 건조한 사주 상태에서 차가움과 뜨거움이 충돌하여 벌어지는 현상으로, 일시적으로 일의 중단이나 마무리가 잘 안 되는 상황이지만 그 효과는 그리 크지 않다. 일지(日支)의 식신충(食神沖)은 일, 건강, 자식, 배우자에게 문제가 발생한다는 것을 의미한다. 따라서 이 시기는 새로운 일을 시작하기보다는 현상유지, 축소, 마감해야 한다. 각종 사건사고수, 수술수, 이별수 등에 대비해야 한다.
술미형살 (戌未刑殺)	술미형살(戌未刑殺)은 귀문(鬼門)과 함께 중첩되어 있거나 신약한 사주일 때 의외로 강력한 작용을 하는 경우가 종종 있다. 실제 임상 결과 이 시기에 교통사고나 자살하는 경우가 상당수 나왔기 때문이다. 사주에 수기(水氣)가 전혀 없다면 이러한 현상이 더욱 커진다. 정신적인 스트레스가 가중되는 형태로 예민해지고 일의 지체 현상이 일어난다. 관재수, 이혼수, 이직, 이사, 창업, 확장을 조심해야 한다.
자미원진 (子未怨嗔)	자미원진(子未怨嗔)은 부부간 문제, 재물에 관한 문제가 대표적이다. 시작의 기운이 들어오지만 중단, 멈춤 현상이 일어나기 쉽고 유흥과 관련된 사업은 매우 나쁘다.

> 화개운(華蓋運)은 변화의 시기이다. 그 변화는 주로 흉(凶)으로 나타나지만 경우에 따라 잘 이용하면 길(吉)로 변화되기도 한다.
> 이성운이 나쁘게 작용하여 망신살, 관재, 송사 등 여자 문제, 돈 문제가 많이 발생한다.

정미일주(丁未日柱)의 알레르기
축미충(丑未沖) / 술미형살(戌未刑殺) / 자미원진(子未怨嗔)

마. 정유일주(丁酉日柱)의 특성

"나는 너를 가지고 싶다." **정유일주(丁酉日柱)**의 모습이다. 내 안을 지배하는 확산의 불꽃은 견물생심의 욕망이다. 채워지지 않는 마음엔 늘 구멍이 나 있는 것 같다.

정유일주가 가장 먼저 해야 할 일은 마음의 조절 기능이다. 자신의 욕망을 얼마나 잘 제어할 수 있는지에 따라 행복과 불행의 기준점이 되기 때문이다.
수학적·수리적 재능과 계획·예측하는 기능이 기본 탑재되어 있어 목적과 결과를 성취하기 쉬운 구조이다.

정유일주가 가장 조심해야 하는 시기는 수기(水氣)가 지나치게 강하여 욕망의 크기가 커져 갈 때이다. 정유일주가 금생수(金生水)가 되면 살(殺)이 커지는 것처럼 욕망도 함께 자라난다.
또 반대로 습토가 들어와 토생금(土生金)이 되면 정화일간의 지배를 벗어나 제멋대로가 되어 이 역시 욕망이 커지게 된다.

정유일주에게 가장 좋은 것은 벽갑인정이다.
즉 나무를 도끼로 쪼개서 장작으로 만들어 정화(丁火)에게 에너지를 지속적으로 공급하는 것이다.
또한 정유일주는 강렬하지는 않지만 집중력이 뛰어나며 한번 마음을 정하면 흔들림 없이 진격하는 성향을 보인다. 겉보기에는 유약하고 부드러워 보이지만 강한 지도력과 할 말은 반드시 하는 자기 기운이 강한 면이 있다.

여성의 경우 남성에 대한 존경심과 눈치를 함께 지니고 있어 부부 관계는 나쁘지 않은 편이나 허영심과 사치하는 경향이 있다.
정유일주는 촛불 아래 작두를 타는 형상이 있어 무속인이 많고 직관력이 뛰어나 꿈과 예감이 잘 맞는다고 하였다.

어느 정도 일리가 있는 말이긴 하지만 무속인이 되는 경우는 매우 드물며 선생, 상담사, 심리학자, 수사관 등 사람의 마음을 깊이 꿰뚫어 보는 직종에서 두각을 나타내는 경우가 많다.

◎ 정유일주(丁酉日柱)의 알레르기

합충형해파 (合沖刑害破)	정유일주의 개운법
묘유충 (卯酉沖)	묘유충(卯酉沖)은 왕지충(旺支沖)으로 피해가 상당히 극심한 편이다. 운(運)에서 직방으로 묘유충이 들어오면 건강, 부부 관계, 직장 관계, 돈 관계 등 다변적이고 동시다발적으로 충격이 가해질 수 있는 시점이 형성된다. 대운, 세운, 월운 등에서 중첩된 경우 그런 경향이 더욱 뚜렷하게 나타난다. 재물은 인간의 욕망을 가장 잘 대변해 주는 물질이다. 정유일주의 묘유충은 이런 점에서 사건사고가 매우 극명하게 나타난다고 할 수 있다. 이혼수, 재물 손실, 수술수 등의 각종 사건이 일어나기 쉽다.
인유원진 (寅酉怨嗔)	인유원진(寅酉怨嗔)은 정신적인 스트레스가 가중되는 형태로 예민해지고 일의 지체 현상이 일어난다. 이별수, 관재수, 이혼수, 사별수가 있고 이직, 이사, 창업, 확장을 조심해야 한다. 인유원진은 금목상쟁(金木相爭)의 기운이 있는 매우 치열한 사건사고를 만들어 낸다. 특히 문서와 돈이 직접 관련되어 있기 때문에 부동산 투자 등을 조심해야 한다.

유유자형 (酉酉自刑)	유유자형(酉酉自刑)은 욕망이 극대화되는 시기로 자칫 잘못된 선택을 할 경우 부부관계나 재물적으로 돌이킬 수 없는 지경에 이른다. 자형(自刑)은 스스로 형벌을 내리는 형살(刑殺)로 재물적인 면뿐 아니라 정신적으로도 예민해지고 사람들 관계가 훼손되거나 수술수가 들어오기도 한다. 특히 형제, 자매 등 횡적인 사람들과의 문제가 발생하기 쉽다.

정유일주(丁酉日柱)의 알레르기
묘유충(卯酉沖) / 인유원진(寅酉怨嗔) / 유유자형(酉酉自刑)

바. 정해일주(丁亥日柱)의 특성

정해일주(丁亥日柱)는 정득성광(丁得星光)의 형상으로 낭만적이고 신비로운 기운을 지니고 있다. 하지만 해(亥)중 갑목(甲木)이 물속에 잠겨져 있어 사주원국에 양목(陽木)이 없을 경우 힘든 상황이나 사건사고가 많이 발생하는 편이다. 이를 물상적으로 보면 젖은 나무를 태우는 과정에서 불은 잘 붙지 않고 연기만 나는 형상이라고 할 수 있다. 그래서 정해일주는 주변에 반드시 양목(陽木)과 경금(庚金)이 있어야 일생이 편하다.

양목이 필요한 이유는 음목(陰木)은 습목이라 불에 잘 타지 않기 때문이다. 물론 여름에는 습목도 견딜 수 있지만 문제는 겨울에 습목(濕木)은 동양지목(棟梁之木)으로 사용할 수도 없어 그 쓰임새가 없다는 것이다. 이는 사회적으로 고립되고 개인적으로 만족할 수 없다는 것을 의미한다. 동량지목이란 기둥, 서까래 등에 중요한 목재란 의미이며 사회적으로 큰 쓰임새가 있다는 의미이다.

정해일주는 역마의 기운이 강하고 연애 심리가 발달하여 낭만적이면서도 역동성이 있는 뜨거운 사랑을 추구하는 경향이 있다. 그러면서도 남의 시선을 늘 의식하여 크게 범위를 벗어나지 않고 자기 통제를 잘 하는 편이다.

특히 모험심과 도전 정신이 강한 편이 아니라 안정성이 담보된 사랑을 선호하는 경향이 있다. 즉 연애는 역동적이지만 결혼은 현실적인 면이 있다. 머리가 총명하고 감성적이며 말을 잘하나 호색하는 기질이 있으며 이성관계가 다소 복잡할 수 있다. 화기(火氣)가 지나치게 강하면 조울증, 수기(水氣)가 강하면 우울증에 노출되기 쉽다. 이는 정화(丁火)와 해수(亥水)가 불과 물이어서 감정 기복도 극단적인 성향을 보이기 때문이다. 즉 수(水)였다가 화(火)로 급격히 변화하면서 생기는 감정 기복 현상이다.

◎ 정해일주(丁亥日柱)의 알레르기

합충형해파 (合沖刑害破)	정해일주의 개운법
술해(戌亥) 천라지망 (天羅地網)	술해(戌亥)천라지망은 일종의 삶의 교란 행위로서, 어원적으로는 하늘과 땅의 그물에 걸려 꼼짝도 못하는 가장 나쁜 상황이라는 의미를 지니고 있다. 일의 중단이나 마무리가 잘 안 되는 상황, 사람으로 인해 힘든 상황, 돈 문제, 구설수, 관재수 등 그 유형도 다양하다.

특히 사주에 수기(水氣)가 전혀 없는 상태에서 술해(戌亥)천라지망운이 들어온다면 매우 치명적으로 작용할 수 있다.

이 시기에는 기도하고 명상하고 공부하고 봉사활동하는 것이 최선이다.

진해(辰亥) 원진귀문 (怨嗔鬼門)

진해(辰亥)원진귀문은 단연 배우자 문제가 가장 큰 부분을 차지한다. 특히 여성에게는 남편과의 이혼, 별거, 사별 등 다양한 형태로 흉운의 시점이 만들어진다. 남성에게는 직장과 돈 문제가 생기기 쉽다. 정신적으로도 예민해지고 스트레스가 가중되는 형태로 일의 지체 현상이 일어난다.

이별수, 관재수, 이혼수가 있으며 이 시기에는 이직, 이사, 창업, 확장 등은 조심해야 한다.

사해충 (巳亥沖)

사해충(巳亥沖)은 역마충으로 시작의 의미가 있지만, 유흥에 관련된 사업이나 장사는 오히려 흉(凶)이나 마감되는 경향을 보인다. 그러나 순수한 직업, 즉 업상대체되는 직종이나 학문은 길로 나타난다.

이사나 사업 확장은 나쁘다. 이 시기에는 업무나 학업 외의 유흥성 여행은 자제하는 것이 좋다.

정해일주(丁亥日柱)의 알레르기
술해(戌亥)천라지망 / 진해(辰亥)원진귀문 / 사해충(巳亥沖)

◆ 《난강망(欄江網)》 화론(火論)

- 《난강망》은 조후를 기준으로 한 사주명리의 중요한 이론이다.

항상성을 유지하는 화(火)가 진정한 화(火)이니 그 자리는 남쪽이다.
그러므로 화(火)는 밝지 않은 이치가 없다.
빛을 발하면 오래 가지 못하니 복장되어야 한다.
→ 복장(伏藏): 땅속에 감춘다는 의미로 열기를 땅속에 보관한다는 것이다. 즉 태양에너지를 땅속에 저장한다는 의미이다.

그러면 밝지는 않으나 불멸하는 모습이 된다.
화(火)는 목(木)을 체(體)로 하므로 목(木)이 없으면 그 불길이 오래가지 못한다.
→ 목생화(木生火)를 의미하는 것으로 화(火)의 항상성을 나타낸다. 즉 목(木)이 없는 화(火)는 항상성을 유지하지 못하고 균형을 잃는다. 불이 꺼진다는 의미이다.

화(火)는 수(水)를 쓰니 수가 없으면 화가 지나치게 작열한다.
고로 화(火)가 많으면 실(實)함이 없으며 화가 열이 강하면 물건을 상하게 한다.
→ 수극화(水剋火)의 원리는 화기(火氣)를 수기(水氣)로 다스려 열기를 중화시켜야 한다는 것이다.
이 또한 화(火)의 항상성이라고 할 수 있다. 항상성은 균형을 의미한다.

목(木)은 능히 화(火)를 간직하니 인묘(寅卯)방위에 이르면 화(火)를 생(生)하며 금(金)방위에는 이롭지 못하니 신유(申酉)를 만나면 필히 죽게 된다.
→ 목화통명, 즉 목생화(木生火)는 이롭고 금극목(金剋木)은 이롭지 못하다는 의미이다.

금(金)을 얻어 조화되면 능히 쇠를 녹이고 수(水)를 얻어 조화되면 기제(旣濟)의 공(公)을 이룬다.
토(土)를 만나면 밝지 못하니 주로 막히는 일이 많다.

목(木)이 왕(旺)한 곳을 만나면 영화롭게 되며 목이 죽으면 화(火)는 허해지며 영구함을 얻기 어려우니 비록 공명을 얻어도 오래가지 못한다.
→ 화(火)는 금(金)을 제련하여 가치 있게 만들며 수(水)를 만나면 균형을 이룰 수 있지만 토(土)를 만나면 한정되고 고정되어 확산성이 중단된다는 것을 의미한다.
또 화(火)는 목(木)이 있어야 항상성이 유지된다는 것이다.

봄에는 목(木)을 꺼리니 불타는 것을 싫어하기 때문이며
여름에는 토(土)를 꺼리니 빛이 약해지는 것을 싫어하기 때문이며
가을에는 금(金)을 두려워하는 것이 금(金)을 제련하기 어렵기 때문이며
겨울에는 수(水)를 꺼리니 수가 왕(旺)하면 꺼지기 때문이다.

→ 봄철 목(木)은 빛으로 작용하는 광합성을 선호하고 여름철 토(土)는 빛을 약화시키며 가을철 금(金)은 빛이 약해져 금을 제련하기 어렵다. 또 겨울철 수(水)는 화(火)를 죽인다.

봄에는 밝기를 원하나, 불타오르는 것은 원하지 않으며 타오르면 귀함이 사라진다.
가을에는 지지(地支)에 숨기를 원하나, 밝기를 원하지 않으며 밝아지면 지나치게 건조해진다.
겨울에는 생(生)받기를 원하나 죽기를 원하지 않으며 죽으면 쉬어 멸한다.

→ 화(火)는 봄에는 빛으로 작용하는 광합성을 원한다는 의미이고
가을에는 땅속에 열기로 저장되기를 원한다는 의미이며
겨울에는 열로 작용하기 위해 목(木)이 필요하다는 의미이다.

"당신이 체포된 것은 분명합니다.
하지만 그렇다고 해서
당신이 직장을 나가는 것까지 막지는 않습니다.
당신의 일상생활도 방해받지 않을 것입니다."

카프카 《소송》

은행원 요제프 카(k)는 서른 살 생일에 아무런 영문도 없이 체포된다. 그는 자신이 왜 체포되었는지, 왜 소송에 휘말렸는지조차 모른다. 하지만 그는 최선을 다해 자신의 무죄를 입증하려고 노력한다. 그러나 그의 노력은 사형이라는 극단적 판결로 끝이 난다. 그가 어떤 죄를 지었는지, 죄가 있긴 한 건지조차 알 수 없다. 그리고 그것은 중요하지 않을 수도 있다.
그가 소송에 휘말리는 순간부터 죄의 유무에 관계없이 사형이란 판결은 정해져 있었던 것이다. 그럼에도 불구하고 요제프 카(k)는 최선을 다해 자신의 무죄를 주장하고 소송에 대응한다.

여기서 소송은 인생을 비유한다.
우리는 우리의 의지나 선택에 관계없이 실존하게 된다. 소송이란 거대한 인생의 소용돌이 속에 아무런 준비 없이 내던져진다. 그럼에도 불구하고 우리는 최선을 다해 소송에 대응하고 살아남으려 발버둥 친다.

우리는 자신이 태어난 이유와 어떻게 살아야 하는지에 대해 전혀 모르는 상태에서 갑자기 인생을 시작한다.

그럼에도 우리는 최선을 다해 대응해야 하는 운명 속에서 살아가야 한다.

'실존이 본질을 선행한다'는 사르트르의 명언처럼, 실존 자체가 어쩔 수 없는 것이라면 이렇게 부조리한 소송에 적절히 대응하는 방법은 없을까?

그 해법은 나 자신을 정확히 아는 것에서 시작된다.

나의 결핍된 정신을 보고 나의 넘치는 마음을 보고 내가 입고 있는 옷을 보고 내 속의 속삭임들을 적어 보는 것이다.

우리가 사주를 알아야 하는 이유도 소송에서 살아남기 위해서는 아닐까?

5) 무토(戊土)의 알레르기

◎ 무토(戊土)의 특성

무토(戊土)는 생산성이 매우 약한 척박한 건토(乾土)이다. 사주명리에서 생산성이란 에너지를 효율적으로 사용하여 경제적 가치가 있는 새로운 물질을 만들어 내는 행위를 의미한다.

그러나 무토는 생산성이 있긴 하지만 매우 비효율적이다. 비유하자면 기토(己土)는 주로 경제적 가치가 높은 1년생 작물(특용작물, 일반작물)을 빠른 시일 안에 생산해서 경제성과 효율성을 함께 갖추고 있다면, 무토는 최소 30~100년을 키워야 하는 거목인 양목(陽木)을 생산하는 것이다.

그래서 무토는 경제적 가치보다는 정신적 가치를 추구하는 성향을 보인다. 무토는 경제적 이익 앞에서도 명분과 절차를 요구한다.

무토(戊土)의 목적은 크게 두 가지로 나눌 수 있다.

첫 번째는 양목(陽木)을 키워 내는 것이고 두 번째는 광물을 캐내는 것이다. 모두 생산성과 효율성과는 관련이 없는 행위라 할 수 있고, 특히 광물을 캐내는 행위는 이미 가지고 있는 것을 소모하는 행위로 생산성과는 전혀 관련이 없다.

무토가 가장 가치 있게 쓰일 수 있는 첫 번째 행위는 수(水)의 범람을 막아 수(水)를 저장하고 관리하는 행위이고, 두 번째는 화(火)의 확장을 고정하고 저장하는 행위이다. 즉, 화수(火水)의 관리를 통해 무토의 가치가 만들어진다고 할 수 있다.

무토는 높이가 있는 다목적 댐 같은 저장 기능을 가지고 있어 임수(壬水)와 만나면 상호 대립한다. 따라서 임수가 중첩되어 거대한 해일 같은 광

수(狂水)가 되어 무토를 공격할 경우에는 댐이 무너지듯이 수(水)가 범람할 수 있다. 따라서 무토의 작용은 임수(壬水)의 형태에 따라 변화할 수 있다는 의미가 되는 것이다.

무토일간의 특성은 크게 세 가지인데,

첫 번째, 경제적 측면으로 보면 비생산적이며, 경제적 가치를 추구하기보다는 정신적인 목적 가치를 선호하는 경향을 보인다. 즉 이익보다는 명분을 앞세우는 성향이 있다는 의미이다.

두 번째, 심리적인 측면으로는 매우 자기 중심적이지만 위선적인 이중성을 지니는 경우가 많다. 자신의 욕망을 억제하여 드러내지 않으므로 타인으로부터 신뢰를 받을 수 있는데 지나치면 사기성이 발생할 수 있다.

또한 무토는 추진성과 남성적인 과단성까지 있어 잘못된 방향이 설정되면 돌이킬 수 없는 지경에 이른다.

세 번째, 인간관계에서의 특성은 점잖고 중후한 맛이 있어 남성의 경우 대인관계가 좋은 편이며 사람과 사람사이의 가교 역할도 매우 잘하는 편이다. 다만 무뚝뚝하고 감정 표현이 서툴러 밖에서는 좋은 사람이란 말을 듣지만 집에서는 재미없고 엄격하며 융통성이 없는 사람이 될 수 있다.

여성의 경우는 애교가 없고 원리원칙적이어서 이성에게 매력이 반감되는 경우가 발생할 수 있다.

무토는 높이와 크기가 있는 거대한 산이며 장벽이다. 그에 맞는 쓰임새가 되었을 때 최상의 기능이 발휘된다. 속도감은 다소 떨어지나 꾸준히 밀고 나가는 지구력이 있고, 작은 것에 연연하지 않고 큰 목표를 세우고 서서히 전진하는 추진력이 있다.

따라서 무토일간은 지지(地支)에 오는 오행에 따라 그 효용 가치가 크게 달라질 수 있다. 가장 이상적인 형태는 수목(水木)에 의해 결정된다.

◆ 무토와 기토의 특성 비교

구분	무토(戊土)	기토(己土)
특성	정신적 가치 추구 명분과 절차 중시	경제적 가치 추구 재물적 이득 중시
생산성	약하거나 없다. ★양목(陽木) 생산	매우 강하다. ★1년생 작물 생산
목적	화수(火水)의 관리 수(水)의 범람과 화(火)의 확산을 막고 고정 저장한다.	경제적 가치와 효율성의 극대화 경제적 가치가 있는 초목을 생산하고 화기(火氣)를 설기시킨다.
형상	높고 거대한 민둥산(높이) 산, 다목적 댐, 거대 구릉지 입체적인 높이	높이가 없는 논과 밭 수기(水氣)가 있는 생산성 있는 토양 평면적인 넓이

◆ 《적천수》 천간론 - 무토(戊土)

戊土固重. 旣中且正. 靜翕動闢. 萬物司命. 水潤物生. 火燥物病.
若在艮坤. 怕沖宜靜.
무토고중. 기중차정. 정흡동벽. 만물사명. 수윤물생. 화조물병.
약재간곤. 파충의정.
무토(戊土)는 견고하고 후중하여 이미 중용을 지키고 또 바르며,
고요하면 닫아 안으로 감추고 움직이면 활짝 열어 만물의 명(命)을
맡는다.

수(水)가 윤택하면 만물을 발생시키고 화(火)로써 조열하면 만물이 병들게 되며,

만약 양곤(艮坤)이 있으면 인신충(寅申沖)을 두려워하고 안정되기를 원한다.

■ 해설

1. 봄여름의 무토는 기운이 동(動)하므로 열어서 발생시키고, 가을, 겨울의 무토는 기(氣)를 안으로 닫아 수장(收藏)시키는 일을 하므로 만물의 사명이라 한 것이다.

   ※ 무토의 기능은 봄여름엔 열기를 내보내고 가을, 겨울은 열기를 땅속에 저장한다는 것이다.

2. 무토는 조토이니 봄여름에는 조열하여 수(水)로 윤택하게 하여야 만물을 발생시킬 수 있는데, 만약 수(水)가 없어 조열하다면 만물이 병들게 된다.

   ※ 봄여름의 무토는 조토라 수기(水氣)가 없으면 사용하기 어렵다는 것이다.

3. 무토가 가을, 겨울에 생(生)하면 수(水)가 많은 계절이니 화(火)로써 온난하게 하여야 만물을 성숙시킬 수가 있는데, 만약 화(火)가 없고 습만 있다면 만물을 얼고 병들게 한다.

   ※ 무토는 겨울에 반드시 화(火)가 있어야 생육이 가능하다는 의미이다.

4. 양곤(艮坤)은 낙서(洛書)를 말하는데 지지(地支)로는 인신(寅申)이 된다.

   무토는 인월(寅月)에는 극을 받으니 마땅히 안정하여야 하고 충이 있으면 안 된다.

   신월(申月)에도 설기가 심하여 약해지니 안정하여야 하고 충동(沖動)하면 안 된다.

   ※ 무토는 목(木)의 극을 받기 때문에 목왕절인 봄철 목을 가장 두려워한다는 의미로, 금(金)이 있으면 금극목(金剋木)이 되어 좋다는 의미이다.
   또한 무토는 가을에는 금기(金氣)가 강해지므로 충극을 두려워한다는 의미이다.

5. 사계월(음력, 환절기, 3, 6, 9, 12월)에는 토(土)가 왕하니 기운을 소통시키려면 경신신유금(庚辛申酉金)이 좋다.

   ※ 환절기에는 토기(土氣)가 강해지는 시기이므로 금(金)으로 설기시켜 주면 좋다는 의미이다.

가. 무인일주(戊寅日柱)의 특성

반듯하고 모범적인 성향이 강한 일주이다. 남성적이고 스케일이 크며 학문적 성취 욕구가 있다. 그러나 융통성이 부족하고 지나치게 명분을 중시하는 경향이 있어 경제적 가치를 만드는 것에는 다소 부족한 면도 있다. 따라서 직업적으로는 선생, 교수, 공직 등 정신적, 철학적 가치를 추구하는 것이 맞다.

무인일주(戊寅日柱)에게 가장 필요한 오행은 화수(火水)이다. 학문을 통해 공직이나 선생으로 진출하면 출세욕도 높지만 성공할 가능성이 매우 높은 일주이다. 다만 대인관계에서 주변의 적을 만들 수 있으므로 주의해야 한다.

원리원칙주의와 무자비함을 직업적으로 사용할 때는 주로 길(吉)로 나타나지만 가정생활이나 개인적 대인관계에서는 흉(凶)으로 나타날 수 있으므로 경계해야 한다.
또 무인일주가 사업이나 장사를 할 경우 실패 가능성이 높은데 특히 재성(財星)과 식상(食傷)이 없다면 거의 확실하다.

무인일주는 모험과 도전정신, 무모함을 지닌 남성적인 일주이다. 올바른 길로 들어섰다면 승승장구할 수 있겠지만 지나친 과욕으로 인해 잘못된 길로 빠졌다면 그 피해가 매우 크다. 자존심까지 강해서 수정하기도 어려운 단점이 있다.

직업으로는 공직이나 대기업 등 큰 조직이 잘 어울린다. 특히 관성이 천간으로 투간되어 있다면 반드시 공직으로 진출해야 성공할 수 있다.

지지(地支)에서 신유(申酉)를 만나면 사건사고가 발생하는데, 주로 교통사고, 낙상 등 신체와 관련된 경우가 많으며 육친적으로는 배우자와 갈등, 별거, 이혼 등의 문제가 발생하기도 한다.

◎ 무인일주(戊寅日柱)의 알레르기

합충형해파 (合沖刑害破)	무인일주의 개운법
인신충 (寅申沖)	인신충(寅申沖)은 주로 신체적으로 오는 경우가 많으며 역동성과 역마의 기운이 강해 교통사고, 낙상 등이 빈번히 발생할 수 있다. 몸에 흉터가 있으면 어느 정도 흉(凶)이 반감되는 효과가 있다. 사회적으로는 일과 직장에서 문제가 발생할 개연성이 있다. 수성하고 현상 유지해야 한다. 이 시기에는 이동, 이직, 확장, 장거리 출장, 부부싸움을 금지하는 것이 좋다.
인유원진 (寅酉怨嗔)	인유원진(寅酉怨嗔)은 부부 관계, 수술수 등 육친적으로나 정신적으로 상당히 예민해지고 스트레스가 가중되는 형태로 나타나며 일에 대해서도 지체 현상이 일어난다. 이 시기에는 되도록 새로운 일을 시작하지 않는 것이 좋으며 부부싸움도 자제하는 것이 좋다.

인사형살 (寅巳刑殺)	이별수, 관재수, 이혼수, 이직, 이사, 창업, 확장을 조심하고 현상 유지해야 하며 관절(뼈), 대장 관련 수술수에 대비해야 한다.
	인사형살(寅巳刑殺)은 지나친 욕망으로 인해 내가 이끌고 가려는 기운이 강해지는 흉살(凶殺)로 자기 주장이나 고집으로 인해 실패할 수 있다는 암시를 주고 있다. 주로 재물에 관련하여 나쁜 작용을 하는데 건강이 악화되는 일도 발생할 수 있다. 구설, 관재 등 욕심을 통제하는 것이 흉(凶)을 막는 방법이다. 단 군인, 경찰, 검찰, 교도관의 직업은 진급운으로 작용한다.

무인일주(戊寅日柱)의 알레르기
인신충(寅申沖) / 인유원진(寅酉怨嗔) / 인사형살(寅巳刑殺)

나. 무진일주(戊辰日柱)의 특성

무진(戊辰)의 용(龍)은 겉보기에는 웅장하고 위대해 보이지만 실제로는 실속이 없는 속 빈 강정인 경우가 많은 일주이다. 물상적으로 비유하자면 거대한 민둥산 아래 잠든 용(龍)의 형상으로, 산의 무게로 인해 늘 불평불만과 중압감이 있는 일주라고 할 수 있다.

또 진토(辰土)의 지장간 무토(戊土)가 투간되어 있어 무토의 기운이 가장 강력하게 발산되는 일주이기도 하다.

간여지동의 기운은 고집, 아집, 추진력 등 자기 기운이 극대화된 상태이다.

단점으로는 강한 자기 기운으로 인해 누구의 충고도 잘 듣지 않으며 자기 고집대로 움직이려는 성향이 강하다. 주변에 반드시 목기운(木氣運)이 있어 목극토(木剋土) 제동장치 역할을 해 줘야만 올바른 방향으로 추진력이 발휘될 수 있다.

또 일지(日支) 옆에 유금(酉金)이나 신금(申金)이 있으면 다정다감하고 소유욕이 강해지는 경향을 보이는데 무진일주(戊辰日柱)에게는 좋은 작용을 하는 경우가 많다. 반대로 해수(亥水)나 사화(巳火), 술토(戌土)가 있는 경우는 매우 강력한 흉(凶)으로 작용하는데 이런 운(運)에서는 현상 유지하고 학문하는 것이 좋다.

진토는 영리하고 계획, 기획, 모사 등에 능하나 변덕이 있고 배신을 잘하는 단점도 가지고 있다. 여성의 경우 중성적인 매력이 있고, 남성은 다소 고집이 강하고 타인을 무시하는 경향이 있다.
그러나 경제적으로는 생산성을 지니고 있어 목(木)을 성장시키는 탁월한 능력이 있다.

◎ 무진일주(戊辰日柱)의 알레르기

합충형해파 (合沖刑害破)	무진일주의 개운법
진사(辰巳) 천라지망 (天羅地網)	진사(辰巳)천라지망은 우선 문서, 자격, 절차 등 사회적 약속에 대한 문제가 발생할 개연성이 매우 크다. 따라서 사업 투자나 확장을 할 때, 절차와 법률에 이상이 없는지 매우 유의해야 한다. 천라지망은 하늘과 땅의 그물에 걸려 꼼짝도 못 하는 가장 나쁜 상황, 일의 중단이나 마무리가 잘 안 되는 상황이다. 수술수, 각종 사건사고 발생 등으로 매우 심각한 흉운임을 명심하자.
진해(辰亥) 원진귀문 (怨嗔鬼門)	진해(辰亥)원진귀문은 정신적으로 예민해지고 스트레스가 가중되는 형태로 일의 지체 현상이 일어난다. 주로 부부간의 문제가 발생하지만 간혹 형제, 자매, 동료, 친구 등 횡적인 관계에서 문제가 발생하기도 한다. 이별수, 관재수, 이혼수, 이직, 이사, 창업, 확장을 조심해야 한다. 사업적으로는 현상 유지해야 하며 건강적으로는 수술수가 발생할 수 있다.
진술충 (辰戌沖)	진술충(辰戌沖)은 화개(華蓋)의 어원적 의미처럼 잘 진행되던 일의 지체, 멈춤 현상 등 목적 달성이 어려워지는 경향을 보인다. 새로운 시도보다는 마무리를 해야 하는 운(運)이다. 그러나 인과관계에 의해 예전에 잘못한 씨앗을 심었다면 결과가 나쁘게 나오거나 참담한 현실에 직면할 수 있다. 현상 유지해야 하며, 확장, 이전, 이동 금지 시기이다.

무진일주(戊辰日柱)의 알레르기
진사(辰巳)천라지망 / 진해(辰亥)원진귀문 / 진술충(辰戌沖)

다. 무오일주(戊午日柱)의 특성

무오일주(戊午日柱)의 첫 번째 특징은 도화의 기운과 역마의 기운을 동시에 지닌 발산력이 매우 강하다는 것이다. 평야를 달리는 힘찬 야생마의 형상을 지닌 무오는 남성적이면서도 부드러운 카리스마를 함께 지니고 있는 일주이다.

가장 큰 특징은 자기 기운이 강하다는 것과 타인의 시선을 매우 의식하며 자신의 외모를 가꾸는 것에도 소홀함이 없다는 것이다. 즉 타인에게 사랑받기 위해 꾸준히 노력과 정성을 들인다는 의미이다.
그러나 조급증과 성급한 성격은 실수를 만들고 다 된 일도 수포로 만들기 쉬운 구조로 되어 있다.

▶ 도화(桃花) + 역마(驛馬) = 역동적인 양(陽)의 기질

무오일주의 두 번째 특성은 공부, 자격, 보존, 전통적 성향이다.

전통적 가치를 보존하려는 성향이 강하며 자격 및 검증을 통해 어떤 사안에 대해서도 문서화하기를 좋아한다. 즉 명확하고 법적으로 하자가 없고 대외적으로 인정받기를 원하는 것이다. 또한 공부에 대한 재능과 갈망이 동시에 있어 선생님, 상담직, 변호사 등에서도 두각을 나타내기 쉽다.

무토(戊土) 자체는 생산성이 약하나 오화(午火)를 만나 에너지가 새롭게 증대되기 때문에 공직, 교직뿐 아니라 예술, 예능, 사업까지 주변 체성(體性)에 따라 성공할 수 있다.

자수(子水)가 운(運)에서 들어올 때나 축토(丑土)가 들어올 때 최악의 상황이 만들어질 수 있으므로 미리 대비해야 한다.

운(運)이 좋은 경우 부동산으로 큰 재물을 모으기도 하지만 그러기 위해서는 선결 조건인 수(水)와 금(金)의 식신생재(食神生財)가 이루어져야 한다. 단점으로는 권위적이고 지나치게 보수적인 면이 있으며 융통성이 없다.

◎ 무오일주(戊午日柱)의 알레르기

합충형해파 (合沖刑害破)	무오일주의 개운법
축오(丑午) 원진귀문 (怨嗔鬼門)	축오(丑午)원진귀문은 문서의 불길함이 있고 사업적 확장이나 이사, 이동, 이직 등이 안 좋다. 또한 배우자 관계뿐 아니라 사회적 인간관계, 육친적 관점에서도 조심해야 한다. 일의 진행이 매우 더디거나 중단되는 운(運)으로 예민해지고

	정신적인 스트레스가 가중되는 형태로 일의 지체 현상이 일어난다. 각종 계약, 이별수, 관재수, 이혼수, 이직, 이사, 창업, 확장을 조심해야 한다.
자오충 (子午沖)	자오충(子午沖)은 생명의 충(沖)이라고도 하며 화(火)가 용신일 경우 수다화식(水多火熄)으로 인해 특히 더욱 위험하다. 자오충은 왕지충으로 그 충격이 대단히 깊고 크다. 청년 시절은 그 위험성이 다소 약하지만 중년 이상의 나이가 되면 생명과 직결되는 경우가 많고 젊다면 직장이나 배우자와 문제가 발생할 개연성이 높다. 따라서 이 시기에는 수성(守城)과 현상 유지를 해야 하며, 확장, 이전 모두 금지이다.
오오자형 (午午自刑)	오오자형(午午自刑)은 스스로 벌을 내린다는 의미로, 자형(自刑)은 고집이 강해지고 욕심으로 무너지는 현상을 말한다. 실제 간명(干命)에서는 배우자 문제가 가장 많고 그 다음이 건강이다. 즉 사주가 너무 뜨거워져 화다수증이나 금(金)이 상하는 것을 염려해야 한다.

무오일주(戊午日柱)의 알레르기
축오(丑午)원진귀문 / 자오충(子午沖) / 오오자형(午午自刑)

라. 무신일주(戊申日柱)의 특성

무신일주(戊申日柱)는 매우 활동적이고 사람들 사이에 인기가 있고 신뢰감이 있는 사주인데, 자칫 지나치면 실속이 없어 앞으로 남고 뒤로 밑지는 경우가 자주 발생한다.
즉 노력에 비해 결과가 적게 온다는 의미로 이는 불평불만을 만드는 원인이 된다. 그래서 무신일주는 반드시 주변에 수(水)가 있어야 자신의 노력에 가치가 만들어진다고 할 수 있다.

무신일주는 공부하기를 좋아하고 호기심이 많아 나이가 들어서도 배움을 멈추지 않는다. 또한 자신이 좋아하는 분야에서는 깊이 있게 파고드는 성분이 있어 특정 분야의 전문가로 명성을 날리는 경우도 많다. 기본적으로 감성적이고 인간적이며 순수하다. 모성애와 낭만적인 성향이 강해 연애할 때는 열정적이고 결혼 후에는 자식에게 올인하는 스타일이다.

무신일주 여성은 다소 남성적인 성향을 보일 때도 있고 역동성을 지니고 있어 잠시도 가만히 있지 못하고 돌아다니길 좋아하지만 모성애가 발휘되면 부드럽고 섬세한 면도 있다.

지나치게 활동적이다 보니까 다치기 쉽고 사건사고에 잘 연루될 수 있으므로 지지(地支)로 목기운(木氣運)이 들어올 때 매우 조심해야 한다.
정적인 업무보다는 동적인 업무가 적성에 맞고 이성보다는 동성을 대상으로 하는 업무가 더 어울린다.

◎ 무신일주(戊申日柱)의 알레르기

합충형해파 (合沖刑害破)	무신일주의 개운법
묘신(卯申) 원진귀문 (怨嗔鬼門)	묘신(卯申)원진귀문은 정신적, 신체적으로 오는 대표 흉운으로 여성에게는 자식 문제, 남성에게는 일 문제가 발현될 가능성이 매우 높고, 남녀 모두에게는 배우자와 이별수가 공통적으로 발생할 수 있다. 교통사고, 낙상, 시비, 폭행 등을 매우 조심해야 한다. 또 예민해지고 정신적인 스트레스가 가중되는 형태로 일의 지체 현상이 일어난다. 이별수, 관재수, 이혼수, 이직, 이사, 창업, 확장 등을 조심해야 하며 현상 유지 및 수술수에 대비해야 한다.
인사신 (寅巳申) 삼형살 (三刑殺)	인사신삼형살(寅巳申三刑殺)은 잘못된 판단으로 인해 자기 기운과 욕심이 극대화되는 운(運)으로 특히 세운에서 들어올 때 그 충격이 큰 편이다. 흉운의 전조 증상으로 지인의 충고가 들리지 않고 달콤한 말에 흔들리는 경향을 보인다. 업상대체가 되는 직종인 군인, 경찰, 검찰 등에서는 길운으로 작용하지만 술집, 폭력배 등 유흥과 관련된 업종에서는 흉으로 나타난다.
인신충 (寅申沖)	인신충(寅申沖)은 배우자 관계와 골절, 신경, 혈관 등의 수술수로 나눌 수 있다. 순수한 직업이나 일에서는 좋은 작용을 한다. 인신충은 대표적인 역마충으로 역동성과 활동성이 가장 강한 운(運)이다.

주로 몸이 상할 수 있고 몸에 흉터가 남을 수 있는데 교통사고, 낙상, 폭행, 수술 등 신체적으로 다양하게 나타난다. 그러나 수험생이나 순수 학문하는 분들께는 좋은 작용을 하기도 한다. 역마는 시작의 기운이다.

무신일주(戊申日柱)의 알레르기
묘신(卯申)원진귀문 / 인사신삼형살(寅巳申三刑殺) / 인신충(寅申沖)

마. 무술일주(戊戌日柱)의 특성

60갑자(六十甲子) 중 가장 정신적, 철학적인 성향이 강한 일주이다. 당연히 생산성은 매우 약하며 사업, 장사는 어울리지 않는다.

무술이라는 단어가 주는 중압감처럼 실제 현실에서도 매우 무뚝뚝하고 속을 알 수 없어 배우자 입장에서는 어려움이 많은 일주이다.

밖에서는 믿음직스럽고 조용하여 좋은 사람이란 소리를 듣지만 정작 집에 들어오면 답답하여 의사소통이 잘 안 되는 경향을 보인다.

특히 고집도 매우 강하여 뭐든 자기 의지대로 하려 하고 한번 마음을 정하면 끝까지 밀고 나가려는 기운이 강하다. 또한 학문에 대한 열망이 있지만 생산성과 관련 없는 잡학, 철학, 인문학이어서 재정적으로 안정성이 약한 편이다.

가장 이상적인 형태는 전문직으로 자격증을 취득하여 직업으로 삼고 취미 생활로 공부를 하는 것이다.

무술일주(戊戌日柱)가 가장 두려워해야 하는 것은 월지에 해수(亥水)가 있는 경우이다. 이 경우 세운이나 대운에서 해수가 또 들어오면 흉(凶)이 가중되는 형태로 사건사고의 시점이 형성되기도 한다. 무술일주의 가장 좋은 역할은 수기(水氣)를 막거나 저장하는 것이다. 그러나 술토(戌土)는 화(火)의 무덤이기 때문에 화용신(火用神)을 사용하는 경우 술토운 때 매우 안 좋은 현상이 발생하기도 한다.

주체성과 고집이 강하다. 신의가 있고 중개적 역할을 잘해 주변으로부터 신망을 얻는 경우가 많다. 다소 완고하고 보수적인 기질이 있으며 종교적 성향이 강하게 나타나기도 한다. 주변에 목기(木氣)가 있으면 좋다. 여성의 경우 매우 활동적인 경향을 보이기도 한다.

◎ **무술일주(戊戌日柱)의 알레르기**

합충형해파 (合沖刑害破)	무술일주의 개운법
술해(戌亥) 천라지망 (天羅地網)	술해(戌亥)천라지망은 우선 남녀 모두에게는 배우자, 재물, 직업이란 공통분모에 문제가 발생할 가능성이 높다. 술해(戌亥)천라지망은 최상의 흉살로 남자는 아내나 애인, 재물에 흉사(凶事)가 생기며 예기치 못한 곳에서 사건사고에 휘말릴 수 있다. 하늘과 땅의 그물에 걸려 꼼짝도 못 하는 가장 나쁜 상황, 일의 중단이나 마무리가 잘 안 되는 상황, 수술수, 각종 사건사고수가 있으므로 수성과 현상 유지가 최선이다.
사술(巳戌) 원진귀문 (怨嗔鬼門)	사술(巳戌)원진귀문은 정신적으로 오는 대표 흉운으로 공황장애, 빙의, 조울증, 우울증 등을 매우 조심해야 한다. 또 예민해지고 정신적인 스트레스가 가중되는 형태로 일의 지체 현상이 일어난다. 이별수, 관재수, 이혼수, 이직, 이사, 창업, 확장을 조심하고 현상 유지 및 수술수에 대비해야 한다. 원진귀문은 총 4가지가 있는데 가장 나쁜 경우는 사주원국이 신약하면서 직방(直方)이 되는 것이다.

술미형살 (戌未刑殺)	술미형살(戌未刑殺)은 사주원국에 수기(水氣)가 없는 경우 매우 치명적으로 작용한다. 자살, 사건사고 등 그 형태가 가장 아름답지 못한 형태가 되는데 특히 그중 자살의 빈도가 가장 높은 흉살이다. 사업이나 장사를 할 경우는 욕심내지 말아야 하며 직장인은 승진이나 부서 이동이 마음에 들지 않더라도 절대 이직이나 퇴사를 해서는 안 된다. 명상, 봉사활동, 독서, 기도 등이 도움이 된다.

무술일주(戊戌日柱)의 알레르기
술해(戌亥)천라지망 / 사술(巳戌)원진귀문 / 술미형살(戌未刑殺)

바. 무자일주(戊子日柱)의 특징

무자일주(戊子日柱)는 목표를 달성할 힘은 약하나 욕심은 상대적으로 커서 늘 노심초사할 수 있는 일주이다. 따라서 무자일주는 주변에 화(火), 금(金)이 어떤 형태로 있는지에 따라 성패가 결정된다. 예를 들면 무자일주에 화(火)가 투간되어 있고 자수(子水) 옆에 금(金)이 있어 금생수(金生水)가 된다면 큰 부자가 될 수 있는 사주 구조로 변한다.

또 무자일주는 자수(子水)가 투간되어 천간에 임계(壬癸)가 있다면 계산적이고 사업적인 성향이 매우 강하게 나타난다.
무토일간 중 가장 생산성이 있는 일주라고도 할 수 있는데 이는 수기(水氣) 때문이며 이 수기의 항상성을 위해서는 반드시 금생수(金生水)가 이루어져야 하고 천간에 화(火)가 있어야 한다.

형상적으로는 산과 강물이 조화를 이루는 형상이지만 실제 재물복이 있기 위해서는 반드시 무토가 다목적 댐의 역할을 해야 한다. 즉 물을 가두고 저장시키는 기능을 해야 한다는 것이다. 남성의 경우 처복이 있고 여성의 경우 재물복이 있다고 하지만 실제 통변하면 근거가 미약하다.

- **무자일주**는 통이 크고 생각의 유연성이 있다.
- 인정이 많으나 표현하지 못하고 마음속에 담아 두는 경향이 있다.
- 자신에 대한 애정이 각별하며 사람들 사이에 인기가 있는 편이다.
- 이성에게는 약하고 동성에게는 강한 모습을 보인다.

◎ 무자일주(戊子日柱)의 알레르기

합충형해파 (合沖刑害破)	무자일주의 개운법
자오충 (子午沖)	자오충(子午沖)은 배우자와의 관계나 사업의 부진, 실패 외에도 건강과 직결된 생명의 충(沖)인 경우가 많다. 따라서 건강과 관련된 사건사고 등 수술수, 교통사고 등을 조심해야 한다. 욕심을 버리고 명상, 독서, 봉사활동의 개운법을 실천하는 것이 도움이 된다. 이별수, 관재수, 이혼수, 이직, 이사, 창업, 확장을 조심하고 현상 유지 및 수술수에 대비해야 한다.
자미원진 (子未怨嗔)	자미원진(子未怨嗔)은 정신적으로 오는 대표 흉운으로 공황장애, 빙의, 조울증, 우울증 등 심리적 질환을 매우 조심해야 한다. 또 예민해지고 정신적인 스트레스가 가중되는 형태로 일의 지체 현상이 일어난다. 이 시기에는 부부간에도 잠시 떨어져 있는 것이 도움이 된다. 부부간 사이가 나쁠 때는 각방을 쓰거나 별거가 좋은 작용을 하기도 한다.
자유귀문 (子酉鬼門)	자유귀문(子酉鬼門)은 정신적, 신체적으로 함께 올 수 있는 흉운으로 각종 수술수, 공황장애, 빙의, 조울증, 우울증 등을 매우 조심해야 한다.

또 예민해지고 정신적인 스트레스가 가중되는 형태로 일의 지체 현상이 일어난다.

이별수, 관재수, 이혼수, 이직, 이사, 창업, 확장을 조심하고 현상 유지 및 수술수에 대비해야 한다.

무자일주(戊子日柱)의 알레르기
자오충(子午沖) / 자미원진(子未怨嗔) / 자유귀문(子酉鬼門)

6) 기토(己土)의 알레르기

◎ 기토(己土)의 특성

기토(己土)는 생산성이 매우 높은 토양으로 무토(戊土)와는 전혀 다른 차별성을 보여 준다.
형상적으로는 기름진 논밭 형태를 하고 있으며 어떤 작물이든 단시간에 키워서 경제적 가치를 만들어 낸다.
따라서 모든 관점이 경제적 가치에 맞춰져 있다.

시간의 효율성과도 밀접한 관계가 있는데 인묘진(寅卯辰) 사오미(巳午未)에는 그 특성이 더욱 뚜렷하게 나타나게 되며 한겨울 해자축(亥子丑)월을 제외한 모든 계절에서 생산성과 경제적 가치를 추구한다.
또 기토는 매우 습한 토양으로 작물을 키워 내는 데 적합한 토양이지만 수기(水氣)를 막고 저장하거나 습기를 제거하는 작용은 전혀 하지 못한다는 단점도 가지고 있다.

기토는 목(木)이 들어와도 두려움이 없고 강한 물(水)이 들어와도 걱정이 없다는 의미인데, 이는 목(木)이 기토를 목극토(木剋土)하지 않고 오히려 갑기합(甲己合)이 되거나, 을목(乙木)이 들어와도 서로 상생함을 의미하고, 수기(水氣)가 강하게 들어와도 수기를 저장하거나 막지 않기 때문에 수기와 다툼이 없다는 것이다.

기토는 무토처럼 종적인 형태가 아닌, 높이가 없고, 낮은 횡적인 형태를 갖추고 있기 때문에 강한 수기(水氣)가 들어와도 그냥 스쳐 지나가게 되고, 화(火)를 만나면 화기(火氣)를 조절하고 열기를 저장하며, 음금(陰金)을 만나면 윤택하게 하여 보관하려는 습성이 있다.

또 화금(火金)은 저장하고 보존하려는 기운이 있다.
그래서 기토는 목수(木水)는 두려워하지 않고 화금(火金)은 반기는 것이다. 고서에 따르면, 기토가 음습하기 때문에 정화(丁火)가 지나치게 강하면 정화의 열기를 약화시키고, 신금(辛金)이 있으면 신금(辛金)을 생(生)하여 윤택하게 만들며, 목(木)의 뿌리가 튼튼한 병화(丙火)를 만나면 병화가 음습한 토(土)의 기운을 제거해 주니 만물을 자생시킬 수 있는 능력이 극대화된다.
기토일주는 기본적으로 현실성을 가지고 경제적 가치를 추구하는 데 가장 큰 목적성을 두고 있다.
일지오행에 의해 기본적인 성향은 조금씩 달라지겠지만 기본 성향인 생산성, 경제적 가치 추구는 변함이 없다.

기토일간의 특징은 첫 번째, 경제성이다.
경제적 이익이 있다면 인내와 끈기, 근면함을 무기로 목적 달성을 이루어 낸다.
두 번째, 이기적인 성향이다.
자신의 이익을 우선시하다 보니까 당연히 명분이나 타인의 권리나 배려는 축소될 수밖에 없다.

따라서 기토일간을 지닌 분들은 극단적인 이기주의로 치우치지 않게 늘 조심하고 경계해야 한다.

세 번째, 대인관계의 약화이다.
기토일간은 이기적인 성향은 물론 소극적인 성격으로 인해 인간관계가 매우 협소한 경우가 많다.
기본적으로 소유욕이 강해 내 것과 내 것 외의 것에 대한 차별 및 구분이 명확하여 타인으로부터 배타적으로 보여지는 경우가 많다.

즉, 자신과 자신의 소유인 가족의 이익을 최우선하다 보면 사회적으로 고립되는 경우가 많다는 것이다.
따라서 기토일간은 어릴 때부터 사회성을 키우는 데 정성을 들여야 한다.
때로는 자신의 이익을 버릴 때 더 큰 이익이 올 수 있기 때문이다.

가. 기축일주(己丑日柱)의 특성

기축일주(己丑日柱)는 동토(冬土)의 형상으로 반드시 화기(火氣)가 있어야 생존이 가능한 환경 조건을 가지고 있다.
따라서 기축일주는 월지에 사화(巳火)를 반기고 천간에 병정화(丙丁火)가 있으면 매우 좋다.
기본적인 성향은 스케일이 작고 구두쇠이며 사람 관계에서 인색한 면이 있지만, 모성애가 강하고 인내심과 참을성이 있으며 근면성실하여 경제적 능력이 있다.

다만 화기(火氣)가 있어야 경제적으로 윤택할 수 있는 근거가 생기며 만일 화기가 전혀 없다면 경제적 궁핍은 물론이고 건강에도 치명적인 약점이 있어 단명하기 쉽다.
특히 심장·심혈관 질환으로 고생할 수 있다.
기축일주는 속을 알 수 없는 사람이 많다.
자기표현이 강하지 않아 무슨 생각을 하는지 알 수 없고, 한번 원한이 생기면 죽을 때까지 잊지 못하는 뒤끝을 보이기도 한다.
그래서 기축일주에게는 원한 살 일이나 어설픈 충고를 하는 일은 만들지 않는 것이 좋다.
여성의 경우 자궁, 신장, 방광 등이 약해서 손발이 차고 산액이 있기 쉬우며 남성의 경우에는 수술수가 있어 뼈 관련 질환이나 심혈관 질환으로 몸에 수술 자국이 생기기 쉽다.

이는 모두 화기(火氣)가 약하거나 없을 때 발생 빈도가 현격히 증대된다. 또한 간여지동의 기운이 있으므로 소의 고집처럼 은근히 자기 기운이 강하며 한번 고집을 피우면 아무도 못 말리는 은근한 강렬함을 보여 주기도 한다.

따라서 부부 관계가 나빠질 개연성이 높으며 외롭고 고독한 경우가 많다.

- 화기(火氣)가 있으면 우둔함이 답답해 보이기도 하지만 인내와 끈기가 있어 일을 성사시키는 데 도움이 된다.
- 고지식하고 보수적 성향이 강하나 불평불만이 많고 감정 기복이 심한 편이다.
- 주변에 목(木)이 없으면 음흉한 사람이 되기 쉽다.

◎ 기축일주(己丑日柱)의 알레르기

합충형해파 (合沖刑害破)	기축일주의 개운법
축오(丑午) 원진귀문 (怨嗔鬼門)	축오(丑午)원진귀문은 정신적, 신체적으로 함께 올 수 있는 흉운으로 각종 수술수, 공황장애, 빙의, 조울증, 우울증 등으로 매우 어려운 시기이다. 또 예민해지고 정신적인 스트레스가 가중되는 형태로 일의 지체 현상이 일어난다. 이별수, 관재수, 이혼수, 이직, 이사, 창업, 확장 등을 금지해야 하며 현상 유지 및 수술수에 대비해야 한다. 몸에 수술 흉터가 있으면 어느 정도 액땜이 된다.

축술형살 (丑戌刑殺)	축술형살(丑戌刑殺)은 자기 기운이 매우 강해지며 착각이 들어오는 운(運)이다. 차가움과 뜨거움이 만들어 낸 교란 현상으로 각종 사건사고는 물론 자살, 과대망상, 피해망상 등 원진귀문처럼 이상 행동이 여러 형태로 나올 수 있다. 이때는 명상, 독서, 봉사활동, 휴식과 종교활동이 도움이 된다. 불법적인 일은 절대 해서는 안 되는 시기이다.
축미충 (丑未沖)	축미충(丑未沖)은 화개충(華蓋沖)으로 인과관계에 의한 현상이다. 즉 지금 문제는 곧 오래전에 근거가 있다는 의미이다. 결과가 좋으려면 원인이 좋아야 한다. 따라서 나쁜 변화가 어떤 형태를 하고 있는지 확인하고 이에 대비해야 한다. 흉운(凶運) 때는 투자나 창업, 확장 등을 하지 말아야 한다. 일의 진행이 느려지거나 결과가 나쁘게 나타날 수 있다. 부부 관계에 문제가 생길 수 있다.

기축일주(己丑日柱)의 알레르기
축오(丑午)원진귀문 / 축술형살(丑戌刑殺) / 축미충(丑未沖)

나. 기묘일주(己卯日柱)의 특성

기묘일주(己卯日柱)는 한마디로 '관심받고 싶은 영리한 토끼'이다.
늘 자신을 아름답게 꾸미고 남의 시선을 의식한다.
타인이 자신에게 내리는 평가가 좋을 경우 행복해지고 반대로 나쁠 경우 슬퍼진다.
다른 일주(日柱)에 비해 타인에 대한 의식이 매우 강한 편이다.
특히 이성에 대한 관심도 높아서 여성의 경우 조숙한 기운이 나올 수 있다. 따라서 여성의 경우 청소년기에 관성(官星)이나 상관운(傷官運)이 들어오면 일찍 연애를 시작할 수 있어 경계해야 한다.

기본적인 성향은 소심하고 배짱은 없는 편이며 변덕과 감정 기복이 심해 한 우물을 파기 어려운 경우가 많으나 이를 극복하지 못하면 직업적으로 불안정해진다.
직업적으로는 타인의 눈치를 잘 보는 편이어서 직장생활, 공직생활, 조직생활이 잘 어울리며 횡적인 동료나 아랫사람보다는 종적인 상사와의 관계가 원만한 특성이 있다.

부부 관계는 다소 냉랭한 편이며 중년 이후 이혼하는 경우가 종종 발생하는데 지지(地支)로 금운(金運)이 들어올 때 거의 발생한다.
따라서 지지로 금운이 들어올 때는 교통사고, 낙상 등 수술수와 함께 부부 관계도 조심하고 점검할 필요가 있다.
기묘일주가 가장 하지 말아야 할 것은 의심과 변덕이고 반드시 해야 할 것은 한 우물 파기이다.

- 기본 성격은 예민한 편이며 자존심과 명예욕이 강하다. 밖에서는 인정받으나 집에서는 무뚝뚝하여 인기가 없다.
- 호기심과 의욕은 왕성하나 급한 성격으로 욕구불만이 많다.

◎ 기묘일주(己卯日柱)의 알레르기

합충형해파 (合沖刑害破)	기묘일주의 개운법
묘신(卯申) 원진귀문 (怨嗔鬼門)	묘신(卯申)원진귀문은 남성에게는 직장 문제, 여성에게는 배우자와의 문제가 발생할 가능성이 가장 높다. 그 외에도 정신적, 신체적으로 함께 올 수 있는 흉운으로 각종 수술수, 공황장애, 빙의, 조울증, 우울증 등을 매우 조심해야 한다. 또 예민해지고 정신적인 스트레스가 가중되는 형태로 현재 진행하고 있는 일의 지체 현상이 일어난다. 이별수, 관재수, 이혼수, 이직, 이사, 창업, 확장을 금지하고 현상 유지 및 수술수에 대비해야 한다. 몸에 수술 흉터가 있으면 일부분 업상대체 효과가 있다.
묘유충 (卯酉沖)	묘유충(卯酉沖)은 직장, 이혼, 교통사고, 투자 손실 등 다양한 사건사고로 문제가 발생할 수 있는 흉운이다. 따라서 묘유충이 일어나면 우선 현상 유지와 기존 문제들을 점검하는 시간을 가져야 한다. 특히 부부 문제와 재물적 투자 문제는 미리 충분히 대비할 수 있으므로 사전에 철저히 준비한다면 가볍게 지나갈 수 있다.

자묘형살 (子卯刑殺)	자묘형살(子卯刑殺)은 습목(濕木)이 가중되는 형태로, 화기(火氣)가 약할 경우 물상적으로 연기가 많이 나는 형상이 되며 실제 현실에서는 일의 진행이 멈추거나 예기치 못한 힘든 상황이 발생할 개연성이 높아진다. 따라서 일의 진행을 사전에 점검하고 속도 조절을 하는 것이 좋다. 이성운의 경우도 후회할 일이 발생할 수 있기 때문에 말과 행동에 각별히 유의해야 한다.

기묘일주(己卯日柱)의 알레르기
묘신(卯申)원진귀문 / 묘유충(卯酉沖) / 자묘형살(子卯刑殺)

다. 기사일주(己巳日柱)의 특성

기사일주(己巳日柱)를 한마디로 표현하면 '표현력이 좋은 활달한 선생님'이다.
기사일주는 기토일간 중 가장 역마의 기운이 강한 일주이다.
잠시도 배움을 멈추는 법이 없고 늘 움직이면서 생각하는 습성을 지니고 있다.

따라서 보수적인 성향이 있으면서도 포괄적이고 개방적인 특징도 함께 가지고 있다. 시작을 잘하고 호기심도 많은 편이다.
기본적으로 따뜻한 마음을 지니고 있으며 절차, 전통, 문서, 자격 등 순차적이고 검증 가능한 일 처리를 선호한다.

기사일주에게 가장 필요한 오행은 목수(木水)이다.
생산성이 매우 높은 토양에서 작물을 키워 내는 것이 첫 번째 목표이기 때문이다.
물론 월지에 따라 달라질 수 있는데 기사일주는 해자축월(亥子丑月)만 아니라면 생산성 추구가 목적이라고 봐도 무방하다.
천간에 병화(丙火)가 있을 경우 직업적으로 선생님, 상담직 등이 가장 잘 맞고 경금(庚金)이 있을 경우는 연구원, 과학자 등의 분야에서도 두각을 나타낸다.

여성의 경우 배우자복이 있는 경우가 많으며 이때는 조건이 하나 붙는다.
정관(正官)이 천간에 한 개 있으며 관인상생이 잘 되어 있어야 한다.
남성의 경우는 역동적이고 활동성이 강하나 자칫 시작에 비해 마무리가 잘 안 되는 성향이 될 수 있다.

기사일주는 진토(辰土)가 들어올 때 천라지망으로 가장 어렵고 술토(戌土)가 그 다음 나쁜 작용을 한다.
따라서 진술운(辰戌運)이 들어올 때는 절대적으로 수성하고 조심해야 한다.

- 정(情)에 약하고 감정 기복이 다소 있어 스트레스에 약한 편이다.
- 수다스럽고 성욕이 강할 수 있으므로 특히 남성은 사주에 관성(官星)이 없을 경우 성(性) 관련 범죄에 노출되기 쉬우니 늘 경계해야 한다.

◎ 기사일주(己巳日柱)의 알레르기

합충형해파 (合沖刑害破)	기사일주의 개운법
진사(辰巳) 천라지망 (天羅地網)	진사(辰巳)천라지망은 남성에게는 배우자, 재물, 직장, 여성에게는 배우자, 친구, 친정 식구, 자식까지에 관련된 심각한 문제가 발생할 가능성이 가장 높은 최상의 흉살(凶殺)이다. 그 외에도 정신적, 신체적으로 함께 올 수 있는 흉운으로 각종 질병(암, 심장 질환 등), 수술수, 공황장애, 빙의, 조울증, 우울증 등을 매우 조심해야 한다. 이별수, 관재수, 이혼수, 이직, 이사, 창업, 확장을 금지해야 하며 실물수 및 수술수에 대비해야 한다. 몸에 수술 흉터가 있으면 일부분 업상대체 효과가 난다.
사술(巳戌) 원진귀문 (怨嗔鬼門)	사술(巳戌)원진귀문은 남녀 모두 배우자 문제와 부동산, 문서 등 재물과 관련된 손실이 예상된다. 정신적으로도 예민하고 이상 현상이 일어나기도 한다. 원진귀문은 정신적 교란 행위이다. 따라서 이 시기에는 판단과 선택을 하지 않는 것이 좋다. 직장, 이혼, 교통사고, 투자 손실 등 다양한 사건사고로 문제가 발생할 수 있는 흉운(凶運)이다.

사해충 (巳亥沖)	사해충(巳亥沖)은 정신적인 문제와 문서와 부동산 등 재물과 관련하여 큰 손실이 생길 수 있는 운(運)이다. 특히 사업이나 장사를 하는 분들께는 더욱 그 충격이 크다. 따라서 이 시기에는 투자, 확장은 금물이다. 일의 진행을 사전에 점검해야 하고 속도 조절 및 현상 유지가 필요하다. 단 육영 사업, 종교 관련 사업은 오히려 길(吉)하다.

기사일주(己巳日柱)의 알레르기
진사(辰巳)천라지망 / 사술(巳戌)원진귀문 / 사해충(巳亥沖)

라. 기미일주(己未日柱)의 특성

기미일주(己未日柱)는 가장 시급한 것이 수기(水氣)를 찾는 것이다.
월지에 따라 그 필요 정도는 조금 달라지지만 기본적으로 수기가 필요한 것은 공통분모라 할 수 있다.
계미(癸未)를 제외한 모든 미토(未土)는 수기(水氣)가 절대로 필요하다.

이는 비유하자면 '사막에 오아시스'가 만들어지는 것이기 때문이다.
기미일주는 간여지동 사주로 주체성과 고집이 매우 강하다.
이는 사업적, 장사적 추진력이긴 하지만 확대적, 확장적 규모는 아니다.
이는 그릇 자체가 대형화되기 어렵다는 것을 의미한다.
그래서 사업이나 장사가 아닌 전문직 영역에서 힘을 발휘하는 경우가 많다.
남녀 모두 선생님, 상담사, 연구원, 심리학자 등도 잘 맞는다.
또 돌아다니는 직업과 작은 규모의 사업, 장사에서도 좋은 성과를 만들 수 있다.

따라서 기미일주는 우선 수기(水氣)의 유무와 월지(月支)를 보고 진로와 직업을 결정해야 한다.
수기(水氣)가 있는데 해자축(亥子丑)월이 아니라면 사업, 장사가 잘 어울리고, 수기가 있는데 해자축월이라면 선생, 연구원, 상담원 등 전문직이 잘 맞는다.
또 일점 수기(水氣)가 전혀 없을 경우는 개운법과 병행하여 업상대체를 하는 것이 필요하다.

즉 생산성이 주목적인 봄여름과 초가을까지는 초목을 키워서 꽃과 열매를 맺는 것이 가장 이상적인 형태이므로, 이때는 물상적으로 천간에서 빛(광합성)으로 작용하는 병정화(丙丁火)가 꼭 필요하다고 할 수 있다. 지지운에서 술토(戌土)가 들어올 때 사업, 직장 등 일적으로 특히 조심해야 하며 여성의 경우 미토(未土)는 관고(官庫)에 해당하여 배우자 관계에서 문제가 생길 개연성이 크다.

◎ 기미일주(己未日柱)의 알레르기

합충형해파 (合沖刑害破)	기미일주의 개운법
축미충 (丑未沖)	축미충(丑未沖)은 변화와 반복성이 발생되는 흉운이다. 특히 배우자 관계에 관련된 문제가 발생할 개연성이 매우 높고 건강이 나빠져 수술수가 생길 가능성도 높다. 주로 사건사고보다는 평소 인간관계와 건강에 특히 유의해야 한다. 특히 수기(水氣)가 없는 상태에서의 축미충은 그 충격이 매우 큰데 이는 충격 흡수가 전혀 안 되기 때문이다.
술미형살 (戌未刑殺)	술미형살(戌未刑殺)은 일적인 부분에서 문제가 생길 개연성이 높은 흉운(凶運)이다. 직장, 이혼, 교통사고, 투자 손실 등 다양한 사건사고로 문제가 발생할 수 있는 흉운이다. 따라서 우선 현상 유지와 기존 문제들을 점검하는 시간을 가져야 한다. 특히 부부 문제, 투자 문제는 미리 충분히 대비할 수 있으므로 사전에 대비한다면 가볍게 지나갈 수 있다.
자미원진 (子未怨嗔)	자미원진(子未怨嗔)은 생극제화의 형태는 좋은 작용을 하는 경우도 더러 있는 원진살로, 수기(水氣)가 전혀 없는 경우는 말 그대로 원진이 아니라 생명수로도 작용할 수 있다. 다만 수기(水氣)가 충분할 때 자미원진은 부부 관계를 나쁘게 만들고 수술수를 생기게 할 수 있다. 따라서 자미(子未)의 길흉은 사주원국의 수기(水氣)에 따라 달라질 수 있다.

> 습이 가중되는 형태가 아니라면 자미원진은 꼭 나쁜 신살은 아니다.

기미일주(己未日柱)의 알레르기
축미충(丑未沖) / 술미형살(戌未刑殺) / 자미원진(子未怨嗔)

마. 기유일주(己酉日柱)의 특성

기유일주(己酉日柱)는 모성애의 대명사이다.
자식에 대한 사랑이 깊고 기본적으로 따뜻한 심성과 예술적 재능도 함께 지닌 팔방미인 일주이다. 그러나 팔방미인은 현대 사회에서 환영받는 재능은 아니다.
전문화 시대가 만든 문제일 수 있지만 추세를 따라야 하는 것도 엄연한 현실이다.

기유일주의 특징 및 장점은 직관력과 깊이가 있는 학문적 재능이다. 즉 자신의 진로를 한 가지로 특정하여 그 길로 한 우물을 파야 성공할 수 있다는 의미이다.

주변 체성(體性)에 따라 달라지겠지만 기유일주가 예술적 분야에서 가르치는 직종에 종사하면 삶의 만족감이 매우 높은 것으로 나타났다. 특히 미술, 디자인, 건축 등 색과 공간 감각이 필요한 분야에서 탁월한 재능이 나타나는 경우가 많았다.

흔히 여성의 경우 일지에 식신을 두고 있어 모성애가 강하며 자식을 얻으면 남편과는 멀어진다는 득자부별의 일주라고 하는데, 일리가 전혀 없는 것은 아니지만 실제 감정해 보면 백년해로하며 잘 사는 부부가 더 많기 때문에 기우(杞憂)라고 할 수 있다.
모성애도 기본은 인간을 사랑하는 따뜻한 마음이다.
따라서 그것은 자식뿐 아니라 모든 사람에게 포괄적으로 적용되는 기운으로 해석해야 한다.

기토(己土)는 생산성이 극대화된 토양이다.
그냥 비어 있는 것을 몹시 꺼려한다.
뭔가 경제적으로 가치 있는 일을 만들어 내려고 하는데 유금(酉金)은 그 자체로 완벽한 형태의 금(金)이어서 생금(生金)이 별 소용없다.
월지에 따라 달라질 수는 있겠지만 따라서 기유일주는 생산성 추구보다는 정신적 가치를 추구하는 것이 자신의 몸에 맞는 옷을 입는 것이다.

밭 위를 뛰어다니는 토끼의 형상으로 낙천적이고 긍정적이나, 지나치면 건방지고 가벼워 보인다. 조숙하고 이성에 대한 관심이 많다. 지지(地支)에서 묘(卯)을 만나면 교통사고 등 신변에 문제가 생길 수 있다.
자식 사랑은 깊은 편이다.

◎ 기유일주(己酉日柱)의 알레르기

합충형해파 (合冲刑害破)	기유일주의 개운법
묘유충 (卯酉沖)	묘유충(卯酉沖)은 왕지충(旺支沖)으로 그 충격이 대단히 강하다. 특히 유금(酉金)이 용신이면 생명까지 위태로울 만큼 심각한 결과가 나올 수 있다. 주로 사건사고와 이혼, 실직 등 삶과 직결되는 대표 흉운이라고 할 수 있다. 특히 여성의 경우 배우자 관계에 관련된 문제가 발생할 개연성이 매우 높고 건강이 나빠져 수술수가 생길 가능성도 높다. 뼈 관련 질환, 관절 및 대장, 폐 등을 특히 유의해야 한다.
인유원진 (寅酉怨嗔)	인유원진(寅酉怨嗔)은 매우 강력한 흉살(凶殺)로 정신적, 육체적으로 동시에 올 수 있는 흉운이다. 정신적으로는 공황장애, 불안증, 우울증, 조울증 등이, 육체적으로는 골절 관련 질환, 호흡기, 소화기 관련 질환이 올 수 있으며 사회적으로는 직장, 이혼, 교통사고, 투자 손실 등 다양한 사건사고로 문제가 발생할 수 있는 흉운이다. 따라서 우선 현상 유지와 기존 문제들을 점검하는 시간을 가져야 한다.
유유자형 (酉酉自刑)	유유자형(酉酉自刑)은 스스로 형벌을 내린다는 의미인데 다른 자형에 비해 흉운으로 작용될 개연성이 조금 더 높다. 금(金)은 차갑고 날카로우며 차단, 구분의 성질을 지니고 있다. 가장 먼저 떠올려야 하는 것은 건강인데 목과 허리에서

> 문제가 발생할 가능성이 매우 높고 사회적으로는 구설, 관재 등 예기치 못한 사건사고로 인해 고통받는 경우가 종종 발생한다.

기유일주(己酉日柱)의 알레르기
묘유충(卯酉沖) / 인유원진(寅酉怨嗔) / 유유자형(酉酉自刑)

바. 기해일주(己亥日柱)의 특성

기해일주(己亥日柱)는 '밭에서 먹이를 찾는 멧돼지'의 형상으로 엄청난 식욕과 역마의 기운을 지닌 일주이다.

기해일주는 습기가 매우 강한 일주이다.
따라서 기해일주의 완전필요오행은 화(火)가 된다.
천간지지에 한 개씩 있는 것이 가장 이상적인데 월주나 시주에 병오(丙午)가 있으면 매우 좋다.

사주가 습하다는 것은 일의 중단이나 지체, 그리고 건강 악화, 부정적 생각 등 많은 문제점들을 만든다.
그래서 기해일주의 최우선 목표는 습기 제거가 되는 것이다.

기해일주의 기본적인 성향은 욕심과 승부욕이 강하다는 것이다. 또 남녀 모두 호색하고 수다스러운 특징도 지니고 있다.

욕심이 많다는 것은 그 욕심을 취할 수 있는 힘과 운(運)이 있을 때만 행복해질 수 있다는 의미가 있다. 만일 욕심은 많은데 그것을 가져올 힘이 없거나 운(運)이 따라 주지 않는다면 그 인생은 최악의 나락으로 빠져들 수 있는 개연성을 만든다.

비유하자면 멧돼지가 산에서 내려오면 농작물이 있는 밭에서 손쉽게 먹이를 구할 수 있지만, 사냥꾼 손에 죽임을 당하거나 함정에 걸릴 수 있다는 위험성 또한 지니고 있다는 의미이다.

따라서 기해일주는 사업이나 장사를 할 경우 반드시 이 점을 고려해야 한다.

기해일주의 기본적인 경향은 활달하고 대인관계가 좋은 편이다. 또 연애를 잘하고 화기(火氣)가 주변에 있으면 대단히 강한 성욕을 지니고 있어 목기(木氣)가 없을 경우 성(性)범죄와도 관련될 수 있으니, 자신을 통제하는 법을 어릴 때부터 배우고 체화해야 한다.

- 두뇌 회전이 빠르고 잔머리가 발달하여 작은 일은 잘 성사시키나 큰 일은 성사가 어렵다.
- 겉과 속이 달라 신의가 없는 편이나 목(木)이 있으면 해소된다.
- 지지(地支)의 사(巳)를 만나면 건강에 문제가 생긴다.

◎ 기해일주(己亥日柱)의 알레르기

합충형해파 (合沖刑害破)	기해일주의 개운법
술해(戌亥) 천라지망 (天羅地網)	술해(戌亥)천라지망은 우선 남녀 모두에게는 배우자, 재물, 직업이란 공통분모에 문제가 발생할 가능성이 높다. 술해(戌亥)천라지망은 최상의 흉살로 남자는 아내나 애인, 재물에 흉사(凶事)가 생기며 예기치 못한 곳에서 사건사고에 휘말릴 수 있다. 하늘과 땅의 그물에 걸려 꼼짝도 못 하는 가장 나쁜 상황, 일의 중단이나 마무리가 잘 안 되는 상황, 수술수, 각종 사건사고수가 있으므로 수성과 현상 유지가 최선이다.
진해(辰亥) 원진귀문 (怨嗔鬼門)	진해(辰亥)원진귀문은 매우 강력한 흉운으로 주로 심리적, 정신적으로 올 수 있다. 공황장애, 불안증, 우울증, 조울증, 대인기피 등이 올 수 있으며 사회적으로는 직장, 이혼, 교통사고, 투자 손실 등 다양한 사건사고로 문제가 발생할 수 있는 흉운이다. 따라서 우선 현상 유지와 기존 문제들을 점검하는 시간을 가져야 한다.
사해충 (巳亥沖)	사해충(巳亥沖)은 역마충으로 시작과 새로움, 이동, 변화 등의 의미를 지니고 있다. 욕심이 만들어지는 운(運)이지만 욕심이 순수한 경우와 그렇지 못한 경우에 따라 길흉이 극명하게 드러난다. 순수한 활인업의 경우 길(吉)로 나타나지만 그렇지 않을 경우 흉(凶)으로 나타나는 경우가 대부분이다. 활동성이 극대화되고 새로운 시작을 하는 경우가 많다.

기해일주(己亥日柱)의 알레르기
술해(戌亥)천라지망 / 진해(辰亥)원진귀문 / 사해충(巳亥冲)

◆ 《적천수》 천간론 - 기토(己土)

己土卑濕. 中正蓄藏. 不愁木盛. 不畏水狂. 火少火晦. 金多金光.
若要物旺. 宜助宜幫.
기토비습. 중정축장. 불수목성. 불외수광. 화소화회. 금다금광.
약요물왕. 의조의방.

■ 해설
기토(己土)는 음습(陰濕)한 토(土)이다.
그 성정이 유순하여 화목하므로 목(木)을 도우니 목의 극(剋)을 받지 않는다.
기토는 수(水)를 받아들일 수 있기 때문에 수를 두려워하지 않는다.
기토는 음습하기 때문에 정화(丁火)가 약하면 정화의 빛을 죽인다(어둡게 한다).
기토는 신금(辛金)이 있으면 신금(辛金)을 생(生)하여 윤택하게 만들어 준다.
사주에 토(土)의 뿌리가 튼튼하고 병화(丙火)를 만나면 병화가 습토의 기운을 제거해 주므로 만물을 자생시킬 수 있는 능력을 갖추었으니 모두 좋다.

운명을 바꿀 수 있는 힘

자신의 운명은 오직 자신에 의해 변화할 수 있다.
그리고 그 변화의 시작은 자신을 객관적으로 관찰할 수 있을 때 찾아온다.
자신을 객관적으로 관찰하려면 우선 자신을 정확히 알아야 한다.
모두가 자신을 잘 알 것 같지만 실제로 자신을 모르는 경우가 훨씬 더 많다. 내가 싫어하는 음식을 아는 것처럼 자신을 알 수 있다면 우리의 운명에는 실패란 단어가 생기지 않았을 것이다.
때로는 실패가 훌륭한 스승이고 과정이 되기도 한다.
실패를 통해 성장한 사람은 다시 또 어려움이 와도 잘 이겨 낼 수 있다.
그러나 같은 실패를 계속 되풀이하는 것은 성장을 위한 실패가 아닌 그냥 실패이다. 매너리즘에 빠진 실패는 인생을 늘 허기지고 화나게 한다.
나 자신을 알기 위해서 가장 먼저 해야 하는 것은 '왜?'라는 질문을 스스로에게 하는 것이다.

나는 왜 힘든 것일까?
나는 왜 행복하지 않은 것일까?
나는 왜 화가 나는 것일까?

'왜?'란 질문을 백번쯤 따라가다 보면 빛이 보이기 시작한다.
인생도 운명도 사랑도 정답은 없다.

선택하고 책임지고 최선을 다하는 것뿐이다.

깨달음은 가르칠 수 없다. 스스로 알아내야 한다.

정말 중요한 것은 눈에 잘 보이지 않으나 찾고자 하면 느낄 수 있다.

7) 경금(庚金)의 알레르기

◎ 경금(庚金)의 특성

- 경금은 자연 상태로 존재하는 광물이다.
- 우리가 주변에서 흔히 볼 수 있는 물질이다.
- 따라서 경금은 반드시 화(火)를 만나야 쓰임새가 만들어진다.
  이를 금(金)의 효용 또는 가치라고 한다

◆ 경금과 신금의 특성 비교

구분	경금(庚金)	신금(辛金)
특성	양금(陽金)	음금(陰金)
목적	미완성 기물을 만들어 완성하다.	조명으로 비추어 가치를 드러나게 하다.
필요 화성(火性)	열성(熱性)	광성(光性)
화(火)의 여부	둔금(鈍金)	예금(銳金)

※ 경금에게는 반드시 열로 작용하는 화(火)가 있어야 한다.
  열로 작용하는 화(火)가 없는 경금은 사회적, 경제적 가치를 상실한 존재이다.

경금이 화(火)를 만나 제련을 통해 사회적으로 가치가 만들어지면 예금(銳金)이라고 하며, 화(火)를 만나지 못해 사회적 가치가 만들어지지 않으면 둔금(鈍金)이라고 한다. 따라서 예금과 둔금의 차이는 화(火)에 의해 정해진다.

그런데 사주에 따라 예금이 필요한 경우가 대부분이지만 둔금이 필요한 경우도 간혹 있다. 예를 들면 봄여름 목(木)은 꽃과 열매가 목적인데, 예금으로 목(木)을 극하면 잘못하면 나무 허리가 잘려 나갈 수 있기 때문에 주의해야 한다. 즉 묘월(卯月)의 갑목(甲木)이 갑경극(甲庚剋)이 있는 상태에서 화기(火氣)만 만들어져 제련되면 그 피해가 더 극심해진다는 의미이다.

또 경금은 정화(丁火)에 의해 제련되지만 정화가 없을 경우 병화(丙火)에 의해서도 제련될 수 있다. 이를 능단경금(能煅庚金)이라고 한다. 이 말은 병화도 능히 경금을 제련할 수 있다는 의미이다.
경금의 완전필요오행은 열로 작용하는 화(火)이고 필요오행은 습토와 수(水)이다. 따라서 경금일주는 화(火)의 여부를 확인하고 수(水)가 있는지 살펴야 한다.

또한 월지(月支)를 기준으로 가을은 금왕절(金旺節)이라 하여 왕성한 기운을 발산하는데, 금(金)이 지나치게 강할 경우 목(木)이 위협받는 형상이 되므로 목(木)이 약할 경우 매우 나쁠 수 있다. 이 시기에는 건강은 물론이고 사업, 재물, 육친 관계 등 다양한 곳에서 사건사고가 발생할 수 있다.

경금은 오행 중 물상적으로 종혁(從革)의 기운을 지닌 광물체이다. 종혁이란 가죽을 따라간다는 의미를 지니고 있는데 이는 쉽게 변질될 수 있는 기운이 있음을 의미한다.

경금은 화(火)를 만나면 가치를 얻고 습토를 만나면 건강해진다. 이 의미는 경금에게 화(火)가 완전오행이며 습토는 필요오행이라는 것이다.

경금은 가공되지 않는 금(金)으로 화(火)로 인해 제련되어야 비로소 사회적 가치가 생성된다. 따라서 경금일간은 경오(庚午)를 제외하고는 주변에 화(火)가 있어야 한다. 만약 경금일간인데 화(火)가 전혀 없다면 그 사주는 운(運)에서 들어오지 않는 한 가치가 만들어지지 않는다.
경금의 화(火)는 열로 작용할 때 가치가 있다. 이는 물상적으로 경금의 가치가 제련으로 발생하기 때문이다.

음금(陰金)인 신금(辛金)은 이미 완성된 금(金)으로 제련이 필요 없으므로 열성도 불필요하다. 따라서 빛으로 작용하는 화(火)가 필요한 것이고, 양금(陽金)인 경금(庚金)은 아직 미완성인 기물로 반드시 열성으로 변형하여 쓸모 있는 기물 혹은 완성된 기물로 만들어야 하는 것이다.
즉 양금인 경금이 제련 과정을 거치면 음금인 신금(辛金)이 되는 것이다.

가. 경인일주(庚寅日柱)의 특성

경인일주(庚寅日柱)를 한마디로 표현하면 '통제력이 있는 욕심'이다. 욕심은 내가 어떤 대상을 가지고 싶다는 자기표현이다. 그래서 욕심은 화(火)의 속성처럼 확장성을 지닌다. 그 확장성을 그냥 방치하면 무한대로 뻗어 나가 대부분 나쁜 결과를 만드는데 그때 필요로 작용하는 것이 바로 욕망을 한정하고 고정해 주는 역할이라 할 수 있다.

경인(庚寅)은 그런 점에서 매우 다행스러운 일주이다. 경금(庚金)이 인목(寅木)을 무리해서 소유하려 들 때 인(寅)목의 지장간 속 병화(丙火)는 경금의 확장성에 제동을 걸어 준다.
또 경금은 신금(辛金)처럼 정밀하고 치밀하지 못하여 어떤 대상을 가지려 할 때 종종 문제가 발생한다. 만일 화(火)가 없다면 아예 그런 시도조차 안 하는 것이 좋다. 경금에게 화(火)는 완전필요오행이다.

목(木)이 용신일 경우 경인일주는 개두(蓋頭)에 해당한다.
개두란 지지(地支)의 용신을 천간이 극(剋)한다는 의미로 반길반흉(半吉半凶)의 의미로 사용되었는데, 비유하자면 흉신(凶神)을 머리에 쓰고 있는 형상으로 하늘의 도움을 받지 못해 목적 실현이 어려운 것을 의미한다. 그러나 이는 일주만을 단편적으로 보는 현상으로 전체적인 사주 상황을 보고 판단해야 실수가 없다.

경인일주의 중요한 점은 주변에 화(火)가 있고 수(水)와 습토가 마련되어 있다면 길명(吉命)이란 것이다.

사주는 원리와 논리의 학문이다. 일주를 보면 불필요한 것과 필요한 것이 무엇인지 찾아야 한다. 물론 그것은 사주 전체를 보고 판단해야 할 문제이다. 그러나 일주마다 각각의 특성이 있다. 그 특성을 빨리 찾아내는 것이 바로 사주의 비법이라고 할 수 있다.

영리하고 순간적인 위기 대처 능력이 뛰어나다. 재물과 명예에 대한 욕심이 있으며 타인에 대한 배려심이 적다. 정적인 업무보다는 동적인 업무가 어울린다. 지지(地支)에서 신금운(申金運)이 들어오면 이혼, 교통사고 등이 발생할 수 있다.

◎ 경인일주(庚寅日柱)의 알레르기

합충형해파 (合沖刑害破)	경인일주의 개운법
인신충 (寅申沖)	인신충(寅申沖)은 주로 교통사고, 낙상, 폭행, 수술수 등 건강에 관련된 사건사고가 발생하며 남녀 모두에게는 배우자나 애인에게서 문제가 자주 발생한다. 역마충은 욕심을 부리면 반드시 흉(凶)한 사건사고가 발생하므로 이 시기에는 투자, 투기, 확장 등은 삼가는 것이 좋다. 일의 중단이나 마무리가 잘 안 되는 상황이므로 수술수, 각종 사건사고수가 있으니 수성과 현상 유지가 최선이다.
인유원진 (寅酉怨嗔)	인유원진(寅酉怨嗔)은 정신적, 신체적으로 동시에 들어오는 흉운으로 육친상으로는 주로 배우자, 애인 등과 이별수가 생기기 쉽다.

	공황장애, 불안증, 우울증, 조울증, 대인기피 등이 올 수 있으며 사회적으로는 직장, 이혼, 교통사고, 투자 손실 등 다양한 사건사고로 문제가 발생할 수 있는 흉운이다. 따라서 우선 현상 유지와 기존 문제들을 점검하는 시간을 가져야 한다.
인사형살 (寅巳刑殺)	인사형살(寅巳刑殺)은 자기 기운이 극대화되는 시기로 경찰, 검찰, 군인 등 업상대체가 되면 좋은 작용으로 나타날 수 있지만 유흥과 관련된 일에 종사하고 있다면 나쁜 작용을 하는 경우가 많다. 한마디로 과한 욕심이 만들어지는 운(運)이지만 욕심이 순수한지 비순수한지에 따라 길흉이 극명하게 드러난다.

경인일주(庚寅日柱)의 알레르기
인신충(寅申沖) / 인유원진(寅酉怨嗔) / 인사형살(寅巳刑殺)

나. 경진일주(庚辰日柱)의 특성

경진일주(庚辰日柱)는 미남 미녀가 많고 배움에 대한 열정이 큰 일주이다. 학문과 예술적 재능이 있어서 직업적으로는 선생이나 상담원, 예술 계열 등이 좋다. 그러나 고집과 변덕, 의심 등이 있어 배우자와의 관계가 좋은 편은 아니다.
계획, 기획, 모사에 뛰어난 성향이 있지만 잔꾀를 잘못 사용하여 소탐대실하는 경우도 종종 발생한다. 따라서 경진일주는 정도를 걷는 것이 가장 이상적인 출세 방법이다.

경진일주가 실패하는 가장 큰 이유는 지나친 욕심과 부화뇌동 때문이다. 특히 직업적으로 사업이나 장사를 할 경우 욕심이 많은데 귀가 얇아 사기당하는 경우가 비일비재하다. 또 암명합(暗明合)이 되어 남녀 모두 다정다감하고 친절하나 소유욕이 있어 집과 직장에서의 모습이 정반대인 경우가 많다.
경진일주는 말년에 외로울 수 있으므로 배우자 선택 및 직업이 매우 중요하다. 즉 나이가 들어도 계속 할 수 있는 일, 학문이 가장 좋고 배우자도 궁합이 잘 맞아 자신이 하는 일을 인정해 주고 도와주는 배우자가 필요하다.
또 경진일주는 자신의 학문에 대해 다소 자신감이 떨어질 수 있으므로 늘 배움에 있어 포괄적 시야가 필요하다. 자신감은 자신이 얼마나 막힘없이 채워져 있는지에 따라 결정된다.
주변에 반드시 화(火)가 있어야 사회적 가치가 만들어지며 천간에 수(水)

까지 있으면 귀명이 된다. 경금은 반드시 화(火)가 필요하며 경진일주의 경우 진토(辰土) 속에는 화기(火氣)가 전혀 없기 때문에 특히 화기(火氣)는 불가결한 오행이다.

따라서 만일 경진일주에 화(火)가 일점도 없다면 매우 심각한 문제가 발생할 수 있다.

경진일주에 화기(火氣)가 있을 경우 자신감과 리더십이 있고 추진력이 강해 한번 일을 시작하면 끝장을 보는 스타일이다.

- 권력 지향적이며 이기적인 면은 단점이 될 수 있다.
- 여성의 경우 고집이 세고 지나치게 활동적이라 남자와 불화하기 쉽다.
- 여성의 경우 아름답고 재능이 있으나 남성과 화합하기 어렵다.

◎ 경진일주(庚辰日柱)의 알레르기

합충형해파 (合沖刑害破)	경진일주의 개운법
진사(辰巳) 천라지망 (天羅地網)	진사(辰巳)천라지망은 하늘과 땅의 그물에 걸려 꼼짝도 못하는 가장 나쁜 상황이다. 일의 중단이나 마무리가 잘 안 되는 상황이며 반드시 흉(凶)한 사건사고가 발생하므로 투자, 확장 등은 삼가는 것이 좋다. 수술수, 각종 사건사고수가 있으며 수성운, 현상 유지, 종교적·철학적인 명상, 봉사활동, 학문 정진 등이 도움이 된다.
진해(辰亥) 원진귀문 (怨嗔鬼門)	진해(辰亥)원진귀문은 심리적, 정신적으로 들어오는 흉운(凶運)으로 육친상으로는 주로 배우자, 애인 등과 이별수가

	생기기 쉽다.
	공황장애, 불안증, 우울증, 조울증, 대인기피 등이 올 수 있으며 사회적으로는 직장, 이혼, 교통사고, 투자 손실 등 다양한 사건사고로 문제가 발생할 수 있는 흉운(凶運)이다. 따라서 우선 현상 유지와 기존 문제들을 점검하는 시간을 가져야 한다.
진술충 (辰戌沖)	진술충(辰戌沖)은 화개충(華蓋沖)이라고도 하며 주로 일의 마감이나 중단이 일어난다. 따라서 화개충(華蓋沖)을 정확히 해석하기 위해서는 현재 결과에 대한 원인을 알아야 한다. 즉 원인이 좋았다면 결과도 따라서 좋을 것이다. 하지만 원인이 좋지 못했다면 결과 역시 기대하기 어렵다. 진술충(辰戌沖)은 인생의 큰 변혁성을 나타낸다. 기존의 것들을 바꾸는 에너지가 있다.

경진일주(庚辰日柱)의 알레르기
진사(辰巳)천라지망 / 진해(辰亥)원진귀문 / 진술충(辰戌沖)

다. 경오일주(庚午日柱)의 특성

경오일주(庚午日柱)는 강인성과 역동성을 함께 지닌 일주로 일주 자체에 화기(火氣)가 있기 때문에 사주에 화기가 없더라도 무방하다.

직업적으로는 사업, 장사보다는 직장인, 공무원이 더 잘 맞으며, 월지나 일지에 술토(戌土), 미토(未土) 등 조토가 있거나 화기(火氣)가 있는 경우 반드시 수기(水氣)가 있어야 직업이 안정되는 사주이다.

즉 지지가 화국(火局)으로 형성되었는데 수기(水氣)가 없다면 경오일주는 사회적 가치가 만들어지는 것이 아니라 오히려 직업이 매우 불안정해지고 성격적으로도 심각한 결함이 있을 가능성이 높아진다.
자살, 정신분열, 우울, 조울 등이 발현되기 쉽다.

따라서 경오일주에 화기(火氣)가 강할 때는 습토로 열기를 설기시켜 주는 것이 가장 좋으며 자수(子水)는 알레르기로 인해 쓸 수 없으므로 지지의 해수(亥水)나 천간의 임수(壬水)가 있어야 좋다.

여성의 경우 경오일주는 자신의 외모에 많은 관심이 있고 성형을 많이 하기도 하는데 특히 이성과 교제가 시작되면 사랑받고 싶은 욕망이 강렬해져 집착, 의심 등 소유욕이 생성될 수도 있다.
경오에게 가장 필요한 것은 천간의 수기(水氣)이며 지지에는 습토가 있으면 매우 좋다. 단 월지, 시지자리에 자수(子水)나 축토(丑土)가 있는 것을 가장 꺼린다.

기본적인 성향은 책임감이 강하고 타인에 대한 배려심과 이타심이 있다. 공직으로 진출하면 매우 좋고 직장인으로도 성공하기 좋은 일주이다. 목표 지향적이고 저돌적이다. 일에 있어서는 공명정대하고 의리가 있어 사회적으로 신임이 두텁다.

- 밖에서는 인정받으나 집에서는 인기가 없다.
- 합리적이고 정열이 있다. 공직자가 많고 공직에서 두각을 나타낸다.
- 지지(地支)에서 자(子)가 들어오면 실직, 이혼 등을 조심해야 한다.

◎ 경오일주(庚午日柱)의 알레르기

합충형해파 (合沖刑害破)	경오일주의 개운법
자오충 (子午沖)	자오충(子午沖)은 남성에게는 직장, 여성에게는 직장과 배우자, 노약자에게는 건강에 관련된 사건사고가 많다. 따라서 남성의 경우는 직장에 대한 실직, 이직 등을 대비해야 하며 여성은 이혼, 이별 등 배우자와의 관계에 신경 써야 한다. 현대는 여성도 직장에서 문제가 발생하는 경우가 많다. 또 노약자는 건강에 특히 유의해야 한다.
축오(丑午) 원진귀문 (怨嗔鬼門)	축오(丑午)원진귀문은 심리적, 정신적으로 들어오는 흉운으로, 육친상으로는 주로 배우자, 애인 등과 이별수가 생기기 쉽다. 공황장애, 불안증, 우울증, 조울증, 대인기피 등이 올 수 있으며 사회적으로는 직장, 이혼, 교통사고, 투자 손실 등 다양한 사건사고로 문제가 발생할 수 있는 흉운이다. 따라서 우선 현상 유지와 기존 문제들을 점검하는 시간을 가져야 한다.

오오자형 (午午自刑)	오오자형(午午自刑)은 심리적, 정신적인 문제와 직장의 불안정성 등에서 문제가 발생할 개연성이 크다. 특히 사주 내에 수기(水氣)나 습토가 전혀 없을 경우 매우 심각한 정신적 문제가 발생할 수 있다. 그러나 반대로 수기(水氣)나 습토가 있다면 오히려 좋은 작용을 할 수도 있다. 즉 수기(水氣)가 길흉(吉凶)을 좌우한다는 의미이다.

경오일주(庚午日柱)의 알레르기
자오충(子午沖) / 축오(丑午)원진귀문 / 오오자형(午午自刑)

라. 경신일주(庚申日柱)의 특성

60갑자(六十甲子) 중 가장 추진력이 강한 일주가 있다면 아마도 **경신일주(庚申日柱)**가 아닌가 싶다. 경신일주를 한마디로 표현하면 '탱크'이다. 자기 기운이 너무도 강한 경신일주는 반드시 주변에 화기(火氣)가 있어야 사회적으로 가치가 만들어진다.

따라서 경신일주는 지지와 천간에 모두 화기(火氣)가 각각 한 개씩 있어 통근(通根)되어 있는 것이 좋다. 직장, 관료직, 공직보다는 자기 사업이나 검찰, 군인, 경찰 등 강한 카리스마와 추진력이 필요한 분야에서 승승장구할 수 있다. 그러나 경신일주 주변에 화기(火氣)가 없다면 폭력 조직 등의 범죄자 사주로 전락할 가능성이 매우 높아진다.

기본적인 성향은 의리가 있고 통이 크며 한번 마음먹은 일은 끝까지 완수해내는 남성다운 기질이 매우 크다. 만일 여성이 경신일주라면 자신이 가주(家主)가 되는 팔자로 남자 없이도 아주 잘 사는 경우도 많다. 남의 밑에서는 일 못 하는 보스, 지도자 기질이 강하지만 천간에서 을목(乙木)을 만나거나 지지에서 자수(子水)를 만나면 다정다감한 면을 보이기도 한다.

경신일주가 가장 유의해야 할 것은 자기 고집이다. 한번 잘못된 길로 접어들면 다시 빠져나오기 매우 어렵기 때문인데 주변 사람들의 조언을 잘 들어야 성공할 수 있는 사주이다.

앞만 보고 달리는 기차의 형상으로, 바른 길로 들어서면 대성공하지만 한번 잘못된 길로 들어서면 멈추지 못하고 끝까지 가서 파멸에 이르기도 한다. 우두머리적인 성향이 강하고 쓸데없는 승부욕으로 실패를 자초하기도 한다. 주변에 반드시 화(火)가 있어야 좋다.

◎ 경신일주(庚申日柱)의 알레르기

합충형해파 (合沖刑害破)	경신일주의 개운법
묘신(卯申) 원진귀문 (怨嗔鬼門)	묘신(卯申)원진귀문은 특히 남성에게 나쁜 점이 많은데 이는 배우자가 아프거나 이별수가 있기 때문이다. 또 재물적으로 큰 손실을 볼 수 있으며 정신적으로도 매우 피곤하고 예민해지는 경향을 보인다. 이 시기는 투자, 이직, 창업, 결혼, 이혼 등을 삼가고 조용히 현상 유지하는 것이 최선이다. 남성에게는 직장, 여성에게는 직장과 배우자, 노약자에게는 건강에 미치는 충(沖)이다. 따라서 남성의 경우는 직장에 대한 실직, 이직 등을 대비해야 하며 여성은 이혼, 이별 등 배우자와의 관계에 신경 써야 한다. 현대는 여성도 직장에서 문제가 발생하는 경우가 많다. 또 노약자는 건강에 특히 유의해야 한다.
인신충 (寅申沖)	인신충(寅申沖)은 역마충으로 가장 먼저 교통사고, 낙상, 수술을 조심해야 한다. 그리고 경신일주의 경우 친구, 형제 등 횡적인 관계에서 분쟁이 발생할 소지가 많다. 업상대체가 되어 활인업(活人業)에 종사하고 있다면 오히려 길(吉)로 나타날 수도 있다. 활인업은 선생, 군인, 경찰, 검찰, 의사, 종교 등으로 다양하다.
사신형살 (巳申刑殺)	사신형살(巳申刑殺)은 직업적으로 업상대체가 되는 군인, 경찰, 검찰, 교도관, 공무원 등 활인업(活人業)에 종사하고 있다면 오히려 길(吉)로 나타날 수도 있다. 활인업은 선생, 요리사, 목사, 스님, 경찰, 검찰, 의사, 종교 등으로 다양하다.

그러나 관성이 없거나 약하면 유흥, 폭력 등으로 구설, 관재가 생길 수 있으며 교도소까지 갈 수 있다.

사신형살을 합(合)이라고도 하는데 이는 주변에 수기(水氣)가 충분히 있어야 하며 실제 해석에서 합(合)으로 작용하는 경우는 특히 드물다. 따라서 사신(巳申)은 형살로 보는 것이 타당하다.

경신일주(庚申日柱)의 알레르기
묘신(卯申)원진귀문 / 인신충(寅申沖) / 사신형살(巳申刑殺)

마. 경술일주(庚戌日柱)의 특성

경술일주(庚戌日柱)는 경진일주(庚辰日柱)와는 달리 생산성 추구보다는 정신적, 철학적 성향이 강한 일주이다. 특히 월지에 따라 그 특성이 뚜렷하게 나타나는데 신유술(申酉戌), 해자축(亥子丑)월에 태어난 경우 학문을 즐겨 하고 정적인 분위기를 선호하는 특성이 뚜렷해진다.

사업, 장사보다는 직장인, 공직, 선생님 등이 더 잘 어울린다.

경술일주가 사업하는 경우도 종종 있는데 이때는 반드시 목수(木水)가 있어야 한다.

경술일주 남자는 무뚝뚝하고 연애 대상으로는 별로이지만 결혼하면 책임감 있는 모습을 보여 준다. 하지만 경술일주에 화국(火局)이 형성되어 있거나 화기(火氣)가 전혀 없는 경우는 직장이 불안정하고 현실과 동떨어진 생활을 하는 경우가 많다.

경술일주에게 가장 필요한 오행은 수화(水火)이다.

수(水)는 천간에 있는 것이 좋고 화(火)는 천간지지 중 한 개만 있는 것이 좋다.

술토의 숙명처럼 해수(亥水)가 있으면 술해천라지망, 사화(巳火)가 있으면 사술원진귀문, 진토(辰土)가 있으면 진술충(辰戌沖) 등 지지(地支)의 변화가 매우 심한 일주이다.

따라서 어릴 때부터 진로를 업상대체가 가능한 선생, 공직 등으로 진출하면 나쁜 기운을 설기시킬 수 있어 좋다.

인성(印星)에 천라지망은 문서, 절차, 자격에 문제가 발생한다는 것으로 계약, 문서 작성, 이전, 확장 등을 절대 해서는 안 된다.

또 사술원진귀문의 경우도 정신적으로 매우 힘든 시기가 될 수 있으므로 사전에 수행, 명상, 봉사활동 등으로 대비해야 하며 진술충(辰戌冲)은 상당한 변화를 예고하므로 방향 설정에 만전을 기해야 한다.

- 첨단 분야에서 두각을 나타내는 재능과 총명을 지니고 있다.
- 한번 몰두하면 주변을 잘 살피지 못해 위험에 처하기도 한다.
- 성격은 긍정적이며 한번 맺은 인연은 오래가는 편이다.
- 여성의 경우 모성애가 강한 편이나 고집이 강해 남편과 불화하기 쉽다.

◎ 경술일주(庚戌日柱)의 알레르기

합충형해파 (合冲刑害破)	경술일주의 개운법
술해(戌亥) 천라지망 (天羅地網)	술해(戌亥)천라지망은 하늘과 땅의 그물에 걸려 꼼짝도 못하는 가장 나쁜 상황으로 일의 중단이나 마무리가 잘 안 되는 최악의 형상이다. 반드시 흉(凶)한 사건사고가 발생하므로 투자, 확장 등은 삼가는 것이 좋다. 특히 문서 계약 등은 절대 금지이다. 수술수, 각종 사건사고수가 있으며 수성운, 현상 유지가 바람직하다. 종교적, 철학적인 명상과 봉사활동, 학문 정진 등이 도움이 된다.
사술(巳戌) 원진귀문 (怨嗔鬼門)	사술(巳戌)원진귀문은 심리적, 정신적으로 들어오는 흉운으로 육친상으로는 주로 배우자, 애인 등과 이별수가 생기기 쉽다.

	공황장애, 불안증, 우울증, 조울증, 대인기피 등이 올 수 있으며 사회적으로는 직장, 이혼, 교통사고, 투자 손실 등 다양한 사건사고로 문제가 발생할 수 있는 흉운(凶運)이다. 따라서 우선 현상 유지와 기존 문제들을 점검하는 시간을 가져야 한다.
진술충 (辰戌沖)	진술충(辰戌沖)은 화개충(華蓋沖)이라고도 하며 주로 일의 마감에서 문제가 발생하거나 중단이 일어난다. 특히 학업적인 것과 문서적인 것에서 문제가 발생할 개연성이 높다. 화개충을 정확히 해석하기 위해서는 현재 결과에 대한 원인을 알아야 한다. 즉 원인이 좋았다면 결과도 따라서 좋을 것이다. 하지만 원인이 좋지 못했다면 결과 역시 기대하기 어렵다. 진술충은 인생의 큰 변혁성을 나타낸다. 기존의 것들을 바꾸는 에너지가 있다.

경술일주(庚戌日柱)의 알레르기
술해(戌亥)천라지망 / 사술(巳戌)원진귀문 / 진술충(辰戌沖)

바. 경자일주(庚子日柱)의 특성

경자일주(庚子日柱)는 발산의 기운이 매우 강해 예술 계통으로 재능이 발현되는 경우가 많다. 만일 주변에 습토가 있다면 예술적 재능을 가르치는 일에도 탁월한 성과를 보여 준다.

다만 매우 습하고 차가운 기운이 강하므로 반드시 주변에 화기(火氣)가 있어야 한다. 만일 경자일주가 화기가 없을 경우, 여성은 자식과 인연이 약하고 남편복도 없는 경우가 많다. 남자는 직장이 불안정하고 제멋대로여서 사회적으로 낙오되기 쉽다.

재능이 있다면 재능을 제대로 사용할 수 있기 위해서는 반드시 경금을 제련할 수 있는 화기(火氣)와 경금을 품어 줄 수 있는 습토가 있어야 한다. 경자일주의 단점으로는 성품이 착하나 싫증을 잘 내고 보수적인 성향과 개방적인 성향이 함께 있어서 이성을 대할 때 일관성이 다소 떨어진다. 또 감정 기복이 심하고 기존의 것들을 고치고 바꾸려는 성향이 강해 부부간의 갈등이 만들어질 개연성이 높다.

경자일주는 사업이나 장사보다는 독립적이고 예술성이 있는 업무 종사가 잘 어울리며 직장인 명이다. 지지에서 수국(水局)이 형성되면 우울증, 조울증 등이 발생할 수 있다. 따라서 수기(水氣)가 강할 경우 습토보다는 조토가 더 필요한 경우도 있다.

- 의리가 있고 언변이 뛰어나다.
- 임기응변과 자신의 이익에 대한 집착이 강하다.
- 강자에게는 강하고 약자에게는 약한 면이 있다.

- 남의 지시를 받는 일에 서툴러 직장은 잘 맞지 않는다.
- 주변에 목(木)이 있으면 좋다.
- 지지(地支)에서 오화운(午火運)이 들어오면 이혼, 교통사고 등이 발생할 수 있다.

◎ 경자일주(庚子日柱)의 알레르기

합충형해파 (合沖刑害破)	경자일주의 개운법
자오충 (子午沖)	자오충(子午沖)은 남녀 모두에게는 직장과 배우자, 노약자에게는 건강에 미치는 충(沖)이다. 따라서 이와 같은 운(運)이 들어왔을 때는 직장에 대한 실직, 이직 등에 대비해야 하며 이혼, 이별 등 배우자와의 관계도 신경 써야 한다. 특히 구설수가 가장 문제가 되는 일주이므로 말조심해야 하며 직설적으로 말하는 습관을 고쳐야 한다. 반드시 한 번 생각한 뒤에 말하는 습관을 들이는 것이 좋다.
자미원진 (子未怨嗔)	자미원진(子未怨嗔)은 심리적, 정신적으로 들어오는 흉운으로 육친상으로는 주로 배우자, 애인 등과 이별수가 생기기 쉽다. 자살 충동, 공황장애, 불안증, 우울증, 조울증, 대인기피 등이 올 수 있으며 사회적으로는 직장, 이혼, 교통사고, 투자 손실 등 다양한 사건사고로 문제가 발생할 수 있는 흉운이다. 따라서 우선 현상 유지와 기존 문제들을 점검하는 시간을 가져야 한다.

| 자유귀문
(子酉鬼門) | 자유귀문(子酉鬼門)은 자살 충동, 공황장애, 불안증, 우울증, 조울증, 대인기피 등이 올 수 있으며 사회적으로는 직장, 이혼, 교통사고, 투자 손실 등 다양한 사건사고로 문제가 발생할 수 있는 흉운(凶運)이다. 따라서 우선 현상 유지와 기존 문제들을 점검하는 시간을 가져야 한다.
직업적으로 업상대체가 되어 활인업(活人業)에 종사하고 있다면 오히려 길로 나타날 수도 있다. 활인업은 선생, 군인, 경찰, 검찰, 의사, 종교 등으로 다양하다. |

경자일주(庚子日柱)의 알레르기
자오충(子午沖) / 자미원진(子未怨嗔) / 자유귀문(子酉鬼門)

◆ 《적천수》 천간론 - 경금(庚金)

庚金帶煞. 剛健爲最. 得水而淸. 得火而銳. 土潤則生. 土乾則脆.
能瀛甲兄. 輸於乙妹.

경금대살. 강건위최. 득수이청. 득화이예. 토윤즉생. 토건즉취.
능영갑형. 수어을매.

경금(庚金)은 숙살지기(肅殺之氣)이다.
살기(殺氣)가 왕성하여 강건하다는 의미이다.
(즉 경금(庚金)은 강하다는 의미)

■ 해설

수(水)를 득(得)하면 청(淸)할 수 있고, 화(火)를 득(得)하면 예리하고, 토(土)가 윤택하면 생(生)하고, 토(土)가 건조해지면 취약하게 된다.
갑(甲)을 능히 부러뜨릴 수 있고 을(乙) 누이에게는 정성을 다한다.

경금(庚金)에게 영향을 주는 오행은 을병계무(乙丙癸戊) 4가지 요소이며, 그중 수(水)를 만나면 경금은 성장하고, 화(火)를 만나면 가치가 만들어지고, 습토를 만나면 안정적이나 조토를 만나면 예민해진다.

갑목(甲木)을 형이라 표현하고 을목(乙木)을 누이라고 표현했는데, 갑목을 만나면 싸우게 되지만 을목을 만나면 광합성을 하여 열매를 풍성하게 한다는 의미이다.
즉 갑목은 나무 기둥이고 을목은 나무 줄기, 잎새라고 볼 수 있으며 경금을 열매라고 할 수 있다.

8) 신금(辛金)의 알레르기

◎ 신금(辛金)의 특성

신금(辛金)은 연약하여 토기(土氣)를 설기하거나 금생수(金生水)하기엔 다소 역부족이나 을목(乙木)에게 만큼은 가장 위협적인 존재이다. 또한 신금(辛金)은 연약하여 생산성이 끝난 가을, 겨울철에도 갑목(甲木)을 동양지목으로 만들지 못한다.
즉 양목(陽木)을 극(剋)할 수 없다는 의미이다.
양목에게는 오직 봄철이나 여름철에 가지치기(간벌)하는 용도로 적합하다. 이는 물상적으로 비유하면 작은 가위로 큰 나무를 자를 수 없는 이치와 같다.
신금(辛金)은 이미 만들어진 금(金)이다. 경금이 화(火)를 거치면 신금(辛金)이 되는데 이 시점부터는 신금(辛金)에게 열로 작용하는 모든 화(火)는 부담이 된다. 즉 이때부터는 신금(辛金)에게는 빛으로 작용하는 화(火)만이 필요하다는 의미이다.

신금(辛金)은 스스로 가장 아름답다고 생각하는 여인이다. 예민하고 까칠하지만 그것은 아름다움에 대한 도도함이라 믿는다. 늘 자신에게 시선과 관심을 주는 존재가 있어야 비로소 행복감을 느낄 수 있다.
그래서 신금(辛金)은 흙 속에 묻히는 것을 화(火)에 의해 죽임을 당하는 것보다 더 두려워한다.

고서에서 신금(辛金)을 외토지첩(畏土之疊)한다는 것이 바로 그런 의미이다. 신금(辛金)은 흙이 중첩되는 것을 가장 두려워한다는 뜻이다.

그렇다면 신금(辛金)이 가장 좋아하는 것은 무엇일까? 그것은 맑은 수(水)이다. 자신을 깨끗이 만들어 빛나게 해 줄 수 있는 계수(癸水)를 가장 반긴다. 경우에 따라 임수(壬水)를 사용하기도 하지만 임수는 대수(大水)로 신금(辛金)이란 보석을 닦아 주기에는 조금 부담스럽다. 자칫 잘못하면 임수에 신금(辛金)이 쓸려 내려갈 수 있기 때문이다.

따라서 신금(辛金)에게는 계수(癸水)가 가장 이상적인 형태를 갖춘 수(水)라 할 수 있다. 그래서 신금(辛金)이 계수를 만나면 온윤이청(溫潤而淸)이라고 하는 것이다.

신금(辛金)이 가장 좋아하는 시기는 가을이다. 가을 신금(辛金)은 습토를 만나면 에너지가 축적되고 수기(水氣)를 만나면 세상 밖으로 드러나며 화(火)를 만나면 사랑을 얻는다.

신금(辛金)이 가장 꺼리는 것은 땅이 중첩되었는데 목(木)이 없는 것이다. 신금(辛金)에게 목(木)은 토(土)의 중첩을 막는 가장 좋은 친구이기 때문이다. 10개의 천간 중 가장 예민한 일간은 신금(辛金)이다.

신금(辛金)은 그 자체로 이미 제련이 필요 없는 완성체이기 때문이다. 즉 신금(辛金)은 이미 만들어져 완성된 형상이므로 더 이상의 어떠한 구성 행위도 불필요하다.

화(火)가 맹렬하면 손상이나 상처가 발생하고 토(土)가 강하면 땅속에 묻혀 싫어한다. 즉 화토(火土)로부터 공격받는 것을 가장 꺼린다.

사회적 측면으로 다소 까칠하고 이기적인 성향이 있지만 기토(己土)처럼 자신의 이익만을 극단적으로 추구하지는 않는다.
경우에 따라서는 사치와 허영심이 발동되어 낭비적 요소도 다소 있다.
따라서 신금일주는 자신이 최고라는 선민의식과 관심받고 사랑받고 싶은 욕망만 조절한다면 무난한 대인관계를 유지할 수 있다.

심리적 측면으로는 자신은 특별한 존재이고 타인으로부터 특별한 대우를 받고 싶은 욕망이 무의식적으로 자리잡고 있다. 그 욕구가 채워지지 않으면 아름다운 보석은 날카로운 흉기로 변할 수도 있다. 성격적으로 다소 예민하고 까칠한 면이 강해 늘 말조심을 해야 한다.
직설적으로 말하기 때문에 본의 아니게 타인에게 상처를 줄 수 있다.

'친절은 아름다움보다 가치 있다'는 영국 속담은 신금(辛金)이 꼭 기억해야 할 아름다움에 대한 진정한 의미이다.

가. 신축일주(辛丑日柱)의 특성

신축일주(辛丑日柱)는 차가운 동토(冬土) 속의 보석으로 반드시 두 가지 오행이 있어야 완벽한 형태가 될 수 있는데 이는 화수(火水)이다.

신축일주는 건강상 다소 불리한 일주이다.

특히 심혈관 계통이나 하복부가 약해 정상적인 임신과 출산에서 어려움을 겪기도 하는데 다른 일주에 비해 제왕절개 수술이 많은 것도 이 때문이다.

따라서 늘 몸을 따뜻하게 해야 한다. 붉은색이 좋은 작용을 한다.

신축일주는 반드시 화(火)가 필요하다. 특히 신축일주에게 화(火)는 완전필요오행이라고 해도 과언이 아니다.

기본 성향은 예민하고 까칠한 편이며 화(火)가 없는 신축일주는 불안장애, 불감증 등 부부생활도 원활하지 않으며 각종 수(水)(당뇨, 신장, 방광, 자궁, 호르몬) 관련 질환에 약한 경향을 보인다.

그러나 화(火)가 있고 천간에 계수(癸水)가 있으면 오히려 매우 좋은 귀명(貴命)이 되며 여성의 경우 남편복도 있다. 평생 귀한 보석 대접을 받으며 사는 경우도 종종 있다.

참을성과 인내심은 있는 편이나 속으로 쌓아 두고 풀지 못하는 단점도 있어 때로 우울증이나 화병이 나기도 한다.

몸에 수술 자국이 있기 쉬운 일주로 있다면 오히려 훗날 좋은 작용을 하기도 한다. 이를 액땜이라고도 하는데 미래에 생길 큰 수술이나 큰 사고 등이 약해진다는 의미를 담고 있다. 직업적으론 정밀한 의료 행위를 하는 외과 의사, 침술 등에 재능이 있다.

월지에 오화(午火)나 미토(未土)가 있으면 이혼수, 정신적 불안정이 발생하므로 가장 나쁜 결과를 가져올 수 있어 주의해야 한다.

신축일주의 가장 큰 장점은 신용과 의리, 근면성실이다.

아무리 어렵고 힘든 일도 묵묵히 헤쳐 나가는 모습이 밭을 가는 소의 형상이다. 자신이 하는 일에 대한 책임감이 지나쳐 자신의 몸을 돌보지 않아 건강상 문제가 생길 수 있다. 여성스럽고 현모양처 기질이 있지만 애교는 없는 편이다.

◎ **신축일주(辛丑日柱)의 알레르기**

합충형해파 (合沖刑害破)	신축일주의 개운법
축오(丑午) 원진귀문 (怨嗔鬼門)	축오(丑午)원진귀문은 차가운 동토(冬土)와 뜨거운 오화(午火)가 일시적으로 충돌하여 섞이지 못하는 상태로 정신적으로 큰 문제를 발생시킨다. 육친상으로는 주로 배우자, 애인 등과 이별수가 생기기 쉽다. 자살 충동, 공황장애, 불안증, 우울증, 조울증, 대인기피 등이 올 수 있으며 사회적으로는 직장, 이혼, 교통사고, 투자 손실 등 다양한 사건사고로 문제가 발생할 수 있는 흉운(凶運)이다. 따라서 우선 현상 유지와 기존 문제들을 점검하는 시간을 가져야 한다.
축미충 (丑未沖)	축미충(丑未沖)은 문서와 학업에 관련된 문제 발생과 더불어 일의 진행이 잘 되지 않거나 중단되는 형태와 육친적으로 배우자, 애인 등과 이별수가 생기기 쉬운 흉운이다.

흔히 붕충(朋沖)이라 하여 별거 아닌 것처럼 여기기도 하는데 신축일주에게는 제법 충격이 있다.
따라서 우선 현상 유지와 기존 문제들을 점검하는 시간을 가져야 한다.

축술형살
(丑戌刑殺)

축술형살(丑戌刑殺)은 주로 돈 문제로 구설, 관재에 노출되기 쉬운 시기이다. 따라서 이 운(運)이 오기 전에 사전에 그런 일들이 발생하지 않게 욕심을 조절하는 것이 필요하다. 자살 충동, 공황장애, 불안증, 우울증, 조울증, 대인기피 등이 올 수 있으며 사회적으로는 직장, 이혼, 교통사고, 투자 손실 등 다양한 사건사고로 문제가 발생할 수 있는 흉운(凶運)이다.
따라서 우선 현상 유지와 기존 문제들을 점검하는 시간을 가져야 한다.

신축일주(辛丑日柱)의 알레르기
축오(丑午)원진귀문 / 축미충(丑未沖) / 축술형살(丑戌刑殺)

나. 신묘일주(辛卯日柱)의 특성

신묘일주(辛卯日柱)는 소극적인 욕심의 아이콘이다. 눈에 보이게 욕심을 드러내기보다는 은근하지만 집요한 욕망을 숨기고 있는 형태이다.
신금(辛金)의 특성상 통이 작고 소심하지만 욕망의 크기는 상당히 강한 편이다.
질투심도 강해 배우자에 대한 집착도 있는 편이다.
신묘일주는 개두(蓋頭)의 형태로 천간이 지지를 극(剋)하는 형태를 하고 있다. 이는 서로 손발이 잘 맞지 않는다는 의미로 생각과 행동이 일치하지 않음을 나타낸다. 그래서 신묘일주가 성공하기 위해서는 반드시 한 우물을 파야 한다. 다른 일주에 비해 변덕과 파재(破財)성이 강해 특히 이 점을 명심해야 한다.
혼인 관계에서도 다소 불리한 일주로 배우자와 유정(有情)하지 못해 밖에서는 활발하고 금슬 좋은 부부처럼 보이지만 집안에서는 서로 무관심하고 냉랭하다. 또 건강상으로는 간, 뼈 관련 질환과 교통사고 등이 자주 일어나는 편이며 장사나 사업을 하면 지나친 욕심으로 인해 오히려 소탐대실하는 경향을 보이기도 한다.
따라서 해묘미삼합(亥卯未三合) 등 목기(木氣)가 강할 경우 반드시 브레이크 작용을 하는 금기운(金氣運)이 있어야 하는데 문제는 지지로 들어오는 금기(金氣)는 알레르기로 인해 전혀 쓸 수 없어 매우 불리하다는 점이다.
따라서 신묘일주는 지지로 운(運)에서 들어오는 금기(金氣) 대신 토기(土氣)를 사용하여 설기해야 좋다.
화기(火氣)는 이미 만들어진 신금(辛金)에게는 매우 부담되는 상황이기 때문에 필요오행으로 사용할 수 없다.

- 직관력이 있고 종교적인 성향이 강하다.
- 솔직담백한 성격이며 천간에서 임수(壬水)를 만나고 지지에서 해미(亥未)를 만나면 잘생기고 아름다운 배우자를 만나게 된다.
- 재물복이 있는 경우가 많으나 사건사고가 많은 경향이 있다.

◎ 신묘일주(辛卯日柱)의 알레르기

합충형해파 (合沖刑害破)	신묘일주의 개운법
묘신(卯申) 원진귀문 (怨嗔鬼門)	묘신(卯申)원진귀문은 정신적, 신체적 문제가 함께 올 수 있다. 금목상전(金木相戰)의 기운이 있어 그 치열함도 묘유충 이상으로 강하게 올 수 있다. 특히 신금(辛金) 자체가 가지고 있는 기운으로 인해 흉(凶)이 조금 더 가중되는 형태를 보인다. 따라서 묘신운(卯申運)에서는 절대적으로 현상 유지에 힘써야 한다. 새로운 시작이나 확장, 만남은 최대한 자제하고 기도, 봉사, 명상, 독서, 학문 등의 개운법으로 흉(凶)을 완화시키면 도움이 된다.
묘유충 (卯酉沖)	묘유충(卯酉沖)은 첫 번째는 건강이고 두 번째는 배우자와의 관계이다. 건강은 간, 뼈 신경 관련 질환이 생길 수 있고 갑상선, 인파선 등 호르몬 계통도 나쁠 수 있다. 육친적으로 배우자, 애인 등과 이별수가 생기는 흉운이다. 특히 나이가 많을수록 그 흉(凶)이 가중되는 형상을 보인다. 따라서 우선 현상 유지와 기존 문제들을 점검하는 시간을 가져야 한다.

자묘형살 (子卯刑殺)	자묘형살(子卯刑殺)은 무례지형(無禮之刑)이라 하여 예의가 없고 사회적으로 지탄받기 쉬운 성격을 지니고 있다고 한다. 하지만 실제로는 그렇게 나쁜 영향을 미치는 형살(刑殺)은 아니다. 다만 같은 왕지(旺支)끼리의 만남으로 습목과 맑은 물이 상호작용하면 오히려 습(濕)이 가중되는 형태를 보여 부담스러운 정도이다.

신묘일주(辛卯日柱)의 알레르기
묘신(卯申)원진귀문 / 묘유충(卯酉沖) / 자묘형살(子卯刑殺)

다. 신사일주(辛巳日柱)의 특성

신사일주(辛巳日柱)는 천간에 임계수(壬癸水)가 있으면 사회적으로 목적 달성이 쉽게 된다는 의미를 지니고 있다. 계수(癸水)가 가장 이상적이지만 계수 대신 임수(壬水)가 있다면 절반 정도 대체가 된다.

신금(辛金)에게 수(水)의 의미는 세척하는 정도의 의미이지 잠기게 하는 용도가 아니기 때문에 대수(大水)는 불필요하며 혹은 보석이 물에 잠기는 형태가 될 수 있어 주의해야 한다.

신사일주는 사업, 장사보다는 직장인이 잘 어울리며 공직으로 진출할 시 무난한 일주이다. 가끔 연예계나 예술 계통으로 진출하여 크게 성공하는 예가 있는데 이때는 수기(水氣)와 목기(木氣)가 함께 도와줘야 한다.

신사일주는 암명합(暗明合)이 된 형태로 기본적인 성향은 다정다감하며 욕심은 다소 있지만 강하지 않고 의심도 있으나 밖으로 잘 표현되지 않게 한다. 이는 잘 참는 성격이라는 의미이다.

기본 성격은 예민하고 생각이 많으나 항상 반듯한 이미지를 유지하고 싶어하고 책임감과 의무감이 강해 맡겨진 일은 최선을 다해 완성하는 편이다. 그래서 때로는 자신의 몸을 혹사하여 깊은 병에 걸리기도 하는데 이때는 사주에 수기(水氣)가 없는 경우이다.

신사일주는 흉운에도 다소 취약한 면을 보이는데 술토(戌土), 해수(亥水) 등이 2년 연속 들어와 매우 힘든 시기가 가중되는 형태를 보인다. 특히 여성에게는 매우 중요한 의미가 있는 자리로 남편, 가정, 직장 등이 흔들리는 형태를 보여 주고 실제로 이 시기에 파괴되는 경우도 많다. 따라서 이 시기를 미리 알고 사전에 대비할 수 있는 계획을 갖는 것이 중요하다.

- 겉보기엔 까칠하고 냉정해 보이나 속은 여리고 정이 많다.
- 특히 천간에서 계임수(癸壬水)를 보면 절세미인이다.
- 꾸미기를 좋아하고 아름다운 외모로 이성에게 인기가 있다.
- 예민한 성격은 단점으로 작용하기도 한다.
- 이성에게 유혹받기를 좋아하고 타인의 시선을 의식한다.

◎ 신사일주(辛巳日柱)의 알레르기

합충형해파 (合冲刑害破)	신사일주의 개운법
사술(巳戌) 원진귀문 (怨嗔鬼門)	사술(巳戌)원진귀문은 심리적, 정신적으로 스트레스가 매우 가중되는 형태를 보인다. 특히 직장인인 경우 직장 상사와의 갈등이 최고조로 달하고 일도 매우 까다롭게 진행되는 등 여러 면에서 힘든 상황이 연출되는 형태를 보인다. 따라서 사술원진귀문운에서는 절대적으로 현상 유지에 힘써야 한다. 새로운 시작이나 확장, 만남은 최대한 자제하고 기도, 봉사, 명상, 독서, 학문 등의 개운법으로 흉(凶)을 완화시키면 도움이 된다.
진사(辰巳) 천라지망 (天羅地網)	진사(辰巳)천라지망은 하늘과 땅의 그물에 걸려 빠져나올 수 없는 흉운(凶運)이란 의미인데 실제 세운, 대운뿐 아니라 월운에서도 그 영향이 제법 크다. 특히 여성인 경우, 신사일주는 남편 혹은 직장과 깊은 관련이 있고 그 충격이 매우 크다. 천라지망은 흉살(凶殺) 중에서도 최상위의 작용을 하기 때문에 이 시기에는 결혼이나 창업은 물론 만남 자체나 이동, 이사 등은 피하는 것이 좋다. 또 재판, 구설 등 시비에도 얽히지 않게 주의해야 한다. 명상, 학문, 봉사, 보시 등은 흉운의 완화에 도움이 된다.

사해충 (巳亥沖)	사해충(巳亥沖)은 남성에게는 직장 문제, 여성에게는 직장과 남자 문제로 귀결될 수 있는데 길흉은 7대 3정도로 길(吉)보다는 흉(凶)으로 나타날 확률이 다소 높다. 그 기준은 활인 업종이나 순수하고 고귀한 일에 도전하면 길(吉)로 나타나지만 유흥이나 도박, 투자 등은 흉(凶)으로 나타날 가능성이 매우 높다. 따라서 사해충의 시기에는 새롭게 시작하되 학문이나 순수하고 사람을 돕는 좋은 일에 매진하는 것이 좋다. 또 구설과 시비 때문에 정신적으로 피로감을 느끼기 쉽다.

신사일주(辛巳日柱)의 알레르기
사술(巳戌)원진귀문 / 진사(辰巳)천라지망 / 사해충(巳亥沖)

라. 신미일주(辛未日柱)의 특성

신미일주(辛未日柱)는 '욱'의 아이콘이라 해도 과언이 아닐 만큼 예민하고 짜증이 잦다. 이는 토생금(土生金)이 안 되기 때문이다.

신금(辛金)이 가장 싫어하는 것은 조토이고 가장 반기는 것은 수(水)인데 일지에 있는 미토(未土)는 수기(水氣)는 전혀 없고 열기만 가득하여 생금(生金)도 안 되기 때문이다. 따라서 신미일주는 반드시 지지에 해수(亥水)가 있어야 하며 천간에 계수(癸水)까지 있으면 금상첨화가 된다.

그러나 만일 사주에 수기(水氣)가 전혀 없다면 최악의 상황과 순간을 만들어 내는데, 자살, 우울, 조울, 공황장애, 자존감 상실, 신경 예민 등 정신적으로 매우 힘든 상황이 발생한다. 다행히 대운에서 수기(水氣)가 들어오면 최악의 상황은 벗어날 수 있지만 다시 화기(火氣)나 조토가 가중되는 형태가 되면 매우 위험하다. 실제로 신미일주의 경우 수기(水氣)가 없을 때 술토운(戌土運)이 들어와 술미형살이 형성될 때 극단적인 선택이나 일의 중단, 학업 포기 등 안 좋은 상황들이 매우 극명하게 발생하는 경우가 많다.

따라서 신미일주인데 수기(水氣)가 없거나 있어도 운(運)에 의해 훼손될 때는 사전에 철저히 대비해야 한다. 예를 들면 월지에 해수(亥水)가 있는데 인목운(寅木運)이 들어와 인해합(寅亥合)을 만들어 수기(水氣)를 목기(木氣)로 바꾼다든지 해수(亥水)가 술토운(戌土運)을 만나 천라지망이 형성되면 매우 위험한 신호로 받아들여야 한다.

일주 자체가 가지고 있는 예민함과 욱하는 성향이 미토(未土)와 맞물려 시너지 효과를 내는 것이다.
늙은 양이 자리를 차지하고 비켜 주지 않는 형상으로 고집이 세고 욕심도 강해 승부가 날 때까지 끝장을 본다. 특히 재물에 대한 욕망이 커서 인색하다는 말을 자주 듣기도 한다. 주변에 임수(壬水)가 있으면 좋고, 축(丑)이 있는 것을 매우 꺼린다. 신금(辛金)은 땅에 묻히는 것을 불에 녹는 것보다 더 싫어한다.

◎ 신미일주(辛未日柱)의 알레르기

합충형해파 (合沖刑害破)	신미일주의 개운법
술미형살 (戌未刑殺)	술미형살(戌未刑殺)은 욕심으로 인해 판단 착오를 순간적으로 일으키는 대표적인 흉운(凶運)이다. 순간적인 착각은 투자, 사기수도 있지만 그보다 더 심각한 것이 폭력, 자해, 자살 등이다. 신미일주가 욱하는 것은 수기(水氣)가 없을 때 발생한다. 신금(辛金)과 미토(未土)의 성향 모두 예민하고 욱하는 성향이 있어 순간적인 폭발성이 다른 일주에 비해 강한 편이다. 따라서 가족 중 신미일주가 있는 경우 술토운(戌土運) 때, 이상 징후가 없는지 잘 살피고 나쁜 일은 사전에 예방하는 것이 필요하다.
축미충 (丑未沖)	축미충(丑未沖)은 직장, 업무 등의 사회적 목적 성취가 어려워지는 형태로 나타나기 쉽다. 정신적으로 더 예민해지고 스트레스가 가중되는 형태가 나타날 수 있으므로 운동, 명상, 학문 등으로 스트레스를 해소할 방법을 찾는 것도 유효하다. 사주에 수기(水氣)가 있다면 충격이 상당히 완화되는 모습을 보인다. 그러나 사주가 건조할 경우 의외로 충격이 강해질 수 있다.
자미원진 (子未怨嗔)	자미원진(子未怨嗔)은 정신적 스트레스와 남녀별로 간헐적으로 흉운(凶運)이 나타나며 혼인할 때 사소한 문제들로 인해 다툼이 많아지지만 다른 흉운에 비해서는 비교적 약하므로

> 충분히 극복할 수 있다.
> 그러나 수기(水氣)가 없을 경우 구설과 시비로 정신적인 피로감을 느끼기 쉽고 이혼수, 이별수가 있다.
> 명상, 독서, 여행 등은 심신 안정에 도움이 된다.

신미일주(辛未日柱)의 알레르기
술미형살(戌未刑殺) / 축미충(丑未沖) / 자미원진(子未怨嗔)

마. 신유일주(辛酉日柱)의 특성

신유일주(辛酉日柱)는 고집의 아이콘이다. 남녀 모두 대단한 자기 기운을 지니고 있어 누구의 지시도 잘 받지 못하고 누구 밑에서도 일하기 쉽지 않다. 즉 자신이 주체가 되어 이끌고 나가려는 성향이 대단히 강하다는 의미이다. 따라서 한번 마음먹은 것은 끝까지 밀어붙이는 기운이 있고 중간에 일의 추진이 어려워지면 타협하기보다는 그냥 포기하거나 실패한다.

그래서 올바른 길을 잘 선택했다면 크게 성공할 수 있지만 잘못된 길을 선택했다면 그 여파가 상당히 크다는 단점이 있다.

신유일주는 직업 선택에 있어 직장인보다는 자기 사업이 더 잘 맞지만 공직으로 진출한다면 군인, 경찰, 검찰 등도 매우 잘 어울린다.

이는 업상대체 효과까지 있어 흉운도 길운으로 바꾸는 기운이 있다. 실제로 신유일주의 경우 군인이나 검경에서 두각을 나타내는 분들이 상당수 있다.

만일 신유일주가 일반 직장인이나 자기 사업을 할 경우 사건사고가 자주 일어난다.

교통사고, 시비, 수술, 관재수 등 늘 특정 사건사고가 끊임없이 일어나는 형태를 보인다.

특히 지지로 들어오는 목기운(木氣運)은 일체 사용할 수 없어 불리한 면도 있다. 만일 신유일주가 목(木)이 재성이라면 지지로 들어오는 목기운 전부와 천간으로 들어오는 을목(乙木)도 사용할 수 없어 실질적으로 25%의 필요오행만 사용할 수 있다는 결론이 나온다.

신유일주는 늘 자신의 주장과 자기 기운을 돌아보고 검증하고 수정하는 습관을 들여야 사회적으로 성공할 수 있다.

- 겉과 속이 같다.
- 의리와 신의가 있으나 고집스럽고 한번 마음먹은 대로 끝까지 간다.
- 자신을 알아주는 사람에게는 충성을 다하지만 적에게는 자비심이 없이 무자비한 면도 보인다.
- 융통성이 부족할 수 있고 사기당하기 쉬운 경향이 있다.

◎ 신유일주(辛酉日柱)의 알레르기

합충형해파 (合沖刑害破)	신유일주의 개운법
묘유충 (卯酉沖)	묘유충(卯酉沖)은 생명의 충(沖)이라고도 하며 건강과 사건 사고와 직결되는 매우 충격이 큰 충(沖)이다. 60대 이후에는 특히 생명과 직결되는 경우가 많으며 30~40대에도 교통사고, 낙상, 폭행, 수술 등 여러 가지 경로로 목숨을 위협하는 경우가 많다. 또한 육친적으로는 여성의 경우 자식 혹은 남편이 아프거나 다칠 위험성이 크며 구설수 등도 조심해야 한다. 이때 사유합(巳酉合)이나 진유합(辰酉合), 유축합(酉丑合)이 있을 경우 흉운이 반감되는 형태를 보이기도 한다.
인유원진 (寅酉怨嗔)	인유원진(寅酉怨嗔)은 남녀별로 조금 다른 형태를 보이는데 남성보다는 여성에게 조금 더 나쁜 영향이 있다. 되도록 인유원진이 들어온 해에 여성은 남자와 만남은 물론 혼인도 하지 않는 것이 좋다. 신유일주는 금기(金氣)가 매우 강한 특성이 있는데 이때 목기(木氣)가 충동하면 그 충격은 클 수밖에 없다. 같은 충(沖)이라도 일간별로 그 파괴력이 달라지는 것이다. 이런 점에서 신유일주의 인유원진은 다른 일간에 비해 조금 더 강하게 나타날 수 있다.
유유자형 (酉酉自刑)	유유자형(酉酉自刑)은 스스로 벌을 내린다는 의미인데 금속이 서로 충돌하면 시끄러운 소리가 나기 마련이다. 유유자형의 경우도 어떤 특정한 일을 진행하는 데 있어 잡음이 생기기 쉽다는 것을 의미한다.

> 금(金)은 기본적으로 칼을 의미하므로 자신의 직업이 의사, 선생, 요리사 등이 아니라면 신체적으로 상처(수술, 교통사고, 화상)를 입을 수도 있어 늘 조심해야 한다.

신유일주(辛酉日柱)의 알레르기
묘유충(卯酉沖) / 인유원진(寅酉怨嗔) / 유유자형(酉酉自刑)

바. 신해일주(辛亥日柱)의 특성

물속의 다이아몬드 **신해일주(辛亥日柱)**는 자기표현이 대단히 강한 일주이다. 자기표현이 강하다는 것은 근면하고 능동적이란 의미이다.

세상에서 자신을 가장 아름다운 존재로 인식할 수 있는 교만함과 잘난 척하는 기운이 있지만, 감성적이고 동정심도 많아 불쌍한 사람을 보면 도와주려고 하고 남의 입장을 대변하고 주장해 주는 홍길동 같은 기질도 함께 가지고 있다.

실제 남성의 신해일주의 경우 까칠하지만 솔직 담백하고 자신의 마음을 여과 없이 드러내는 편이라 연애가 쉽지 않다. 여성의 경우는 예민하고 직설적인 면이 강해 남성이 쉽게 접근하지 못하는 경향이 있다.
따라서 남녀 모두 외모가 출중한데도 불구하고 이성교제가 쉽지 않은 특징이 있다.

직업적으로는 예술, 언어 등을 이용한 업종이 잘 어울리며 화기(火氣)가 천간에 있을 경우 성공 확률이 대단히 높다. 다만 화(火)는 정화(丁火)가 아닌 병화(丙火)로 열이 아닌 빛으로 작용하는 화(火)여야 한다.
신해일주가 가장 좋아하는 오행은 계수(癸水)나 병화(丙火)이다. 꺼리는 오행은 술토(戌土)와 진토(辰土)인데 운(運)에서 들어올 경우 천라지망과 원진귀문에 해당한다.

신해일주는 토(土)가 없을 경우 직업이 불안정할 수 있다.
따라서 술토(戌土)와 진토(辰土)를 제외한 모든 토기(土氣)는 나쁘지 않다.

- 자만함과 교만함이 있지만 머리가 총명하고 예술적 재능이 있어 한 분야에서 두각을 나타내는 경우가 많고 미남, 미녀가 많다.
- 지지(地支)에서 사(巳)를 만나면 색욕에 빠질 수 있고, 남녀 모두 호색하고 이성 문제가 발생하기 쉽다.

◎ 신해일주(辛亥日柱)의 알레르기

합충형해파 (合沖刑害破)	신해일주의 개운법
술해(戌亥) 천라지망 (天羅地網)	술해(戌亥)천라지망은 하늘과 땅의 그물에 걸려 빠져나올 수 없는 흉운(凶運)이란 의미인데 실제 세운, 대운뿐 아니라 월운에서도 그 영향이 제법 크다. 특히 신해일주의 천라지망은 자식과 구설수, 관재수, 실물수 등과 깊은 관련이 있어 그 충격이 매우 크다. 천라지망은 흉살 중에서도 최상위의 작용을 하기 때문에 이 시기에는 결혼이나 창업은 물론 사업, 연애, 만남까지 모두 피하는 것이 좋다. 또 재판, 구설 등 시비에 관여되지 않게 주의해야 한다. 명상, 학문, 봉사, 보시 등은 흉운(凶運)의 완화에 도움이 된다.
진해(辰亥) 원진귀문 (怨嗔鬼門)	진해(辰亥)원진귀문은 전라도 방언처럼 '징하다'란 의미를 내포하고 있다. 그만큼 정신적으로 힘든 흉운이다. 무엇을 해도 잘 진행되지 않고 자신의 생각처럼 일이 풀리지 않고 꼬인다. 즉 직장, 업무 등의 사회적 목적 성취가 어려워지는 형태로 나타나기 쉽다. 정신적으로 더 예민해지고 스트레스가 가중되는 형태가 나타날 수 있으므로 운동, 명상, 학문 등으로 스트레스를 해소할 방법을 찾는 것도 유용하다. 이 시기에는 결혼이나 창업은 물론 만남 자체나 이동, 이사 등은 피하는 것이 좋다. 명상, 학문, 봉사, 보시 등은 흉운(凶運)의 완화에 도움이 된다.

사해충 (巳亥沖)	사해충(巳亥沖)은 역마충으로 시작과 새로움, 이동, 변화 등의 의미를 지니고 있다. 욕심이 만들어지는 운(運)이지만 욕심이 순수한 경우와 그렇지 못한 경우에 따라 길흉이 극명하게 드러난다. 순수한 활인업의 경우 길(吉)로 나타나지만 그렇지 않을 경우 흉(凶)으로 나타나는 경우가 대부분이다. 활동성이 극대화되고 새로운 시작을 하는 경우가 많다.

신해일주(辛亥日柱)의 알레르기
술해(戌亥)천라지망 / 진해(辰亥)원진귀문 / 사해충(巳亥沖)

◆ 《적천수》 천간론 – 신금(辛金)

辛金軟弱. 溫潤而淸. 畏土之疊. 樂水之盈. 能扶社稷. 能救生靈.
熱則喜母. 寒則喜丁.

신금연약. 온윤이청. 외토지첩. 요수지영. 능부사직. 능구생령.
열즉희모. 한즉희정.

신금(辛金)은 연약하다.

온윤(溫潤)하면 청(靑)하고 토(土)가 중첩되는 것을 무서워하고 수(水)가 많은 것을 좋아한다.

능히 사직(社稷)을 붙잡아 주고 능히 생령(生靈)을 구한다.

열이 많으면 토(土)를 좋아하고 추우면 정(丁)을 기뻐한다.

■ 해설

신금(辛金)은 이미 만들어진 귀금속과 같아서 항상 맑게 물로 세척해 주는 것이 가치를 만든다.

신금(辛金)은 토(土)가 중첩되어 땅속에 묻히는 것을 가장 두려워한다. 토다금매(土多金埋)라고도 한다.

신금(辛金)은 수(水)를 좋아하는데 이는 자신을 빛나게 해 주기 때문이다. 무토(戊土)가 임수(壬水)를 극할 때 병화(丙火)가 있으면 무토를 돕게 된다. 그러나 신금(辛金)이 있으면 병화와 합(合)이 되어 수기(水氣)가 되니 병화로 하여금 무토를 돕지 못하게 하고 수기로 화(化)하여 임수를 돕는 형상으로 바뀌게 된다.

신금(辛金)이 여름에 생(生)하여 화(火)가 많더라도 기토(己土)만 있으면 화기(火氣)를 설하여 생금(生金)한다.

신금(辛金)이 겨울에 생(生)하여 수(水)가 많더라도 정화만 있으면 수(水)의 습기를 흡수하고 양금(養金)한다.

편인(偏印)과 상관(傷官)의 만남
일반적인 것이 반드시 옳은 것은 아니다

"내가 믿는 건 내 젖가슴뿐이야. 난 내 젖가슴이 가장 좋아.
내 젖가슴으로는 아무도 죽일 수 없으니까."
아무도 해치기 싫어 채식주의자가 되고 나무가 되고픈 여자 이야기.
한강 《채식주의자》

내가 《채식주의자》란 제목을 처음 보면서 떠올렸던 것은 동물 보호 혹은 다이어트에 관련된 내용이었다. 그 추측은 여지없이 무너졌지만 이 소설은 내게 작은 영감을 주었다.
무엇보다 여성 작가의 디테일한 묘사가 인상 깊었다. 관찰자의 모습으로 채식주의자 아내의 작은 움직임까지 현미경으로 들여다보는 듯한 꿈틀거리는 묘사는 매우 흥미로웠다.

이 책은 맨부커상을 수상하여 유명해졌지만, 이 책 자체가 가지는 상징성에도 주목할 필요가 있다.
이 책은 연작으로 이루어져 있는데, 첫 번째 이야기인 〈채식주의자〉에서는 지극히 평범하다고 여겼던 아내가 어느 날 채식주의자를 선언하고 육류 섭취를 일절 금기한다. 아내(영혜)는 육식을 폭력으로 인식하고 혐오한다.
그러나 그런 행위가 남편에게는 또 다른 폭력일 수 있다는 것을 인지하지 못한다.

그녀는 브래지어를 하는 것을 못 견딘다. 브래지어 착용을 가슴을 억압하는 폭력으로 인식하는 것이다.

주변 사람들은 아내에게 육식을 강요한다.
아내는 이를 방어하기 위해 극단적인 행동을 한다(자살 행위).
일반적인 것이 반드시 옳은 것은 아니다.
일반적인 것과 보편성은 조금 다른 차이가 있다.
일반적인 것은 명확한 기준이 없지만 보편적인 것에는 명확한 기준이 있다. 예를 들면 '인간애'라는 공통분모 같은 것이다.
일반적이라는 이유로 아내에게 육식을 강요하는 가족의 행위가 그녀에게는 돕는 것이 아닌 폭력과 억압인 것이다.

일반적인 것도 강요하는 순간 일반적인 것이 아닌 것이 된다.

9) 임수(壬水)의 알레르기

◎ 임수(壬水)의 특성

임수(壬水)의 물상적 비유는 거대한 물과 어둠이다. 거대한 호수와 깊이를 가늠할 수 없는 잔잔한 바다, 그리고 짙은 어둠과 생명의 시작, 고도로 응축된 에너지원이 바로 임수이다.
예로부터 수(水)는 상선약수(上善若水)라 하여 지혜를 상징하였다. 수(水)의 지혜란 목화토금(木火土金)을 지나오면서 쌓은 연륜과 경험의 축적에서 비롯된다. 그래서 임수는 정열적이지는 않지만 정열적으로 일을 추진할 수 있게 기획하고 계획하고 모사하는 일을 한다.
겸손과 은근한 인내심은 임수의 최대의 장점이라고 할 수 있다.
임수가 가장 가치를 만들어 낼 수 있는 일은 목(木)을 키우고 화(火)의 밝음을 만들어 내는 데 있다.

수생목(水生木)은 목(木)의 성장에 필수 불가결한 선결 요건이다.
수(水) 없이는 목(木)의 성장을 기대할 수 없기 때문이다. 수(水)는 생명의 근원이다. 특히 목(木)에게는 더욱 희생적이다.
그리고 빛은 어둠으로 인해 가치가 만들어진다. 빛만 있고 어둠이 없다면 빛은 그 가치를 잃는 것이다. 정화(丁火)가 수(水)를 만나면 정득성광(丁得星光)이라고 하는 것도 이런 의미와 일맥상통한다. 별빛이 아름다운 것은 밤이라는 어둠이 있기 때문이다.
임수는 대수(大水)의 에너지를 지닌 오행이다. 따라서 능히 금기(金氣)를 설기시키고 목(木)을 성장시킬 수 있으며 화(火)를 극할 수도 있는 것이다.

임수는 정화(丁火)를 만나면 전혀 다른 화학적 변화를 일으키기도 하는데 이는 자기 기운을 강하게 고집하지 않기 때문이다.
그러나 임수(壬水)는 갑목(甲木)은 성장시키지만 을목(乙木)은 떠내려가게 하며 정화(丁火)를 만나면 변화하지만 병화(丙火)를 만나면 가치를 만들거나 격렬하게 싸움을 한다.
임수는 무토(戊土)를 만나면 고정되거나 범람하나 기토(己土)를 만나면 그냥 지나간다.

임수를 가장 힘들게 만드는 오행은 무토이나 가장 큰 가치를 만들어 내는 것도 무토이다. 임수가 힘든 것은 자유롭게 흐르고 싶은 수(水)의 속성을 가두고 고정하려고 하기 때문이다.
또 임수는 갇히거나 제방을 무너뜨리기도 하는데 그 기준은 경금(庚金)의 유무이다. 그러나 고정된 임수가 재물로 작용할 경우에는 경제적 가치가 극대화된다.

만일 천간에 경금(庚金)이 있거나 지지에 임수가 통근되어 있다면 아무리 거대한 무토라 할지라도 제방이 무너져 임수가 범람될 수 있다.
또한 임수(壬水)에게 갑목(甲木)은 자신의 마음을 표현하는 도구로 사용된다. 임수 안에 들어 있는 각종 정보와 마음은 갑목을 통해 꽃과 열매로 표현되기 때문이다. 따라서 임수일간 남녀가 사랑에 빠지는 시기도 갑목이 들어오거나 정화(丁火)가 들어올 때이다.
임수는 죽음을 통해 생명을 만들어 내는 응축된 에너지이다.

◆ 수(水)는 죽음과 생명의 작용이다

구분	죽음(死)	공통	생명(生)
작용	만물이 잠든 시기 양기장우하야 (陽氣藏于下也) 모든 드러나는 기운이 땅속으로 사라진다.	강력한 응축력을 지니고 있으며 수많은 정보를 담고 있다. 희생정신이 있다. 최종 목적은 수생목(水生木)을 통한 목생화(木生火)이다.	만물이 깨어날 준비를 하는 시기 만물자우하야 (萬物滋于下也) 만물이 서서히 드러나는 기운이 시작된다.
오행	임(壬), 해(亥)	임(壬), 해(亥), 계(癸), 자(子)	계(癸), 자(子)
목적	새로운 시작을 위한 충전의 시기 (수면, 휴식)	목(木)으로 응축된 정보와 에너지를 전달	새로운 생명의 탄생이 시작되는 시기

임수(壬水)는 거대한 바다, 호수, 강 등을 나타내지만 그것은 물상적인 모습일 뿐 실제로는 어둠과 습기 그리고 강력한 수(水)의 기운이라고 할 수 있다.

응집력과 압축성이 뛰어난 수기(水氣)는 정보를 잘 전달하는 능력뿐 아니라 중간에서의 중재자 역할도 탁월한 편이다. 즉 토(土)의 기능인 대인관계를 지혜롭고 유연성 있게 처리할 수 있는 능력이 있다는 것이다.
그 에너지는 경험과 깊은 생각에서 나온다.

따라서 임수일간은 자신이 주인이 되기보다는 참모나 2인자가 더 잘 맞는다. 실질적으로 1인자를 뒤에서 배후 조정하여 목적 달성을 하는 역할을 하는 것이다.

지혜와 유연성을 지닌 임수(壬水)는 아이디어 창고이다. 계획, 모사에 능하고 임기응변이 뛰어나 위기 관리 능력이 탁월하다. 그러나 지나치면 외롭고 우울해지며 자기 꾀에 자신이 넘어가는 일이 발생하기도 한다.

임수일간은 정화(丁火)를 만나면 사랑의 감정이 만들어지거나 잘못된 판단을 할 가능성이 높아진다. 아무리 냉정하고 이성적인 임수일간이라고 하여도 정화와 만나 정임합(丁壬合)이 되면 이성이 마비되고 감성적으로 변하기 때문이다. 이 시기에는 중요한 결정이나 판단은 미루는 것이 좋다.

즉 현실에서 임수에게 가장 위협적인 존재는 무토(戊土)가 아닌 정화일 수도 있다는 것이다.

가. 임인일주(壬寅日柱)의 특성

임인일주(壬寅日柱)는 감성적이며 깊은 모성애가 있는 따뜻한 일주이다. 여성은 예술적으로 재능이 있고 남성은 철학적인 성향이 있다. 기본적인 성향은 남성적이고 자기표현력이 강하며 새롭게 시작하려는 소년 같은 순수한 기운이 강하다. 그러면서도 계획하고 모사(謀事)하는 특징도 있고 실수가 많은 편도 아니다.

우두머리 기질보다는 참모 역할을 더 잘하는 일주라고 할 수 있다. 자신이 좋아하는 일이나 취미에는 매우 깊이 빠져드는 습성이 있고 새로운 것에 대한 관심도가 높은 편이다.

직업적으로는 자기 사업이나 장사보다는 월급 생활이 맞으나 독립적인 자영업자가 많은 편이다. 따라서 어릴 때 방향 설정을 할 때 자격증이나 자신의 소질에 맞는 학과 선택이 매우 중요하다고 할 수 있다. 월지나 시지에 해수(亥水)나 오화(午火)가 있는 경우 다정다감하고 낭만적인 사람이 된다. 반대로 월지나 시지에 유금(酉金)이나 신금(申金)이 있으면 예민하고 까탈스러운 사람이 되기도 하는데 이 경우 실제 사건사고도 많이 일어나며 역동적인 기운으로 인해 잘 다치고 몸에 흉터가 생기기 쉽다. 따라서 임인일주는 주변 오행이 무엇인지에 따라 성향과 추구하는 목적 자체가 달라질 수 있다.

- **임인일주**는 달빛 아래 범의 형상으로 온화하고 부드러운 카리스마가 있다.

- 조용하지만 힘이 있고 추진력과 의지가 강하다.
- 지지(地支)에서 신(申)을 보면 교통사고, 낙상, 부부 이별 등 안 좋은 일들이 발생한다.
- 여성의 경우 생활력이 강하고, 남성의 경우 고집이 강한 편이다.

◎ 임인일주(壬寅日柱)의 알레르기

합충형해파 (合沖刑害破)	임인일주의 개운법
인유원진 (寅酉怨嗔)	인유원진(寅酉怨嗔)은 식신(食神)에 문제가 생기는 현상으로서 여성에게는 자식, 남녀 모두에게는 일, 직업, 건강 등에 문제가 생길 소지가 높다. 신체적, 정신적으로도 힘든 흉운(凶運)이다. 무엇을 해도 잘 진행되지 않고 자신의 생각처럼 일이 풀리지 않는다. 특히 배우자 관계의 악화, 이별수 등 육친적으로 문제가 발생하기 쉽고 직장, 업무 등의 사회적 목적 성취가 어려워지는 형태로 나타나기 쉽다.
인신충 (寅申沖)	인신충(寅申沖)은 가장 먼저 교통사고, 낙상, 관절 등 뼈 관련 질환과 교통사고를 떠올려야 한다. 그리고 자신이 하는 일에 문제가 생기는 경우가 많고 여성에게는 산액, 낙태, 제왕절개 등 수술수로 나타나기 쉽다. 남성에게는 주로 폭행, 시비, 교통사고, 구설, 관재, 투자 손실 등의 상태로 나타나기도 한다. 따라서 인신충이 운(運)에서 들어오면 일체 현상 유지하고 되도록 먼 거리 여행은 자제하는 것이 좋다.

인미귀문 (寅未鬼門)	인미귀문(寅未鬼門)은 우울증, 비관, 공황장애, 불안, 초조 등으로 오기 쉽다. 따라서 인미귀문이 들어오는 운(運)에서는 음주 가무는 삼가고 명상, 봉사활동, 여행 등 여가 생활을 늘리고 집안에 혼자 있는 시간을 줄이는 것이 유용하다.

임인일주(壬寅日柱)의 알레르기
인유원진(寅酉怨嗔) / 인신충(寅申沖) / 인미귀문(寅未鬼門)

나. 임진일주(壬辰日柱)의 특성

임진일주(壬辰日柱)는 행복한 용(龍)의 아이콘이다. 특히 여성 임진일주의 경우는 남편과 결혼생활 기간에도 금슬이 좋은 편인데 불행하게도 남편과 일찍 사별하는 경우가 많다. 그러나 특유의 낙천성으로 인해 혼자서도 씩씩하게 잘 살며 새로운 사람을 만나도 적응성이 뛰어나다.

또 남성은 고집이 다소 강하나 낙천적이어서 대인관계는 좋은 편이나 실속은 적은 편이다.

임진일주는 자기 기운이 강해서 조직생활이 잘 맞지 않을 것 같지만 의외로 자신이 좋아하는 사람에게는 충성심을 보이며 상대에게 잘 맞춰 준다. 임수(壬水)는 지혜를 상징하고 진토(辰土)는 재능을 나타낸다.
즉 지혜와 재능이 만나 팔방미인적인 성향이 있는데 사회적 가치를 만들어 내는 데는 한 가지 일만 집중할 수 있는 전문가적 요소가 인정받는다. 따라서 임진일주는 한 가지 전문가적인 재능을 발전시키는 데 집중해야 사회적으로 성공할 수 있다.

또한 여성의 경우 사주에 토기(土氣)가 없는 상태는 관고(官庫)가 되므로 남편과의 이별과 사별, 법 질서 준수 등에 대비해야 한다. 관고는 남녀 모두 가장 나쁜 경우의 수를 만들어 내기 때문이다.
월지에 사화(巳火)나 해수(亥水)가 들어올 때 육친적으로는 부부 이별, 사별, 사회적으로는 실직, 이직, 투자 실패, 심리적으로는 불안, 우울, 예민 등이 발생하기 쉽다.

- 물에서 용(龍)이 승천하는 형상으로 진취적이고 매우 활동적인 성향이 있다.
- 여성의 경우 미모가 출중하나 고집이 워낙 강해 부부 화합하기 어려운 경우가 많다.
- 잘될 때는 아주 잘되고 안 될 때는 아주 안 되는 극단적인 성향이 강하다.
- 지지(地支)에서 술(戌)을 만나면 이혼하는 경우가 많고 정신적으로 문제가 생기기도 한다.

◎ 임진일주(壬辰日柱)의 알레르기

합충형해파 (合冲刑害破)	임진일주의 개운법
진사(辰巳) 천라지망 (天羅地網)	진사(辰巳)천라지망은 여성에게는 신체, 배우자 관계, 직장 등에서 최악의 상황이 발생할 수 있고 남성의 경우는 투자 실패, 실직, 교통사고, 관재, 구설 등으로 나타날 수 있다. 하늘과 땅의 그물에 걸려 빠져나올 수 없는 흉운이란 의미인데 실제 세운, 대운뿐 아니라 월운에서도 그 영향이 제법 크다. 천라지망은 흉살(凶殺) 중에서도 최상위의 작용을 하기 때문에 이 시기에는 결혼이나 창업은 물론 만남 자체나 이동, 이사 등도 피하는 것이 좋다. 또 재판, 구설 등 시비에도 얽히지 않게 주의해야 한다. 명상, 학문, 봉사, 보시 등은 흉운의 완화에 도움이 된다.
진해(辰亥) 원진귀문 (怨嗔鬼門)	진해(辰亥)원진귀문은 무엇을 해도 느리고 진전이 안 되는 버퍼링 현상이 발생하는 흉살이다. 그만큼 정신적으로 힘든 흉운이다. 무엇을 해도 잘 진행되지 않고 자신의 생각처럼 일이 풀리지 않는다. 특히 육친적으로는 배우자 외에도 남성의 경우 자식에게도 흉액(凶厄)이 발생하는 경우가 많다. 주로 정신적인 문제가 발생하지만 관재, 구설 등 사회적 문제로도 나타날 수 있으므로 미리 대비하는 것이 좋다. 운동, 명상, 학문 등으로 정신적인 스트레스를 해소할 방법을 찾는 것도 유효하다.

진술충 (辰戌沖)	진술충(辰戌沖)은 습기와 건기가 충돌하여 발생하는 사건 사고로 변화가 마무리된다는 의미가 있으나 실제로는 마무리가 안 되고 지체 현상이 일어나는 경우가 많다. 특히 직업적으로는 이동·변동수가 있다. 눈에 보이는 큰 변화가 일어날 경우 원인을 찾아야 결과를 예측할 수 있다. 현상 유지가 최선인 시기이다.

임진일주(壬辰日柱)의 알레르기
진사(辰巳)천라지망 / 진해(辰亥)원진귀문 / 진술충(辰戌沖)

다. 임오일주(壬午日柱)의 특성

임오일주(壬午日柱)는 수화기제(水火旣齋)의 기운이 있다 하여 부부간 금슬이 좋고 성격은 활발하여 대인관계가 원만하다. 즉 수화기제란 수(水)는 윤하(潤下)라고 하여 아래로 흐르려는 기운이 있고, 화(火)는 염상(炎上)으로 위로 오르려는 기운이 있어 상호 균형을 이룬다는 의미인데 이를 남녀가 만나는 것으로 비유한 것이다.

그러나 실제 임오일주의 경우 주변 오행에 따라 균형이 만들어진다는 것을 알 수 있다. 즉 사주의 균형이 일주만으로 정해지지 않는다는 의미이다. 따라서 임오일주도 다른 오행에 의해 이혼이나 사별도 하고 대인관계가 나쁠 수 있다.

다만 임오일주 자체가 가지고 있는 특성은 활달함, 다정다감함, 재미 등의 요소를 지니고 있고 배우자뿐 아니라 사람들 사이에서 인기가 좋을 수 있는 개연성을 충분히 가지고 있다는 것이다.
그러나 운(運)에서 자수(子水)가 들어오면 그 균형이 무너져 충격이 매우 강하게 나타난다. 젊을 때는 이혼, 사별, 실직 등으로 나타나고 중년, 노년에는 건강으로 나타나기 쉽다.

임오일주는 강가를 달리는 야생마의 형상으로 역동적이고 긍정적인 성향이 있다. 따라서 직업도 책상에 앉아서 하는 업무보다는 발로 뛰는 직업이 더 잘 맞는다.

대개 남녀 모두 두뇌가 총명하고 계산이 빨라 이해력이 출중하다. 이성에 대한 관심이 많아 호색하며, 여성의 경우 지지에서 자(子)를 만나면 남편을 두고도 애인을 만들기도 한다. 남성의 경우 다소 폭력적일 수 있고 다혈질적인 면이 있다.

◎ 임오일주(壬午日柱)의 알레르기

합충형해파 (合沖刑害破)	임오일주의 개운법
자오충 (子午沖)	자오충(子午沖)은 수화상전(水火相戰)의 양상을 보이는 매우 강력한 왕지충이다. 건강은 물론 배우자, 직업, 직장 등 다양한 곳에서 변화를 주는데 중간에서 목(木)이 통관시켜 주면 좋다. 자오충은 도화충이라고도 하며 원국에 있는 상태에서 운(運)에서 맞으면 더 강력한 작용을 한다. 길흉에 있어 길(吉)보다는 흉(凶)한 방향으로 변화하는 경우가 대부분이기 때문에 항상 주의해야 한다. 건강 관련해서는 심장·심혈관 계통이 가장 위험하다.
축오(丑午) 원진귀문 (怨嗔鬼門)	축오(丑午)원진귀문은 진해(辰亥)·사술(巳戌)원진귀문과 더불어 가장 강력한 형태의 흉운이다. 특히 미혼 남녀의 경우 결혼 준비 중 이 운(運)이 들어오면 결혼 자체가 깨지는 경우가 많다. 그래서 축오(丑午)원진귀문이 들어오는 해에는 결혼을 안 하는 것이 상책이다. 무엇을 해도 잘 진행되지 않고 자신의 생각처럼 일이 풀리지 않고 꼬인다. 정신적으로 더 예민해지고 스트레스가 가중되는 형태가 나타날 수 있으므로 운동, 명상, 학문 등으로 스트레스를 해소할 방법을 찾는 것도 유효하다.

오오자형 (午午自刑)	오오자형(午午自刑)은 열기가 가중되는 형태로 정신적으로는 조울증, 신체적으로는 당뇨, 내분비, 자궁, 방광, 신장 등에 문제가 올 수 있고 직업적으로는 큰 변화가 생기는데 진행은 자신의 의도대로 되지 않는 경우가 많다. 또한 남녀 모두 이성에 대한 갈망과 음욕(淫慾)이 강해질 수 있으며 이로 인한 구설과 시비까지 조심해야 한다. 남성에게는 직장 문제, 여성에게는 직장과 남자 문제로 귀결될 수 있다. 급하게 서두르면 실패하는 시기이다.

임오일주(壬午日柱)의 알레르기
자오충(子午沖) / 축오(丑午)원진귀문 / 오오자형(午午自刑)

라. 임신일주(壬申日柱)의 특성

임신일주(壬申日柱)는 학문에 대한 욕심이 있고 인내와 끈기가 강한 일주이다. 금생수(金生水)로 구성된 일주로 항상성이 있어 한번 마음먹으면 목적 달성이 될 때까지 쉽게 포기하지 않는다. 그래서 임신일주는 배움에 대한 욕심이 나이가 들어서도 계속 유지되는 편이다. 여성의 경우 사색적이고 외로움을 잘 타는 성격이지만 때로는 활동적이고 적극적인 성향을 나타내기도 한다.

직업은 선생이나 상담사 등이 잘 맞지만 월지에 관성이 있다면 공직이나 관료, 조직 등에서도 두각을 나타낼 수도 있다.

단점은 생각이 지나치게 많아 행동이 제약되는 점과 쓸데없는 에너지 소모가 일어난다는 점이다. 장점은 어떤 환경 속에서도 적응력이 뛰어나고 만인의 신망을 얻어 중재자 역할을 잘할 수 있으며 사람들 마음을 잘 받아들이는 속성 때문에 동성뿐 아니라 이성에게도 인기가 있다.

그러나 온화하면서 '욱'하는 성격이 있어 사람들 간에 호불호(好不好)가 있는 편이다.

학문을 배우기 위해 여기저기 돌아다니길 좋아하여 어릴 때 유학 등 객지 생활을 많이 하는 편이다.

단점보다는 장점이 많은 일주이나 자식의 배우자와 갈등이 많아서 며느리나 사위 입장에서는 별로 선호하지 않는 일주이기도 하다.

고부갈등의 원인은 자식에 대한 소유욕이 강해서이다.

- 마르지 않는 샘물의 형상으로 비교적 좋은 환경에서 유복한 생활을 하는 경우가 많다.
- 다방면으로 박식하고 친화력이 좋아 주변에 이웃들이 많고 감성이 풍부하다.
- 지지(地支)에서 자진(子辰)을 만나면 정신적으로 우울증이 생길 수 있다.
- 인(寅)을 만나면 연인·부부간 불화가 생길 수 있다.

◎ 임신일주(壬申日柱)의 알레르기

합충형해파 (合沖刑害破)	임신일주의 개운법
인신충 (寅申沖)	인신충(寅申沖)은 역마의 기운이 강하게 나타나는데 주로 사건사고로 교통사고, 시비, 폭행, 수술수 등의 신체적 문제, 그것도 골절 등 뼈나 장기 손상 등으로 몸에 흉터가 남는 경우가 많다. 또한 무리한 투자나 확장 등의 욕심을 내면 반드시 화근이 된다. 그러므로 인신충운에서는 수성하고 현상 유지하는 것이 가장 좋은 방법이다. 학문 등 공부에 매진하는 것도 매우 좋다.
묘신(卯申) 원진귀문 (怨嗔鬼門)	묘신(卯申)원진귀문은 심리적·정신적 교란현상과 육친적으로는 배우자와 어머니 등 가까운 가족들에게 흉화(凶禍)가 미칠 수 있는 흉운이다. 따라서 학업 중단, 실직, 교통사고 외에도 어머니 등 가까운 가족들에게 변고가 생길 수 있으니 조심해야 한다. 재판, 구설 등 시비에 관련되지 않게 주의해야 한다. 명상, 학문, 봉사, 보시 등은 흉운의 완화에 도움이 된다.
사신형살 (巳申刑殺)	사신형살(巳申刑殺)을 흔히 사신합수(巳申合水)라고도 하는데 사신합이 되는 경우는 거의 없으며 신자진삼합(申子辰三合)이 될 때만 수기(水氣)로 변화한다고 보면 된다. 따라서 사신(巳申)은 형살로 작용한다고 해석해야 한다. 비록 반형살(半刑殺)이지만 나름 흉살로 작용하며 업상대체가 된 경우는 오히려 좋은 작용으로 나타나기도 한다.

임신일주(壬申日柱)의 알레르기
인신충(寅申沖) / 묘신(卯申)원진귀문 / 사신형살(巳申刑殺)

마. 임술일주(壬戌日柱)의 특성

임술일주(壬戌日柱)의 특성은 잘 베풀면서도 욕심이 있고 재물을 모으는 데 타고난 감각이 있어 큰 부자가 많다.

임술일주는 많은 사람들이 따르는 매우 인기가 있는 일주이다. 백호(白號)의 기운이 있어 지도력과 카리스마가 있고 자기 기운이 강해 추진력과 인내심도 강한 편이다. 한번 기회를 잡으면 절대 놓치지 않는 승부사적 기질이 있어 사주에 겁재(劫財)까지 있다면 그러한 기운은 더욱 극대화된다.

그런데 임술일주가 부자가 되기 위해서는 사주에 반드시 화(火)가 있어야 하며 사주에 화(火)가 없을 경우 운(運)에서라도 반드시 화(火)가 들어와야 한다. 사주에 존재하는 수(水)는 얼음 형태로 화(火)가 없이는 사용할 수 없기 때문이다.

여성의 경우는 소유욕이 다소 강해 남편과 불화가 있으며 남자의 경우 외도 등 여성 문제로 배우자와 다툼이 잦다는 단점이 있다.

기본 성향은 남녀 모두 스케일이 크고 호탕하며 잘 쓰고 잘 논다. 자신의 일에서 재미와 흥미를 느껴야 그 분야에서 성공할 수 있는 일주이다.

즉 목적성보다는 과정을 더 중요하게 생각하는 경향이 있다.

수학적 두뇌와 눈치가 있어 손재주가 있는 편이다. 우두머리적인 기질이 강하고 총명하다. 권력·재물 지향적인 성향이 강하며 자신의 생각대로 이루어지지 않으면 남의 탓을 하는 비겁함을 보이기도 한다. 특히 미토운(未土運)이 들어올 때, 착각과 실물수가 들어오기 때문에 투자, 확장 시에 조심해야 한다.

천간에서 정(丁)을 만나면 첫눈에 반해 결혼하기 쉽다.

◎ **임술일주(壬戌日柱)의 알레르기**

합충형해파 (合沖刑害破)	임술일주의 개운법
술해(戌亥) 천라지망 (天羅地網)	술해(戌亥)천라지망은 가장 먼저 재물과 아내에게 치명적인 작용을 한다. 또한 직장에서는 횡적인 관계의 사람들과 문제가 발생하기도 하는데, 최악의 흉운으로 이 시기에는 결혼이나 창업은 물론 만남 자체나 이동, 이사 등은 피하는 것이 좋다. 특히 여성에게 더 치명적으로 작용할 수 있는데 이는 관성이 훼손되기 때문이다. 관성(官星)은 여성에게 배우자, 애인 등 가까운 관계이다. 이혼, 사별, 이별이 발생할 수 있다. 이 시기에는 부부간이라도 잠시 떨어져 지내는 것이 도움이 된다.
술미형살 (戌未刑殺)	술미형살(戌未刑殺)은 간지(干支)의 특성상 그렇게 치명적으로 나쁘지는 않다. 이는 일간이 수(水)이기 때문이다.

따라서 형살을 잘 이용하면 오히려 돈을 벌거나 승진을 하는 등 긍정적인 효과가 나타나기도 한다. 중요한 것은 순리와 이치에 맞게 행동하는 것이다. 큰 부자들 중 임술일주가 많은 이유도 술토(戌土)가 금고의 역할을 하기 때문이다. 명상, 학문, 봉사, 보시 등은 흉운의 완화에 도움이 된다.

진술충
(辰戌沖)

진술충(辰戌沖)은 재물, 아내, 아버지 등 사회적·육친적 관점에서 우선 살펴보고 그 전에 원인을 만든 시기를 따져 보고 현재 결과를 예측해야 한다. 원인이 정당하고 좋은 시기였다면 결과 또한 좋은 길(吉)로 나타난다.
임술일주는 자기통제가 잘되고 이타성이 있어 다른 사람들에게 인기가 있는 편이다. 특히 조직 사회에서 각광받는 일주인데 진술충은 그것이 훼손되고 망가졌다는 의미가 있다. 경우에 따라서는 상당히 충격적일 수 있다.

임술일주(壬戌日柱)의 알레르기
술해(戌亥)천라지망 / 술미형살(戌未刑殺) / 진술충(辰戌沖)

바. 임자일주(壬子日柱)의 특성

옛날 속담에 '오늘 임자 만났다'는 말이 있다. **임자일주(壬子日柱)**를 겉만 보고 판단했다가는 큰코다친다는 의미가 담겨 있다. 즉 속을 알 수 없는 사람을 보거나 자신이 생각했던 모습과 다른 모습을 보일 때 주로 쓰는 표현일 것이다.

깊은 물은 고요하고 얕은 물은 소란스럽다. 그런 의미에서 임자일주는 고요하고 평온하며 점잖다. 외유내강(外柔內剛)의 기운이 있어 속으로는 강하지만 겉은 부드럽고 유연한 모습을 보인다.

자기 기운이 강하면서도 자기 사업보다는 직장에서 묵묵히 일하는 스타일이 많고 정신력도 강한 편이어서 인내심, 추진력, 고집도 매우 강한 편이다. 단점은 너무 생각이 많아 행동이 약하고 수기(水氣)가 너무 강해 배우자 배타성이 있다는 것이다. 장점으로는 자신의 마음을 잘 들키지 않고 포커페이스(Poker Face)를 잘 유지하며 다른 사람들에게 항상성을 유지하여 늘 신뢰를 주는 편이다.

그러나 수기(水氣)가 지나치면 생각 자체가 부정적이게 되고 우울감이 심해져 정신적으로 본인은 물론 주변 사람까지 힘들게 할 수 있다. 따라서 임자일주는 늘 생각을 단순화하고 실천력을 키우며 자신을 표현하고 상대에게 먼저 다가가는 습관을 가지는 것이 좋다.

여성의 경우 몸이 차가워 산액과 자식이 귀한 편이며 남편의 경우 지나치게 자신의 주장을 강변하다 보면 배우자와 문제가 발생할 수 있다.

바다와 강이 만나는 형상으로 주체적이고 고집이 세다. 누구 말도 잘 안 듣고 자신이 생각한 대로 움직인다. 주변에 토(土)가 있으면 좋지만 토(土)가 약할 경우 오히려 진흙탕이 되어 나쁘게 작용할 수도 있다.

여성의 경우 자신보다 강한 남자를 만나야 좋고, 남성의 경우는 그 반대이다.

◎ **임자일주(壬子日柱)의 알레르기**

합충형해파 (合沖刑害破)	임자일주의 개운법
자오충 (子午沖)	자오충(子午沖)은 첫 번째로는 배우자와의 문제, 두 번째로는 건강 문제가 생길 수 있는 충(沖)이다. 따라서 이 두 가지 문제를 사전에 대비해야 한다. 첫 번째는 육친적인 배우자 관계인데 사이가 나쁘다고 판단되면 서로 떨어져 지내는 것도 좋은 방법이며 제3자를 통해 서로의 의견을 조율하는 것이 효과적이다. 두 번째는 건강으로 수기(水氣)가 지나치게 강하면 심혈관 계통에 문제가 발생할 수 있고 화기(火氣)가 지나치게 강할 때에는 신장, 방광, 췌장, 당뇨 등에 문제가 발생할 수 있다.
자유귀문 (子酉鬼門)	자유귀문(子酉鬼門)은 직장, 업무 등의 사회적 목적 성취가 어려워지는 형태로 나타나기 쉽다. 정신적으로 더 예민해지고 스트레스가 가중되는 형태가 나타날 수 있으므로 운동, 명상, 학문 등으로 스트레스를 해소할 방법을 찾는 것도 유효하다.

	그러나 가장 근본적인 것은 자신이 흉운에 노출되었다는 것을 인식하는 것이다. 자신의 상태를 정확하고 객관적으로 파악하고 대처하는 것이 가장 중요하다.
자미원진 (子未怨嗔)	자미원진(子未怨嗔)은 습한 기운이 강하기 때문에 습기를 제거해 준다는 의미에서는 긍정적이다. 다만 조울증이나 우울증 등의 정신적인 문제가 발생하는 흉운이며 육친적으로는 배우자, 형제, 자매, 남매 등의 갈등 구조가 만들어질 수 있다. 또 남녀 모두 이성에 대한 갈망과 음욕(淫慾)이 강해질 수 있으며 이로 인한 구설과 시비까지 조심해야 한다. 이 시기에는 이성 교제도 삼가는 것이 좋다.

임자일주(壬子日柱)의 알레르기

자오충(子午沖) / 자유귀문(子酉鬼門) / 자미원진(子未怨嗔)

◆ 《적천수》 천간론 - 임수(壬水)

壬水通河. 能洩金氣. 剛中之德. 周流不滯. 通根透癸. 沖天奔地.
化則有情. 從則相濟.
임수통하. 능설금기. 강중지덕. 주류불체. 통근투계. 충천분지.
화즉유정. 종즉상제.

■ 해설

임수(壬水)는 신(申)을 생(生)하여 경금의 기운을 소통시킨다.
만약 지지에 해자(亥子)가 있고 천간에 계수(癸水)도 투출하였으면 그 폭류를 토(土)로써 막을 수 없으니 목(木)으로 설기해야 한다.

수(水)가 왕성할 때 정화(丁火)가 있어 합(合)하면 목(木)으로 화(化)하고 다시 정화를 생(生)하니 상생(相生)의 묘용(妙用)이 된다.
임수가 여름에 생(生)하였고 화왕(火旺)하다면 임수라도 어쩔 수 없이 화(火)로 종(從)해야 하고, 만약 토왕(土旺)하다면 토(土)로 종(從)해야 하니 이렇게 되면 조화되어 상제(相濟)의 공을 이루게 된다.

임수는 계수(癸水)와 달리 강하여 금기(金氣)를 설기할 수 있는 에너지를 가지고 있고, 정화를 만나면 목(木)의 기운으로 화학적 변화를 일으킨다.

또한 항상성이 유지되지 않는 임수는 광수(狂水)로 변화하여 토(土)가 막을 수 없으나 기토(己土)는 예외이다. 왜냐하면 기토는 수(水)를 막지 않고 통과시키기 때문이다.

10) 계수(癸水)의 알레르기

◎ 계수(癸水)의 특성

계수(癸水)는 연약하지만 생산성을 추구하는 일간이다. 일주 중 가장 평범하게 잘 사는 일주가 있다면 계수일주일 것이다. 그만큼 실제 간명에서도 계수일주는 잘 사는 경우가 많다.
계수는 연약하여 금기(金氣)를 설기시키지 못하고 양목(陽木)은 수생목(水生木)하기도 어렵다.
계수의 가치는 신금(辛金)을 세척해 주거나 음목(陰木)인 을목(乙木)을 생(生)해 주는 정도이다.
그럼에도 불구하고 계수는 임기응변이 뛰어나고 그때그때 변화하는 적응성이 탁월하여 현실적으로 성공하기 용이하다. 예를 들면 1년생 작물 중 가장 생산성과 경제적 가치가 있는 작물을 선택하여 생장시키고 그것을 분석·비교하여 교체하는 데 망설임이 없다. 즉 매 순간의 변화성이 우수하여 경제적 가치를 극대화시킬 수 있는 것이다.

또한 무토(戊土)를 만나면 합(合)하여 화기(火氣)로 변화하는 데 주저함이 없으며 정화(丁火)를 보면 극하여 큰 충격을 주기도 한다. 연약하지만 환경에 적응하여 가장 훌륭한 상태를 유지하는 것이다.
계수는 "강한 것이 살아남는 것이 아니라 변화하는 것이 살아남는다"란 명언이 가장 잘 어울리는 일간이다. 그러나 병화(丙火)를 만나면 흔적도 없이 사라지며 기토(己土)를 만나면 습기가 가중되어 뿌리를 썩게 만들기도 한다.

계수를 한마디로 표현하면 부지런하고 지혜로운 어머니의 모습이다.

계수(癸水)가 경신금(庚辛金)을 설기시킬 수 없으니 탁수(濁水)가 된다. 천간에 토기(土氣)가 없을 경우 계수는 경신금(庚辛金)을 맑게 만든다.

따라서 계수일간을 보면 월지(月支)의 기운을 살피고 금(金)을 닦을 것인지 목(木)을 키울 것인지 목표 설정을 해야 한다.

만일 계수일간이 지지(地支)에 뿌리가 있다면 열기를 제거할 수 있을 만큼 강해진다. 지지에 뿌리가 있다는 것은 자수(子水)나 습토가 지지에 있다는 것을 의미하며 이때는 계수도 항상성이 유지되는 강력한 수(水)로 변신할 수 있다.

계수일간은 기토(己土)와 을목(乙木)과 더불어 가장 생산성이 있는 일간이다. 이른 아침 돈을 벌어 집을 나서는 우리 부모님 같은 형상이다. 자식을 위해 열심히 일하고 헌신하는 모성애가 계수(癸水)의 모습이다. 겉보기에는 연약해 보이고 자신을 내세우지 않지만 천 년을 버틸 수 있는 인내와 끈기를 지니고 있다.

또 사회적으로도 사업이나 장사보다는 직장, 공직 등이 더 잘 맞는다. 성격도 수용적인 태도가 강해 남의 이야기를 잘 들어 주고 희생정신이 있다. 가장 재능이 있는 분야는 계수일간도 임수(壬水)와 마찬가지로 1인자가 되기보다는 2인자로서의 역할을 하는 것이며, 자신의 속을 잘 감추기 때문에 상대와의 싸움에서 전략적으로 유리하다.

다만 여성은 괜찮지만 남성은 자기 줏대가 없어 이리저리 부화뇌동하기 쉬우며 추진력이 부족해 리더가 되기 어렵다. 따라서 자신의 장점인 지혜, 생각, 모사, 계획, 기획, 충성심, 근면함 등의 특성을 잘 살려야 성공할 수 있다.

가. 계축일주(癸丑日柱)의 특성

한겨울에 눈이 내리는 형상으로 풍경은 아름답지만 생산성이 중단된 상태이다. 즉 때를 기다려야 성공할 수 있는 일주이다.
기본적인 성향은 인내심과 근면함이 있어 어떤 조직에서든 윗사람에게 칭찬받고 인정받는 일주이다. 또한 성품적으로 자상함과 부드러움이 있어 대인관계도 원만한 편이다.
그러나 한번 마음을 정하면 쉽게 바뀌지 않아 장점일 수도 있으나 단점으로 작용하는 경우도 많다. 여성의 경우 사주에 화기(火氣)가 없으면 손발이 차고 자궁이 약해 산액이나 아기가 잘 생기지 않는 경우가 많고 정신적으로는 우울감이 있을 수 있다. 따라서 평소 마음을 잘 다스리는 것이 매우 중요하다. 명상, 독서, 봉사, 음악 감상 등으로 마음의 조바심을 없애고 늘 여유과 기다림을 미학으로 생각하는 습관을 들이도록 한다.

계축일주(癸丑日柱)는 무엇보다도 화기(火氣)가 가장 시급하다. 만일 사주에 화기가 전혀 없거나 있다 하여도 약하다면 건강도 매우 조심해야 한다.

계축일주의 남성의 경우는 통이 작고 구두쇠적인 면이 있어 친구들 관계는 별로이지만 가정생활은 충실한 편이다. 따라서 계축일주 남성은 자기 사업이나 장사는 맞지 않으며 회사생활이 적합한 일주이다.

남녀 모두 몸에 흉터나 수술 자국이 있으면 말년에 흉액(凶厄)이 완화되기도 하며 화기(火氣)가 없는 경우 불감증 등 부부생활에 어려움이 있을 수 있다.

비 내리는 밭을 묵묵히 가는 소의 형상으로 인내, 끈기, 자상함이 있다. 그러나 수기(水氣)가 너무 강하면 음란해지고 신장, 방광 등에 병이 잘 생기며 정신적으로도 우울증 증세를 보이기도 한다.

◎ **계축일주(癸丑日柱)의 알레르기**

합충형해파 (合沖刑害破)	계축일주의 개운법
축오(丑午) 원진귀문 (怨嗔鬼門)	축오(丑午)원진귀문은 정신적으로 매우 예민하고 피로해지며 업무적으로 지체 현상, 구설, 시비 등이 발생하는 흉운인데 만일 사주 전체에 화기(火氣)가 전혀 없는 경우 반길반흉(半吉半凶)의 형태로 나타난다. 즉 정신적으로는 피곤하지만 재물은 들어오는 구조가 된다. 그러나 정신적으로 우울, 빙의, 공황장애 등 스트레스가 가중되는 형태가 되기 때문에 명상, 운동, 독서, 휴식 등 정신과 마음을 이완시키는 행위가 필요하다.
축술형살 (丑戌刑殺)	축술형살(丑戌刑殺)은 습이 극도로 강한 상태에서는 오히려 좋은 작용을 할 수도 있다. 다만 사주에 화기(火氣)가

	충분할 경우 욕심으로 인해 투자 실패, 싸움, 시비 등 안 좋은 사건사고 등이 발생하기 쉽다. 차가움과 뜨거움이 만나 벌어지는 혼돈의 흉운이란 의미인데 실제 세운, 대운뿐 아니라 월운에서도 그 영향이 제법 크다.
축미충 (丑未沖)	축미충(丑未沖)은 토기(土氣)가 가중되는 형태로 기본적으로는 좋을 것이 없어 보인다. 그러나 사주가 조열할 때는 습을 제거해 준다는 의미가 있다. 이는 재물과 바로 연결되는 것으로 습한 계축일주가 미토(未土)를 만나면 재물이 들어오는 구조가 되는 경우가 많으나 육친적으로는 사이가 나빠지는 경우가 대부분이다. 자신의 의도대로 가지 않는 경우가 많다. 특히 여성의 경우 남자와의 문제가 발생할 가능성이 높은 시기이다.

계축일주(癸丑日柱)의 알레르기

축오(丑午)원진귀문 / 축술형살(丑戌刑殺) / 축미충(丑未沖)

나. 계묘일주(癸卯日柱)의 특성

계묘일주(癸卯日柱)는 생산성이 극대화된 일주로 활동성이 매우 강하고 자기표현이 명확하다. 모성애가 강해 인간에 대한 따뜻한 연민이 대개 좋은 작용을 하지만 잘못하면 쓸데없는 인간관계와 일을 만들어 스스로를 함정에 빠뜨리는 결과를 만들기도 한다.

기본적인 성향은 계산이 빠르고 영리하며 계획이나 모사에 능하다. 특히 여성의 경우는 이성에 대한 호기심이 많고 성숙하여 남성에 대한 관심이 어릴 때부터 많은 경향이 있다. 또한 시작은 잘하지만 사주에 금(金)이 없을 경우 마무리가 잘 안 되는 단점이 있다.

계수(癸水)와 묘목(卯木)은 작은 나무에 비가 내리고 있는 형상으로 물상적으로 매우 경제적인 모습을 하고 있다. 당연히 천간에 병정화(丙丁火)가 있어야 광합성이 되고 꽃과 열매를 맺을 수 있다. 만일 천간에 병정화가 없다면 뿌리가 썩어 묘목은 자랄 수 없게 된다.
따라서 해자축(亥子丑)월에 태어난 계묘일주는 반드시 정화(丁火)가 있어야 생존이 가능하다.

계묘일주의 목적은 묘목을 키워 내는 것이다. 한겨울 묘목(卯木)을 보호해 줄 수 있는 것은 인공적인 열기인 정화(丁火), 즉 온실 속이나 비닐하우스 안에서만 생존할 수 있는 것이다. 이를 잘못 해석하면 정계극(丁癸剋)의 개념으로 안 좋다고 하는데 이것은 자동차에 제동 장치가 안 좋다는 말과 같은 의미로 맞지 않는 논리이다. 극(剋)은 나쁜 것이 아니라 사주의 균형을 위해 만들어진 수단일 뿐인 것이다.

음양오행의 관점에서 보면 해자축(亥子丑)의 묘목은 한난조습에 의해 균형이 무너진 상태이다. 깨진 균형 상태를 바로잡는 것이 항상성이다. 즉 해자축월에 묘목이 건강하게 잘 자라나기 위해서는 음화(陰火)인 정화가 절대적으로 필요한 것이다.

- 생산성이 강하고 눈치가 빨라 임기응변이 강하고 조직과 회사에서 환영받는다.
- 변덕과 의심이 강하고 인내심이 없어 쉽게 포기하는 경우가 많다.
- 변덕과 질투심이 강해 부부간의 의심이 많고 불화가 잘 생긴다.
- 여성의 경우 유(酉)를 만나면 유산하는 경우가 종종 발생한다.
- 오행 구성이 나쁘면 의부·의처증이 생길 수 있다.

◎ 계묘일주(癸卯日柱)의 알레르기

합충형해파 (合沖刑害破)	계묘일주의 개운법
묘신(卯申) 원진귀문 (怨嗔鬼門)	묘신(卯申)원진귀문은 정신적, 신체적으로 모두 위험한 흉운이다. 업무적으로도 무엇을 해도 잘 진행되지 않으며 자신의 생각처럼 일이 풀리지 않고 꼬인다. 즉 직장, 업무 등의 사회적 목적 성취가 어려워지는 형태로 나타나기 쉽다. 정신적으로 더 예민해지고 스트레스가 가중되는 형태가 나타날 수 있으므로 운동, 명상, 학문 등으로 스트레스를 해소할 방법을 찾는 것도 유효하다.
묘유충 (卯酉沖)	묘유충(卯酉沖)은 왕지충으로 그 충격이 상당히 크다. 60대 이상에서 발생하나 식신제살(食神制殺)이 안 되는데 관성이 강한 사주는 생명의 충(沖)으로 작용한다. 즉 목숨과 직결되는 것이다. 특히 일지가 다른 오행에 의해 이미 직방살(直方殺)이 되어 있다면 그 흉(凶)은 더욱 가중된다.

	이 시기에는 건강을 최우선적으로 고려해야 한다. 되도록 장거리 여행 등은 피하는 것이 좋다.
자묘형살 (子卯刑殺)	자묘형살(子卯刑殺)은 심리적으로 예민해지는 경향이 있으며 습기가 가중되는 형태로 정신적으로는 우울증, 신체적으로는 심혈관 계통, 방광, 자궁 등에 문제가 올 수 있고, 직업적으로는 큰 변화가 생기는데 진행은 자신의 의도대로 가지 않는 경우가 많다. 또한 남녀 모두 이성에 대한 갈망과 음욕(陰慾)이 강해질 수 있으며 이로 인한 구설과 시비까지 조심해야 한다.

계묘일주(癸卯日柱)의 알레르기
묘신(卯申)원진귀문 / 묘유충(卯酉沖) / 자묘형살(子卯刑殺)

다. 계사일주(癸巳日柱)의 특성

계사일주(癸巳日柱)는 수화기제(水火旣齋)의 기운으로 부부·연인 관계가 매우 좋은 경향을 보이는데 그러면서도 암합(暗合)의 기운으로 배우자 몰래 부정을 저지르는 경우가 많다.

60갑자(六十甲子) 중 가장 생산성이 높은 일주 중 하나가 바로 계사일주이다. 봄, 여름에 태어났다면 부자가 아닌 경우를 찾기 힘들 정도로 알부자들이 많다. 계사일주 특성상 큰 부자나 규모가 크지는 않지만 알부자가 많은 것이 특징이다.

기본적인 성향은 부지런하고 지혜로우며 따뜻한 마음을 지니고 있다. 그러면서도 재물에 대한 욕심과 집착도 대단히 강한 면모가 있다. 따라서 경제적 가치가 있다고 판단되면 무리를 해서라도 공격적인 성향을 보이기도 한다. 즉 재물에 대한 관념이 매우 강한 일주이며 장사에서 큰 돈을 버는 경우가 많은데 특히 계사일주는 확장성을 가지고 있어 체인점 사업에서도 큰 성공을 거두기도 한다.

남녀 모두 재미가 있고 긍정적이며 언변이 뛰어나다. 다만 무관(無官)사주이거나 관고(官庫)사주일 경우 불법, 탈법을 저지르기 쉬우며 목적 달성을 위해 수단과 방법을 가리지 않기 때문에 경제에 관련된 범죄가 될 수도 있다. 따라서 계사일주(癸巳日柱)가 무관, 관고일 경우 어릴 때부터 약속을 지키고 규칙을 지키는 습관을 체화시켜 줘야 한다.
계사일주는 월지가 해자축(亥子丑)월일 경우 병화(丙火)가 투간되어 있으면 좋다.

- 먹이를 찾아 헤매는 뱀의 형상으로 늘 분주하고 피곤하다.
- 재물을 지니고 있어도 늘 허기지다.
- 말솜씨가 있어 이성으로부터 인기가 있지만 지나치면 사기꾼 소리를 듣기도 한다.
- 남녀 모두 이성 문제가 발생하기 쉬우며 불필요한 언행으로 오해받고 구설에 오르기 쉽다.

◎ 계사일주(癸巳日柱)의 알레르기

합충형해파 (合沖刑害破)	계사일주의 개운법
사술(巳戌) 원진귀문 (怨嗔鬼門)	사술(巳戌)원진귀문은 남성에게는 아내와의 문제가 발생하기 쉽고 직방살(直方殺)이 있는 경우 거의 이혼·사별한다. 또 남녀 모두 재물과 관련하여 힘든 상황이 자주 발생한다. 남녀 공통적으로는 정신적으로 힘든 흉운이다. 무엇을 해도 잘 진행되지 않는다. 즉 직장, 업무 등의 사회적 목적 성취가 어려워지는 형태로 나타나기 쉽다. 정신적으로 더 예민해지고 스트레스가 가중되는 형태가 나타날 수 있으므로 운동, 명상, 학문 등으로 스트레스를 해소할 방법을 찾는 것도 유효하다.
진사(辰巳) 천라지망 (天羅地網)	진사(辰巳)천라지망은 하늘과 땅의 그물에 걸려 빠져나올 수 없는 흉운이란 의미인데 운(運)에서 중첩되었을 때 흉(凶)이 가중되는 형태를 보인다. 특히 계사일주의 천라지망은 아내와 재물과 깊은 관련이 있고 그 충격이 매우 크다. 천라지망은 흉살(凶殺) 중에서도 최상위의 작용을 하기 때문에 이 시기에는 결혼이나 창업은 물론 만남 자체나 이동, 이사 등은 피하는 것이 좋다. 또 재판, 구설 등 시비에도 얽히지 않게 주의해야 한다. 명상, 학문, 봉사, 보시 등은 흉운의 완화에 도움이 된다.
사해충 (巳亥沖)	사해충(巳亥沖)은 신체적 정신적으로 매우 피로해질 수 있는 시기이다. 새로운 시작을 의미하며, 학생이나 공직, 육영, 의료 등 활인 업종이 적합하고 각종 시험이나 활동

> 등은 행운으로 나타나는 경우가 많다. 하지만 투자, 투기, 창업, 확장 등 재물과 관련된 것이나 유흥 욕심 등에서는 흉운(凶運)으로 작용하는 경우가 대부분이다.
> 따라서 사해충이 들어온 해에는 절대 욕심을 내서는 안 된다. 송사나 문서운은 불리하다.

계사일주(癸巳日柱)의 알레르기
사술(巳戌)원진귀문 / 진사(辰巳)천라지망 / 사해충(巳亥沖)

라. 계미일주(癸未日柱)의 특성

계미일주(癸未日柱)는 사막에 보슬비가 내리는 형상으로 금(金)이 없어 금생수(金生水)가 되지 않을 경우 항상성이 유지되지 않기 때문에 계수의 수기(水氣)는 큰 의미가 없다. 즉 사주의 기본 원리는 항상성 유지이다.

물상적으로 비유한다면 사막에 보슬비가 내리는데 금기(金氣)가 없어 금생수의 항상성이 유지가 안 된다면 보슬비는 사막의 모래 위에서 흔적도 없이 스며들어 사라질 것이다. 그러나 금기(金氣)가 있어 금생수(金生水)의 항상성이 유지가 된다면 사막에 오아시스가 만들어지는 것이다.

이는 매우 중요한 의미가 있다. 우리가 매일 밥을 먹는 행위도 신체에 에너지를 주입시켜 항상성을 유지하는 데 있다. 항상성이 무너지는 순간 자연도, 자연의 일부인 인간도 살 수 없는 것이다.

계미일주의 기본 성향은 사업이나 장사보다는 직장생활, 공직이 더 잘 어울리지만 월지(月支)에 따라 달라질 수 있다. 성품은 예민하고 까칠한 편이나 겉으로는 잘 내색하지 않는다. 다른 사람들에게 잘 맞춰 주며 이익보다는 명예를 중시하는 경향이 있다.

화가 나면 순간 욱하는 성격이 있어 사주 전체에 수기(水氣)가 별도로 없고 항상성이 유지되지 못할 경우 스스로 목숨을 끊는 등 극단적인 성향이 나타나기도 한다. 따라서 계미일주는 반드시 주변에 금기(金氣)나 수기(水氣)가 있어야 한다.

재물과 권력에 대한 욕망이 강하고 목적을 위해선 수단과 방법을 가리지 않는 경향이 있다. 여성의 경우는 다정다감하지만 남자 관계가 복잡해질 수 있고, 지지(地支)에서 축(丑)을 만나면 화류계 직업으로 빠질 수 있다. 남녀 모두 이성의 유혹에 약하다.

◎ 계미일주(癸未日柱)의 알레르기

합충형해파 (合沖刑害破)	계미일주의 개운법
술미형살 (戌未刑殺)	술미형살(戌未刑殺)은 성격적으로 감정 기복이 심하고 예민하며 까다롭다. 사주 구성이 나쁘면 최악의 결과를 만들기도 하는데 반형살(半刑殺)이라고 가볍게 생각했다가는 큰 사건사고로 이어지는 경우가 대부분이다. 따라서 술미운(戌未運) 때는 욕심을 버리고 마음을 정결하게 하며 일의 진행을 잠시 멈추거나 속도 조절을 하는 것이 좋다. 단 의사나 선생, 종교 관련 업종에서 승승장구할 수 있다. 또 재판, 구설 등 시비에 휘말리지 않도록 주의해야 한다. 명상, 학문, 봉사, 보시 등은 흉운(凶運)의 완화에 도움이 된다.
축미충 (丑未沖)	축미충(丑未沖)은 지난 과거의 원인에 따라 현재 결과가 달라지는 경우가 많다. 즉 과거의 어떤 원인이 현재 결과로 나오는 것이다. 과거에 좋은 근거를 만들었다면 현재 좋은 결과가 나올 것이지만 반대의 경우는 나쁜 결과가 나올 것이다. 즉 인과관계에 의해 현재 운(運)이 결정되는 것이다. 예술·의료 방향에서는 주로 길(吉)로 나타나는 경우가 많다. 이 시기는 인간관계 등이 어려워지고 정신적으로 더 예민해지며 스트레스가 가중되는 형태가 나타날 수 있다.

자미원진 (子未怨嗔)	자미원진(子未怨嗔)은 예민해지고 스트레스가 가중되는 형태가 나타날 수 있다. 특히 배우자와의 관계가 매우 나빠지는 경우가 많으며 때로는 신체적인 문제가 나타나는 경우도 있다. 다만 원진살이 직방(直方)으로 있지 않으면 부부생활을 하는 데 전혀 문제가 없다. 미토(未土)는 가장 열기가 강한 조토(燥土)로 그만큼 무엇을 받아들이기 힘든 구조로 되어 있다. 따라서 이기적인 성향이 강해 보이는 것이다.

계미일주(癸未日柱)의 알레르기
술미형살(戌未刑殺) / 축미충(丑未冲) / 자미원진(子未怨嗔)

마. 계유일주(癸酉日柱)의 특성

계유일주(癸酉日柱)는 항상성이 유지되는 구성으로 기본적으로 매우 유리한 장점을 가지고 있다. 사주에서 항상성이 유지된다는 것은 생활의 안정성은 물론 정신적으로는 감정 기복이 없고 편안함, 안정성 등 삶을 편하게 하는 요소들로 가득하다는 의미가 있다.

물론 정묘(丁卯) 월지나 시지를 가지고 있으면 항상성은 금세 무너지겠지만 일주 자체만 본다면 매우 완벽하다는 의미이다.

계유일주는 모성애가 강하고 학문에 대한 열망이 있다.

따라서 선생님이 천직이라고 할 수 있다.

주변에 식상(食傷)까지 갖추고 있다면 선생님이 되는 사주로는 최적화되어 있다고 해도 과언이 아니다.

그러나 자식에 대한 지나친 간섭은 오히려 부모 자식간 불화를 만들 수 있으므로 주의해야 한다. 특히 자식이 장성해서 결혼한 후에는 더욱 그러하다.

또한 계유일주는 남을 의식하고 사랑받고 관심받는 것을 좋아하는 성향으로 인해 자신을 꾸미기를 좋아하는데 미술, 문학, 음악 등 예술 계통에서도 크게 성공할 수 있다.

신체적으로는 약점이 있는데 몸에 흉터나 수술 자국이 생기기 쉽고 실제 사건사고에 의해 잘 다친다. 따라서 지지(地支)로 들어오는 모든 목운(木運) 때는 교통사고, 낙상 등을 조심해야 한다.

- 용모가 단정하고 총명한 경우가 많다.
- 성품도 고풍스럽고 순백의 우아함을 지니고 있다.
- 타인에게는 나눠 주길 좋아하지만 자신의 가족에게는 인색한 면이 있기도 하다.
- 비 맞은 닭의 형상으로 직관력이 뛰어나고 꿈이 잘 맞기도 한다.
- 첫닭이 울면 귀신도 달아나듯 겉은 조용하나 속은 매우 강하다.

◎ 계유일주(癸酉日柱)의 알레르기

합충형해파 (合沖刑害破)	계유일주의 개운법
묘유충 (卯酉沖)	묘유충(卯酉沖)은 왕지충으로 그 충격이 상당히 크다. 특히 인성(印星)의 충(沖)으로 문서가 훼손될 염려가 크기 때문에 계약 등 문서 작성 시 조심해야 하며 이 시기에는 되도록 문서를 안 만드는 것이 좋다. 이는 60대 이상에서 발생하며 식신제살이 안 되는데 관성이 강한 사주는 생명의 충(沖)으로 작용한다. 즉 목숨과 직결되는 것이다. 특히 일지가 다른 오행에 의해 이미 직방살(直方殺)이 되어 있다면 그 흉(凶)은 더욱 가중된다.
인유원진 (寅酉怨嗔)	인유원진(寅酉怨嗔)은 부부간이나 연인 간 미워하는 궁합 관계로 이혼의 아이콘이지만 이는 궁합적인 면보다 신체적, 정신적인 면에서 더 문제가 있다. 정신적으로 예민해지고 스트레스가 가중되는 형태가 나타날 수 있으므로 운동, 명상, 학문 등으로 스트레스를 해소할 방법을 찾는 것도 유효하다.
유유자형 (酉酉自刑)	유유자형(酉酉自刑)은 골절, 뼈 관련 질환 등과 내분비 계통의 건강상 문제가 생길 개연성이 높다. 또한 교통사고, 낙상, 폭행 등도 유의해야 한다. 사주에 화기(火氣)가 있으면 흉(凶)함이 반감되거나 사라진다. 따라서 업상대체(業象代替)되는 선생, 공직에 종사하거나 습(濕)을 제거할 수 있는 조토(燥土)와 화기(火氣)가 있다면 부귀공명을 함께 얻을 수 있다.

계유일주(癸酉日柱)의 알레르기
묘유충(卯酉沖) / 인유원진(寅酉怨嗔) / 유유자형(酉酉自刑)

바. 계해일주(癸亥日柱)의 특성

계해일주(癸亥日柱)는 천간지지가 모두 수기(水氣)로 이루어진 간여지동 일주로 습한 기운이 매우 강하다. 가장 우선적으로 고려해야 하는 것이 조토(燥土)와 화기(火氣)로 습을 제거하는 일이다.

기본적인 성향은 내성적이고 우울감이 있으며 속을 알 수 없다.
임자(壬子)와 비슷하면서도 다른 특성은 은밀하고 비밀이 많으며 예민하다는 것이다.

직업적으로도 스파이 등 비밀 업무가 잘 맞으며 내면적으로 자신의 생각을 밖으로 잘 표현하지 않으므로 상대와의 두뇌 싸움에서 다소 유리하다. 계해일주 여성은 산액이 있을 수 있으므로 항상 몸을 따뜻하게 해 주는 것이 좋고 남성의 경우 우울증이 있을 수 있어 늘 긍정적이고 밝은 생각을 갖도록 노력해야 한다.

또한 남녀 모두 토기(土氣)가 없거나 약한데 목기(木氣)만 발달하면 말이 앞서거나 경제 범죄에 연관될 가능성이 높다. 따라서 이러한 경우는 어릴 때부터 질서와 약속을 잘 지키는 교육과 습관을 들여야 하며 타인을 대하는 태도와 자신을 표현하는 습관을 연습해야 한다.

만일 월지에 해자축(亥子丑)이 있다면 습이 매우 가중되므로 개운법을 사용하여 어릴 때부터 습기를 제거해 줘야 한다.

술토(戌土)가 들어올 경우 습기가 제거되지만 천라지망에 해당하여 사건 사고 등 안 좋은 상황이 발생할 수 있다.

남녀 모두 이성에 대한 관심이 높고 색욕이 강하여 이성 문제가 자주 발생한다. 타인에 대한 지나친 배려가 실속을 없게 만들기도 한다.

주변에 화토(土火)가 있으면 좋지만 없을 경우 물질적, 정신적으로 힘들어질 수 있다.

◎ **계해일주(癸亥日柱)의 알레르기**

합충형해파 (合沖刑害破)	계해일주의 개운법
술해(戌亥) 천라지망 (天羅地網)	술해(戌亥)천라지망은 하늘과 땅의 그물에 걸려 빠져나올 수 없는 흉운(凶運)이란 의미인데 특히 계해일주의 천라지망은 육친적으로는 배우자와 형제간에 깊은 관련이 있고 사회적으로는 회사, 직장, 조직 등과 관련이 있다. 천라지망은 흉살(凶殺) 중에서도 최상위의 작용을 하기 때문에 이 시기에는 결혼이나 창업은 물론 만남 자체나 이동, 이사 등을 피하는 것이 흉운의 완화에 도움이 된다

진해(辰亥) 원진귀문 (怨嗔鬼門)	진해(辰亥)원진귀문은 자기와 횡적으로 관계된 사람들인 직장 동료, 형제, 자매 등과 문제가 발생하기 쉽다. 정신적으로는 매우 불안정하고 예민해진다. 즉 직장, 업무 등의 사회적 목적 성취가 어려워지는 형태로 나타나기 쉽다. 정신적으로 더 예민해지고 스트레스가 가중되는 형태가 나타날 수 있으므로 운동, 명상, 학문 등으로 스트레스를 해소할 방법을 찾는 것도 유효하다.
사해충 (巳亥沖)	사해충(巳亥沖)은 역마충으로 길흉이 극단적으로 나타날 수 있다. 욕심, 투자, 유흥, 투기 등은 반드시 흉화(凶火)가 따른다. 그러나 학생의 시험, 공무원의 진급 시험, 의사의 자격 시험 등 활인 업종에서는 길(吉)로 나타난다. 특히 수일간(水日干)은 군비쟁재(群比爭財)가 발생하여 재물적으로 손실이 발생하거나 아내와의 불화가 생길 수 있다.

계해일주(癸亥日柱)의 알레르기
술해(戌亥)천라지망 / 진해(辰亥)원진귀문 / 사해충(巳亥沖)

◆ 《적천수》 천간론 - 계수(癸水)

癸水至弱. 達於天津. 得龍而運. 功化斯神. 不愁火土. 不論庚辛.
合戊見火. 化象斯眞.
계수지약. 달어천진. 득룡이운. 공화사신. 불수화토. 불론경신.
합무견화. 화상사진.
계수(癸水)는 지극히 약하나 하늘 끝에 도달하고, 진(辰)을 만나고 운전하면 그 신(神)을 변화시키는 공(公)이 있다.
화토(火土)를 무서워하지 아니하고 경금(庚辛)에 상관없이 무(戊)와 합(合)하면 화(火)를 나타내고 이때의 화상(化象)은 참된 것이다.

■ 해설
계수(癸水)는 순음(純陰)의 수(水)로 매우 약하고 정(靜)하다.
계수(癸水)는 윤토양금(潤土養金)으로 토(土)를 윤택하게 하여 금(金)을 생(生)한다.
계수(癸水)는 지지(地支)에 진토(辰土)를 만나면 변화한다.
계수(癸水)는 화토(火土)를 만나면 종(從)한다.
계수(癸水)는 경신금(庚辛金)을 설기(洩氣)시킬 수 없으니 탁수(濁水)가 된다.
계수(癸水)는 무토(戊土)를 만나면 합(合)하여 화(火)가 되니 병정화(丙丁火)가 투출(透出)하였다면 진정한 합화격(合化格)이 된다.

11) 자신의 사주팔자(四柱八字) 만들기

자신의 알레르기(합충형해파)를 알고 대비하기 위해서는 반드시 자신의 사주팔자를 알아야 한다.
스스로 자신의 사주팔자를 만들어 보자.

시간+공간+생명호흡 = 사주팔자

태양, 달, 지구가 공전, 자전을 통해 시간이 형성되고 자신이 태어난 공간(지구)에서 모태로부터 분리되어 우주와 기(氣)의 소통을 시작하는 첫 호흡(생명)이 바로 사주팔자가 정해지는 시점이다. 사주팔자는 한 번 정해지면 절대 변할 수 없는 불가역적인 숙명이다.

그러나 사주팔자를 실질적으로 움직이는 운(運)은 자신의 선택과 노력으로 얼마든지 바꿀 수 있다. 이를 비유하면 태풍이 오는 것을 막을 수는 없지만 피할 수 있고 겨울이 오는 것을 막을 수는 없지만 대비할 수 있는 것과 같은 이치이다. 정해진 운명은 없다. 내 선택과 노력으로 만들어 가는 것이다.

자신의 운명을 바꿔 줄 사주명식(命式)을 만들어 보자.

내 사주는 도대체 어떻게 생겼을까?

사주팔자(四柱八子)의 어원은 년월일시(年月日時)를 나타내는 4개의 기둥이 음양(陰陽)으로 나누어져서 천간지지(天干地支)로 구분하여 여덟 개의 오행(五行)으로 변환된 상태를 말한다.

형상적으로 비유하자면 사진 촬영과 비슷하다. 태어나는 순간 찰칵하고 사진이 찍히는 것이다. 그 사진이 바로 사주팔자라고 생각하면 된다. 한 번 찍힌 사진은 수정이 불가능하다.

즉 한 번 결정된 사주팔자는 어떤 경우도 바뀌지 않는다는 것이다. 처음 사주를 접하는 분들은 자신의 사주명식을 어떻게 만들 수 있을까 걱정하는 분들이 많다.

그러나 사주명식을 만드는 법은 10분 정도만 투자하면 누구나 쉽게 만들 수 있다. 사주명식이란 사주+명식으로 사주(四柱)는 생년월일시를 나타내는 것이고, 명식(命式)은 일종의 사주를 세우는 서식 같은 것이다.

● 사주명식(四柱命式) 기본 용어

- 기본 용어 -

사주(四柱): 자신이 태어난 년(年)월(月)일(日)시(時)로 4개의 기둥.

명식(命式): 년월일시, 4개의 기둥을 천간 지지로 세우는 일종의 서식.

천간(天干): 오행(五行)을 음양(陰陽)으로 구분한 10개의 간(干).

지지(地支): 천간(天干)의 대비로 12개로 이루어진 지지(地支).

간지(干支): 천간(干) + 지지(支) = 간지(干支)

팔자(八字): 간과지(干과支)를 각각 8개의 오행(五行)을 바꾼 것.

시간조견표(時間早見表): 자신이 태어난 시간을 간지(干支)로 바꾸기 위해 만든 서식.

이제부터 10분 안에 자신의 사주 명식을 작성해 보겠다.

순서대로 무조건 4단계만 따라하면 마법처럼 자신의 비밀코드가 열린다.

◉ 순서대로 4단계만 거치면 자신의 사주명식이 완성된다.

1단계) 본인의 생년월일을 정확하게 적는다.

예1〉 1970년 3월 20일(양력) 오후 4시 30분경.

생년월일		사주명식
년	1970년	
월	3월	
일	20일	
시	오후 4시 30분	

2단계) 만세력을 꺼내 놓고, 해당 년부터 일까지 적어 넣는다.

(만세력은 절기를 표기한 사주 달력으로 서점에서 쉽게 구할 수 있다.)

예2〉

생년월일		사주명식
년	1970년	경술(庚戌)
월	3월	기묘(己卯)
일	20일	기해(己亥)
시	오후 4시 30분	?

3단계). 일간(日干)이 무엇인지 살펴보라.

예2〉의 일간(日干)이 기(己)이다.

일간(日干)이 기(己)와 오후 4시 30분을 아래 시간조견표(時間早見表)를 대입하여 보자.

기(己)와 오후 4시 30분을 대입하니까 신시(申時)이며, 간지(干支)로는 임신(壬申)에 해당한다.

● 시간조견표(時間早見表)

시간 조견표	(甲)갑 (己)기	(乙)을 (庚)경	(丙)병 (辛)신	(丁)정 (壬)임	(戊)무 (癸)계
자시(子時) 23:30~01:29	甲子 (갑자)	丙子 (병자)	戊子 (무자)	庚子 (경자)	壬子 (임자)
축시(丑時) 01:30~03:29	乙丑 (을축)	丁丑 (정축)	己丑 (기축)	辛丑 (신축)	癸丑 (계축)
인시(寅時) 03:30~05:29	丙寅 (병인)	戊寅 (무인)	庚寅 (경인)	壬寅 (임인)	甲寅 (갑인)
묘시(卯時) 05:30~07:29	丁卯 (정묘)	己卯 (기묘)	辛卯 (신묘)	癸卯 (계묘)	乙卯 (을묘)
진시(辰時) 07:30~09:29	戊辰 (무진)	庚辰 (경진)	壬辰 (임진)	甲辰 (갑진)	丙辰 (병진)
사시(巳時) 09:30~11:29	己巳 (기사)	辛巳 (신사)	癸巳 (계사)	乙巳 (을사)	丁巳 (정사)
오시(午時) 11:30~13:29	庚午 (경오)	壬午 (임오)	甲午 (갑오)	丙午 (병오)	戊午 (무오)
미시(未時) 13:30~15:29	辛未 (신미)	癸未 (계미)	乙未 (을미)	丁未 (정미)	己未 (기미)
신시(申時) 15:30~17:29	壬申 (임신)	甲申 (갑신)	丙申 (병신)	戊申 (무신)	庚申 (경신)
유시(酉時) 17:30~19:29	癸酉 (계유)	乙酉 (을유)	丁酉 (정유)	己酉 (기유)	辛酉 (신유)
술시(戌時) 19:30~21:29	甲戌 (갑술)	丙戌 (병술)	戊戌 (무술)	庚戌 (경술)	壬戌 (임술)
해시(亥時) 21:30~23:29	乙亥 (을해)	丁亥 (정해)	己亥 (기해)	辛亥 (신해)	癸亥 (계해)

예3〉 사주명식 작성하기 (만세력 해당 간지 찾기)

생년월일		사주명식
년	1970년	경술(庚戌)
월	3월	기묘(己卯)
일	20일	기해(己亥)
시	오후 4시 30분	임신(壬申)

4단계) 완성한 자신의 사주명식을 외우기

이렇게 작성된 자신의 사주는 명리학에서 가장 기본이 되는 요소로서 죽을 때까지 가지고 다니는 숙명 같은 것이다.

예4〉 완성된 사주 명식

時	日	月	年
임(壬)	기(己)	기(己)	경(庚)
신(申)	해(亥)	묘(卯)	술(戌)

사주는 일종의 바코드이다. 누구나 자신만의 바코드가 있고, 그 안에는 무한한 정보들이 숨겨져 있다. 그러나 그 비밀의 문으로 들어서기 위해서는 바코드를 정확하게 작성하고 해석해야 한다. 사주명식이 바로 그 첫 번째 문이다.

에필로그

우리가 불안한 이유는 욕망과 질투에서 비롯됩니다.
부정적인 생각은 불안을 더 가중시키는 원인이 됩니다.

우리가 더 가지려고 할 때(재성)
남들과의 경쟁에서 우위에 서려고 할 때(비겁)
더 사랑받기 위해 내 모습을 신경 쓸 때(식상)
남들이 날 어떻게 볼지 신경 쓸 때(관성)
생각이 많아질 때(인성)

우리는 불안해지기 시작합니다.
자신감이 약해 걱정하는 마음이 생기기 때문입니다.
불확실성은 불안을 만드는 근원입니다.

만약 우리가 이미 가진 것에 만족하고 적당한 소유에 행복을 느끼며 경쟁에서 밀려나는 것을 받아들이고 사랑받기 위한 집착을 포기하고 남의 시선을 지나치게 의식하지 않는다면 불안은 봄눈 녹듯이 사라질 것입니다.

알랭 드 보통은 《불안》이란 저서에서 "우리는 계속 사랑받기를 원하는 한, 불안해질 수밖에 없다"고 하였습니다.

그러면서 '다른 사람들이 날 어떻게 생각할까'라는 불안에 대해
"그들은 당신에게 관심이 없다"고 잘라 말합니다.
정신 차리고 현실을 직시하라는 의미입니다.
상당히 공감이 가는 말입니다.

부처는 누구와도 논쟁하지 않았습니다.
공자 역시 그러합니다.
"말을 해야 할 사람과 말을 섞으면 안 되는 사람을 구분했을 뿐입니다."
(《논어》)
현명한 자는 말(言)도 사람도 잃지 않는다는 말씀만 하셨습니다.
모든 인간은 평등하지만 모든 인간의 운(運)과 능력은 동일하지 않습니다.

훌륭하고 똑똑하다고 모두 성공하는 것은 더더욱 아닙니다.
정말 중요한 것은 성공이 아닌 지금 삶이 행복하느냐입니다.

이미 가진 것에 만족하는 마음을 가져 보세요.
그리고 눈높이를 현실에 맞추고 남과 비교하지 마세요.
나는 나니까요.
나는 지금 행복한가를 생각하지 말고
나는 오늘 행복해지기 위해 무엇을 하면 될까를 생각하세요~

삶은 아픈 과정을 통해 우리를 성장시킵니다.
삶에서 가장 중요한 것은 포기하지 않는 것입니다.
창문을 닫고 커튼으로 빛을 차단해도 빛이 사라진 것은 아닙니다.
빛은 늘 우리를 마주하고 있습니다.
언제나 지금이 커튼을 열고 빛을 마주할 때입니다.
삶의 목적은 항상 '지금'입니다.